The

Secrets of the Universe

in 100 Symbols

100個
藏在符號裡的
宇宙祕密

The
Secrets of the Universe
in 100 Symbols

100個
藏在符號裡的
宇宙祕密

莎拉‧巴特蕾 Sarah Bartlett／著

王敏雯、范明瑛／譯

遠流出版公司

目錄

100個藏在符號裡的宇宙祕密
The Secrets of the Universe in 100 Symbols

作者　　　莎拉‧巴特蕾 Sarah Bartlett
譯者　　　王敏雯、范明瑛
責任編輯　陳希林
行銷企劃　劉妍伶
版面構成　張凱揚

發行人　　王榮文
出版發行　遠流出版事業股份有限公司
地址　　　104005 臺北市中山區中山北路1段11號13樓
客服電話　02-2571-0297
傳真　　　02-2571-0197
郵撥　　　0189456-1
著作權顧問　蕭雄淋律師

2023年08月01日 二版一刷
定價 新台幣399元（如有缺頁或破損，請寄回更換）
有著作權‧侵害必究
ISBN 978-626-361-096-5
遠流博識網 http://www.ylib.com E-mail: ylib@ylib.com

國家圖書館出版品預行編目(CIP)資料

100個藏在符號裡的宇宙祕密 / 莎拉.巴特蕾(Sarah Bartlett)著；
王敏雯, 范明瑛譯. -- 二版. -- 臺北市：遠流出版事業股份有限公
司, 2023.08
　面；　公分
譯自：The secrets of the universe in 100 symbols
ISBN 978-626-361-096-5(平裝)

1.符號學 2.圖像學

156　　　　　　　　　　　112005197

引言

「象徵的確能夠捕捉某種肉眼難以看見的本質，有如點燃靈性火焰的透明之燈。」

——愛爾蘭詩人葉慈（WILLIAM BUTLER YEATS）

岡德斯特爾普大鼎的嵌板上刻有頭上生角的神祇——柯爾努諾斯的繪像，普遍認為源自凱爾特民族，是動物之神。

人類總是渴望透過神話、傳說、藝術、建築，以及信仰系統，表達重要的人生經驗，例如童年、男子氣概、生殖力、死亡、獻祭與愛。不分地域及年代，世上各種文化利用共通的象徵表達這類經驗，超越了語言的藩籬。

「象徵」這個詞彙源自希臘文symballein，意即「彙集」，代表幾件事在同一時間發生。利用淺明易懂的象徵，將奇異神祕的現象與日常事物串連起來，能很快闡明真相，使人了解。

20世紀初的瑞士心理學家與精神科醫師卡爾·榮格曾說：「若我們假設每一類心理象徵除了本身意義外，也代表我們目前不明白的某種事物，那就是象徵。」這也說明了象徵何以充滿神祕力量，引人入勝。電光石火間，心靈透過直觀或記憶，「看見」、「了解」或「憶起」宇宙的真相或神祕事實。榮格認為所有人類透過集體潛意識相互連結，亦即每個人的心靈都能進入此一知識寶庫。他深信每一個人都承繼了前人獲得的知識，就像我們會遺傳祖先外貌一樣。

本書是附有美麗插圖的入門書，精心選取100種神祕物體、圖案、塑像，以及文學和藝術作品的主題，介紹其起源、用途、意義及目的，從中探討自古以來不同文化觀察到的宇宙謎團。從阿茲特克日曆石及命運之矛、到神聖藥輪、埃及象形文字，以及印第安納瓦霍族的沙畫，我們仔細呈現、分析每一遺跡、表現方式與暗碼，以揭示世界各地過去文明的信仰與習俗。

可嘆的是，本書介紹的手工藝品中，仍有數種無法確知真正意義。歷史學家、密碼專家、語言學家與各種語言的

轉譯者，無不孜孜矻矻想破解15世紀義大利的伏尼契手稿。至於同樣位於義大利、建於17世紀的煉金術之門，門上刻著費解的符號，據說是煉鉛成金的配方，迄今亦無人破解。

這本有趣的小書分成四章，首先帶你一覽自然世界。遠古時代的早期象徵往往受到動植物或山川景色的啟發，如火鳳凰、彩虹蛇、蓮花等。本書將呈現這類象徵的數種面貌，探討原始意義及後來演變的涵義。第二章介紹神祇的世界，眾神把祂們的綽號、動機和交遊下放給凡人，因此有了新月、光暈、全知之眼與十字的象徵。隨著國家之間的貿易日益頻繁，象徵也跟著遠赴異國，比如羅馬凱爾特神話中的犄角神柯爾努諾

澳洲卡卡杜國家公園尤比爾岩的彩虹蛇岩畫，以創造宇宙為主題，氣勢恢弘。

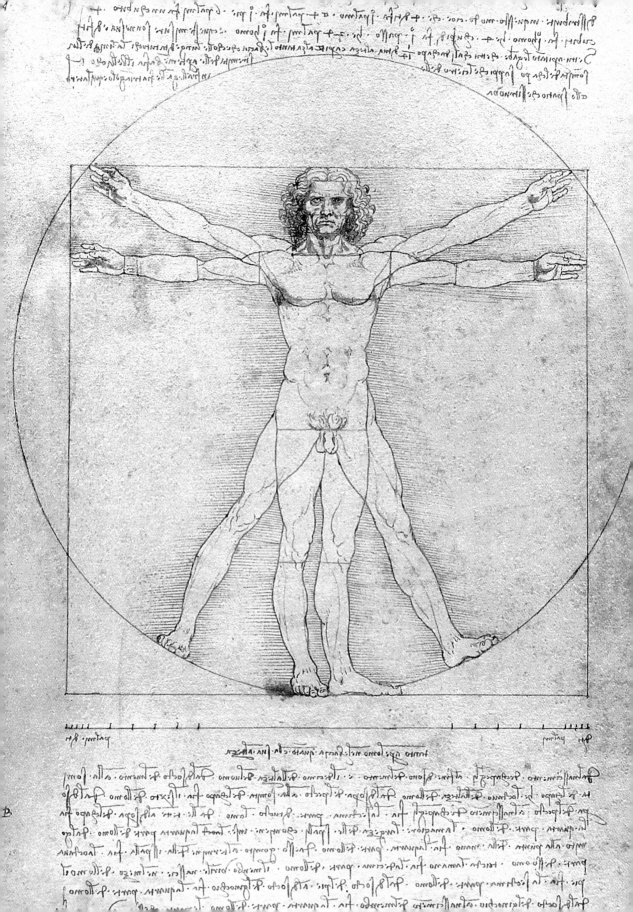

斯，就出現在公元前2世紀斯堪地那維亞半島某處沼澤的岡德斯特爾普大鼎上，而帕舒帕蒂圖章（公元前2500~2400年）上也刻著形貌相似的吠陀時期天神樓陀羅*，在幾千哩外的印度河流域出土。

第三章探討符號與編碼系統，涵括神祕數字、神聖幾何學、曼陀羅、靜心咒（又稱真言）和自然界的圖案。早期書寫系統，如蘇美人的楔形文字，是從刻在黏土上的簡易記號或象形文字發展成容易檢索的符號系統，後世的字母便受其影響。隨著數學與文字的發展，思想也在不同文化間傳播。每個字母都有一個神聖的

對應，而象徵層面的意義——無論是文學或哲學上的——在文字作品中串連起來，一如在藝術作品中連結。莎士比亞的作品便是一例，從人物、情節到語言運用，充滿象徵意味的典故俯拾皆是。這一點在悲劇《奧賽羅》中充分展現，主人公遞給德斯迪蒙娜的手帕象徵他的愛情，而手帕上繡著草莓象徵貞潔。在數學方面，幾何比例可見於達文西的著名素描《維特魯威人》，亦可從古代世界各地的建築設計（如埃及與希臘）中窺見類似原理。

第四章揭示了神祕世界的象徵語言，如天文學、黃道十二宮、塔羅牌與預言。神祕知識具備強大的力量，自古以來這類做法掀起許多爭議，也深深令人著迷。公元1633年，英國占星家威廉‧力利（William Lily）出版了第一本黃

阿茲特克日曆石中央刻有阿茲特克太陽神托納蒂烏的臉，周圍刻有繁複的符號與圖形。

此一毛利人雕刻作品刻劃了玻里尼西亞神話中的蘭吉和帕帕，分別是天空神與地母神。

（對頁）達文西的《維特魯威人》充分展現對比例的深刻了解。

北歐諸神與符石的神奇力量密不可分。這幅12世紀的織錦描繪著眾神之父奧丁、雷神索爾和豐饒之神弗雷。

（對頁）威廉‧布萊克畫作《永恆之神》最早是《歐洲：一個預言》的卷首插畫。

道星座預言的曆書，同一時期，偉大的義大利數學家及天文學家伽里略提出地球繞太陽旋轉理論，被控散佈異端邪說。兩人均被視為激進份子，為一己的信念備受責難。神祕象徵也經常乞靈於神祇、靈魂，因此本章介紹許多神祕物體，如中國的卜筮甲骨、希臘佩特利亞出土的金箔，皆屬於這類用途。

從古至今，人類內心共有的欲望是說出只讓一些人了解的話語，唯有自己、弟兄或同一部落的人能夠知曉祕密。有些祕密組織，如玫瑰十字會或共濟會會員以外人聽不懂的語言溝通，以免其儀式或信仰流傳到外頭去。想守住自己的祕密，又想窺探他人的祕密，往往演變成皇帝或國王之間的權力遊戲。文藝復興時期，法國王后凱瑟琳‧德‧麥地奇與英國伊莉莎白一世均資助保護當時地

位最高的祆教祭司。部分資料顯示，英國數學家及神祕學家約翰‧迪伊（John Dee）曾用一面黑曜石鏡子，映照出伊莉莎白一世王國的未來。法國醫生與預言家諾斯查達姆斯，則在巴黎羅浮宮對凱瑟琳王后洩漏天啟的預言。

你會發現全書各章都有幾張插圖頁，代表某一文化某一群體的12種主要符號或象徵，可能來自自然界、靈界、數學或神祕世界，並解釋其意義。例如12個希臘天神，畫中的宙斯攜帶雷電、海神有三叉戟、阿蒂蜜斯手上有弓箭，均繪出各自的特徵，加以說明。其中包括12幅美洲印第安的動物圖騰，有尋常鳥類與花卉、印度神明、煉金術的象徵圖符、護身符、黃道帶的12個星座，以及塔羅牌的重大奧祕，並從歷史、文化、神話學或宗教層面探討每一個象徵的意義。

英國詩人威廉‧布萊克在《純真之歌》（Auguries of Innocence）一詩中寫道：

「一沙一世界，一花一天堂；
雙手掌握無限，剎那便是永恆。」

這幾句話總結了象徵的力量，說明象徵不只是激發每個人心中的情感與靈悟，也訴諸神性，以及人類共有的經驗與記憶。

一般認為銀河蝴蝶代表宇宙中存在的所有意識，象徵了馬雅神話中的創世大神胡納庫（Hunab Ku）。

自然世界

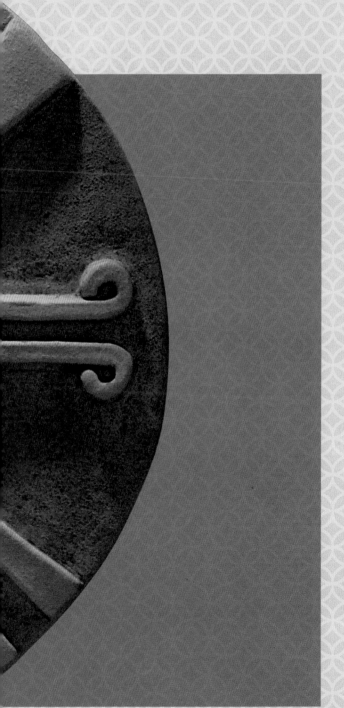

自文明發軔以來，人類便致力於溝通，除了透過語言之外，也透過記號與圖形，如今在山洞裡或大自然均有發現。人類首先受大自然啟發，發明具有象徵意味的語言。而自然界的一草一木、花鳥昆蟲，在人類眼中是神靈或超自然的化身。這些神祇以象徵形式存在，多與動植物界有關。印度神明甘奈施的象頭是尊榮的象徵，馬雅的卡馬卓茲被視為地下世界的蝙蝠神，貓頭鷹則是希臘女神雅典娜的象徵。美索不達米亞（兩河流域，即今日的伊拉克地區）文明與希臘文明影響深遠，都尊敬大自然，許多星座，包括黃道十二宮，均與動物有關，多少也是因為如此。今日我們的集體潛意識中仍有大自然的原型象徵，如鴿子代表和平，陽具代表男子氣概，大蛇在各地文明皆代表生命的循環。

維納斯圖

法國，阿爾代什省的雪維岩洞；約公元前30000年

早期描繪陰戶的岩洞藝術，也許是第一個生殖力的象徵

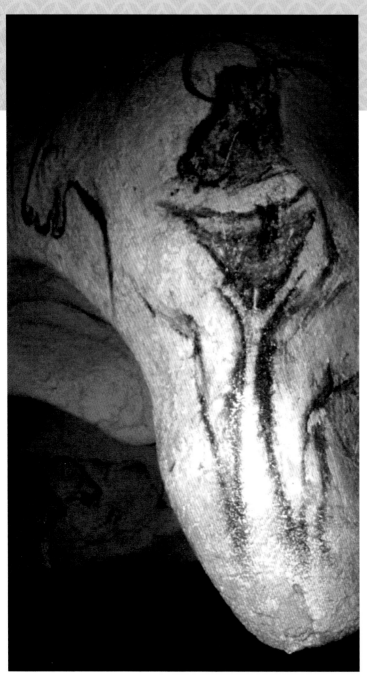

公元前幾萬年，早在埃及人發明象形文字之前，遠古時代狩獵採集的人便已在歐洲各地的洞穴留下紀錄。在法國阿爾代什省地區深幽的石灰岩峽谷與陡峭懸崖之間，便有一處極其特別的洞窟遺跡，於1994年出土，認為可上溯至公元前3萬年甚或更早，或許是目前所發現的洞穴彩繪或繪畫遺跡中第一個生殖象徵，之後流傳到其他地區，為古代人所共享。

雪維岩洞某處懸崖約於29000年前開始倒塌，之後過了8000年，落下的石塊封住了洞口。岩洞中有許多間小室，佈滿了優美、壯觀、富於藝術創造力的圖案，包括馬、馬鹿、美洲野牛、麝牛、黑豹、大熊、雄獅及土狼，全繪在洞壁牆上，栩栩如生。在眾多動物圖形當中有一幅牛頭野獸，下方卻是女性軀體的下半身和誇張的三角部位。此外在大批掠食動物中間，雜以黃赭色的手部線條和有圖案的圓點，以及形似棍棒的象徵，如一個扭曲的P字。棍棒象徵究竟代表何種意義，歷來不乏學者熱烈討論，也有主觀詮釋的空間。有人認為，這是從側邊看過去的女性上半身，也有人覺得是早期陽物的象徵。

在雪維岩洞發現最重要的圖像是「維

這幅誇大的女性陰道圖，應該是迄今發現最早的生殖力象徵之一。

抽象符號

雪維岩洞中到處都能發現抽象符號，如線條或點點，再加上可能是蝴蝶或鳥的圖案。由於這些組合意象，某些研究史前藝術的學者推斷這類繪畫具有儀式上的意義。普遍認為，不同位置的一連串紅點代表薩滿巫師或平民，就像現在閃爍的霓虹燈標誌著此處有餐廳或酒吧。洞穴其他地方有黃赭色手印與蠟板，都是手上沾了顏料後，使勁印在牆面上的痕跡；或許可說是人們來此求取庇護或進行宗教儀式留下的名片。目前所知舊石器晚期的人們將動物、人、生殖視為神聖。毫無疑問，洞窟藝術與其象徵性裝飾使我們得以窺見遙遠的過往，為目前所知不多的文化賦予意義。

納斯與男巫」，位於最裡面叫作「大餐室」的房間。此一石灰岩圓錐體從高度約莫7公尺的天花板上懸垂下來，只差1.1公尺就碰到地面。錐形石灰岩上以黑炭畫著「維納斯與男巫」圖像。

維納斯與男巫

維納斯的三角部位約等於人平視的高度，位於構圖中央，據說比她的男伴——男巫或人形野牛——早了幾千年畫成。「男巫」一詞是考古學家用來形容擬人的形象，多代表薩滿巫師。雪維岩洞的男巫與晚期希臘神話中的牛頭人身獸相似，充滿異教的猛烈力道。維納斯形象應是岩洞最早的裝飾圖畫，屬於舊石器時代晚期文化（相當於法國舊石器時代前期）。其後出土於中歐與東歐地區的維納斯小雕像，比如法國多爾多涅地區發現的「洛塞勒女神」（約莫公元前25000年）亦有誇大的女性陰戶，象徵生育的力量，可能源自這段時期的

洞窟藝術。法國舊石器時代前期距今約37000~27000年左右，特色是以骨頭為工具，會以燧石切割。維納斯形象恰恰證明了雪維岩洞繪畫是現存最古老的畫作。

岩洞裡一系列動物圖像令人目不暇給，展現真正的舊石器時代藝術，透過圖像與象徵，呈現當時人們的日常生活與信仰系統。其中一間小室裡有幅宏偉的貓頭鷹畫像，俯視著下方岩石上的大熊頭顱，一般認為這是種神聖儀式，洞窟裡凶猛的熊被捕獲，同時受到尊崇。不論是熊、獅、黑豹或馬，都和超自然的靈或雷電、雨、太陽同樣神聖；這類圖騰或許便是最早揭示泛靈論信仰的象徵；神聖力量通過萬物展現，可能是動物，也可能是雷電或太陽。

目前認為洞窟藝術的圖案與圓點是最早的書寫形式，早在象形文字發明前便已存在。

彩虹蛇

澳洲，卡卡杜國家公園；約公元前25000~20000年

元氣酣暢的原住民創作

諾蘭吉岩畫所繪的彩虹蛇有兩排尖長的利牙，看來比尤比爾岩上的彩虹蛇更凶惡。

澳洲卡卡杜國家公園的尤比爾岩有一處神聖遺址，名為彩虹蛇畫廊。岩石表面繪著一條蜿蜒而過的長蛇，是簡單卻生動的原住民岩畫。雖然這條蛇並非真有七彩顏色，卻活潑有力地呈現出宇宙創造的樣貌，當地原住民稱其為「夢世紀」。此一岩畫堪稱原住民藝術最古老的畫作之一，時至今日，彩虹蛇對澳洲原住民而言，仍有文化上的影響力。

傳說中，彩虹蛇是從水中洞穴冒出來，或在「夢世紀」的年代從天而降，孕育生命和水，使大地繁衍昌盛。當牠在這塊大陸逶迤而過，所經之處變成了溪谷、山脈、河渠，形成這片古老大地的神聖面貌。

彩虹蛇橫越大地時，一面行吟高歌，唱出了岩石、植物、動物以及人類，稱之為「歌之版圖」或「夢的途徑」。這些肉眼所不能見的神聖路徑，遍及整個澳洲，而在各地不同版本的神話中，彩虹蛇有公有母，甚至可能是雌雄同體；名字也各有不同，包括瓊龍格爾、孔夢格爾、昂加爾或尤龍格爾，不一而足。

有些學者認為，蛇與彩虹的連結最足以象徵四季循環，也說明水在人類生活的重要性。天空出現彩虹時，據說彩虹蛇便會從一個水坑游到另一個水坑，確保各地水源充足。彩虹蛇盤曲著游過大地，地貌上便形成山谷和渠道，這說明了何以有些水坑即使在旱季時，也從不乾涸。若非憑藉大蛇的力量，天空不會降下甘霖，土地終將乾裂。彩虹蛇也與月暈息息相關，月暈預示著降雨，具有神奇的醫治力量。石英晶體與扇貝都與大蛇有關，往往充當召喚大蛇顯靈儀式

的道具。直到今天，澳洲北部阿納姆地的原住民仍信誓旦旦說，天邊彩虹、珍珠貝母的內壁或水窪的折射光，都能見到巨蛇的身影。

彩虹蛇也與人血有關，特別是月經週期。古人並以原住民母神庫納皮皮之名進行血祭儀式。庫納皮皮跟隨彩虹蛇來到人間，創造了人類、植被、動物與昆蟲。傳統上，女性月經對彩虹蛇而言是神聖之事，原住民的彩虹蛇神話中最為人所知的是娃娃拉格姊妹的故事。據說娃娃拉格姊妹帶著小孩，在這塊大地上跋涉。半路上身懷六甲的姊姊生產，血流進了彩虹蛇所居的水窪。蛇循著氣味找到這對仍在小屋中酣睡的姊妹，從門口游了進去，吞下這對姊妹和兩人的孩子。之後蛇被一隻螞蟻叮咬，只得吐出姊妹，因而創造出阿納姆地。至今小棚屋仍只許女子進去，但觀光客不在此限。

非洲神話

彩虹蛇在數個非洲神話系統中，包括貝南、奈及利亞、剛果，均與生命創造密不可分；此外也出現在海地、玻里尼西亞、巴布亞紐幾內亞的神話。目前認為澳洲原住民約莫在距今5萬年前，從非洲遷徙到澳洲；假如此說無誤，那麼很有可能是他們帶來彩虹蛇的原型意象，透過口述故事，也可能形成了集體潛意識。隨著時間推移，古代居民在這塊大地上開枝散葉，形成了幾百個部落，有各自的語言及文化。

居住在非洲貝南的豐族人管彩虹蛇叫阿依達維鐸，替陰陽同體的創造神那納‧不魯古撐住天空。另一則西非神話

形容一條巨蛇盤繞了7千個圈托住地表，保護土地，不使墜入深海。巨蛇將星星灑落在蒼穹之上，射出雷電到大地，讓地球到處有聖水流動，滋養無數生命。降下第一場甘霖時，天空出現了彩虹，並與蛇交配；兩者創造出的靈性甘露，變成女人泌出的乳汁、男人的精液。蛇與彩虹教導人類血與生命，或者說月經與生育，密不可分，也造就了西非原始宗教伏都教血祭的聖禮。

時至今日，澳洲及非洲原住民仍十分尊崇彩虹蛇。他們透過歌謠、音樂及舞蹈，反覆傳誦夢世紀時代的彩虹蛇一口吞下娃娃拉格姊妹的故事。澳洲每年都舉行彩虹蛇音樂節，而古代神話意象在原住民藝術家的作品中俯拾皆是，可見今日的藝術家仍深受神話啟發。

據說橘色彩虹蛇停在尤比爾岩上，「唱出」了世上萬物的生命。從此這裡變成了女人的聖地。

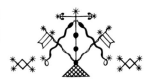

阿依達維鐸的神聖圖騰，總是與她丈夫天空神丹巴拉的圖騰結合為一。

大蛇

目支鄰陀

目支鄰陀龍王是統領那伽蛇神一族的國王。當年釋迦牟尼在菩提樹下證道時，天色陡然間變暗。目鄰龍王從地底下現身，用眼鏡蛇的頸皮保護釋迦牟尼，免遭風雨吹打。雨停之後，大蛇向釋迦牟尼弓身行禮，回宮殿裡去。

耶夢加得

耶夢加得是北歐神話中邪神洛基與女巨人安爾伯達之子，後來主神奧丁將他扔進海裡，他變成身軀龐大的海蛇，能夠圍繞地球一匝，揪住自己的尾巴，從此被稱作世界巨蛇。一旦他鬆開尾巴，世界就會滅亡。

舍沙

印度敘事長詩《摩訶婆羅多》提到，舍沙是那伽族的王子，印度教的創造之神梵天非常欣賞他，委以馱負地球的重任。舍沙得知消息後，鑽進地球的洞中，一路潛行到地底，將地球高舉過頭，後來變成巨蛇，相傳奎師那曾靠在他身上睡覺。

涅赫博考

涅赫博考是埃及仁慈的蛇神，是遠古蛇神的原型之一。他與太陽神有淵源，早在開創天地之前，於渾沌的水中泅泳。太初伊始時，他變成了太陽神，同時也是保護法老王今生與來世的神。涅赫博考通常以雙頭形象出現。

巨蟒皮同

在古希臘青銅時代，巨蟒皮同是住在德爾斐的地龍，最初是賜給大地女神（又稱地母神）蓋亞的神諭。後來巨蟒皮同與太陽神阿波羅結下冤仇，最終被阿波羅消滅。阿波羅將德爾斐變成傳達神諭之地，而女祭司皮緹雅從死蛇腐爛的屍體上獲得力量。

巨蛇座

巨蛇座與蛇夫座相連，通常以兩種圖像出現：一是在夜空中纏繞著蛇夫座，二是直接通過蛇夫座。蛇夫座是特洛伊祭司拉奧孔的化身，他曾警告特洛伊人別讓木馬進城。後來拉奧孔被一對海蛇所殺，其中一隻便是巨蛇座，受海神波塞冬指示，前去懲罰他。

瓦吉特

她守護土地，也保護歷代國王及分娩中的婦女，形象是蛇首女身，或身有劇毒的埃及眼鏡蛇。普遍認為她是女神，在位於波瓦吉特的神廟宣達神諭。後來希臘的神諭傳統，或許便是源自埃及神諭。

科阿特立庫

這名誕下月亮、星辰與太陽的阿茲特克女神名叫科阿特立庫，眾所周知是「蛇之淑女」，裙襬以無數蛇身編綴而成。太初之時她被當作祭品遭到斬首，死後身上竄出兩個蛇頭。她象徵吞噬一切的地母神，體內同時有子宮與墳墓。

伊甸園之蛇

儘管上帝警告過亞當，別吃分辨善惡樹上的果實，但蛇不住慫恿夏娃，於是她摘下果實遞給亞當吃。上帝發現後，將兩人逐出了伊甸園。蛇被罰肚腹貼著塵土，生生世世在地上爬行。

蛇神那伽

那伽是印度蛇神一族的統稱，經常與大鵬迦樓羅爭鬥不休。《摩訶婆羅多》中詳細敘述了他們奇詭壯闊的事蹟。八蛇王之一瓦蘇奇屬於濕婆所有，幫助神祇從乳海深處提煉能長生不死的甘露。

巴西里斯克

根據中世紀歐洲傳說，巴西里斯克是由一隻小公雞從蛇（一說是蟾蜍）的蛋中孵化出來的。翻開中世紀的動物寓言集，巴西里斯克被描述得十分可怖，任何生物被牠看上一眼就會死亡。但不止一則傳說提到，巴西里斯克聽到公雞啼叫，或望見鏡中的自己，就會死去。

阿凡尤

蛇神阿凡尤屬於特瓦族，是水的守護神。他的形象多變，有時頭上長角，有時身披羽毛，象徵流動的水，或鋸齒狀閃電。美國西南部或新墨西哥的峽谷底下有河水奔流，上方的洞穴石壁上不止一處有阿凡尤的繪像。

手印

阿根廷巴塔哥尼亞地區的手洞；約公元前7000年

狩獵與採集部落的手印及手形圖案

在巴塔哥尼亞內陸河谷的一處荒僻洞穴，穴壁上有數百個手印，說明古代游牧民族在這一帶游獵時，會在此稍作停留甚至過夜。

手洞是一處岩畫遺址，上面不僅記載了獵人的故事，畫出所捕獲的獵物，也有為數可觀的手印與手形圖案。許多學者相信，掌印是到訪山洞的人留下的記號，可以看作是名片、快照或自畫像，提醒後代獵人，前輩曾來過這裡。也有學者認為，這些塗繪或壓上的手印，只相當於青少年的手掌大小，推測是在此舉行入會儀式或成年禮，慶賀他們成為男人。19世紀有一批歐洲人到此定居，因而發現了遺跡，將他們稱為特維爾切人，認為他們可能是巴塔哥尼亞地區狩獵與採集部落的祖先。

洞中牆壁上有林林總總的圖畫和手印，因此洞穴也有各式各樣的名字。國際科學組織都認為這些洞穴是南美洲彌足珍貴的遺跡，證明初期狩獵採集部落的存在，應可上溯至公元前7000年。

這些洞穴深藏於聖克魯斯島西北方的沙漠內陸，位於偏遠的河谷，離最近的城鎮佩里托莫雷諾大約163公里，整個地區（包括佩里托莫雷諾國家公園）處處可見考古學與古生物學上的證據。河谷間一片靜寂，唯有巴塔哥尼亞幽咽的風

聲和鳥鳴，幾處矮樹叢在峽谷間蔓生，為四面聳立的光禿山脈添增一抹可喜的綠意。距今9000年前，這些以狩獵採集維生的初民，在巴塔哥尼亞的河谷間追逐獵物時，都曾到手洞裡休息。

直到公元700年，洞裡還有人住。洞內的圖畫大多強調如何聰明誘捕獵物，而非獵物本身。其中一幅圖畫，岩石上的縫隙代表獵人們追捕獵物時，來到一處溪壑。有些動物被人圍在中間，有些困在陷阱裡，有些被獵人以鐵球索之類的東西扔中。幾根繩子絞成一條大繩，上面綁著石頭，兩端繫上鐵球，用來當作套圈，動物的腳一經套牢便動彈不得。

三種文化

洞穴繪畫屬於三種不同的文化，洞穴藝術的源流可上探自公元前7300年。然而石窟內部有五處主要岩畫。後期繪畫往往疊覆在較早期的繪畫上面。最早一幅畫著長途跋涉的獵人捕獲了一隻原駝（類似羊駝，是他們的主食）。大約公元前7000年前，出現了第二次文化，特色是許多手壓印，此一文化大約持續到公元前3300年，其時繪畫風格更加純熟，雜以一些動物和擬人的神祇形象。

最後一種文化始於公元前1300年，使用的顏料更趨鮮紅，圖案多半是抽象的幾何圖形，或描繪得栩栩如生的人或動物。一般認為這類畫作出自歷史上著名的特維爾切人，這些狩獵採集的先民居住在巴塔哥尼亞地區，直到第一批西班牙商人來到這裡定居為止。特維爾切人屬於游牧民族，冬天時住在低地，以捉魚和甲殼動物維生。春天一到，便大舉遷徙到巴塔哥尼亞的中央高原或安地斯山脈，在那兒度過夏天，獵捕高原上的動物。

19世紀以後，巴塔哥尼亞地區紛紛開始發展大型牧場，繁衍牛群，特維爾切人的游牧生活就此告終。儘管他們已走入歷史，但留下的紅手印卻變成永恆不滅的印記，證明過去曾有過一支民族，依四季變化而居，獵捕動物卻又不失敬意，例如原駝便象徵了某一古代民族每日與大自然苦苦搏鬥的精神。

手洞中的岩畫不僅僅如此，也有幾何圖案、鋸齒形、紅點，以及太陽、蜥蜴、蜘蛛、腹中有孕的動物、幼獸、甚至惡靈。有些考古學家認為，穴頂上的點點代表天上的星星或捕獵的野獸，小孩往往朝上扔彩球，當作投擲的目標。

古時候住在手洞的人是最早記述歷史的人，藉由藝術表達早期的信仰與生活方式。

雖然有些手印的年代可以回溯至公元前1300年，但這些手印底下被覆蓋的印記更加古老，可以追溯至公元前7000年。

一般認為，洞穴手印是古代獵人留下的個人印記。

裘達庫拉的岩石雕刻

美國北卡羅萊納州傑克遜郡；約公元前3000~1000年

查洛基族（美洲印第安人的一支）與靈界溝通的聖地

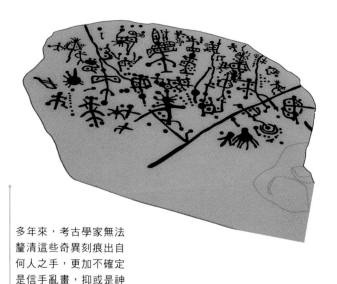

多年來，考古學家無法釐清這些奇異刻痕出自何人之手，更加不確定是信手亂畫，抑或是神祕象徵。

裘達庫拉的岩石雕刻佈滿了令人費解的符號與象徵，幾百年來人們不停探索，想知道是誰留下的痕跡，但始終無法揭開神祕的面紗。大石屬於皂石，可上溯到幾千年前，前不久，北卡羅萊納州邀集一群考古學者前來審視這塊巨岩，普遍認為上頭的雕刻出現得比查洛基人更早，推估約在公元前3000~1000年之間。這群考古學者相信，幾千年間有好幾群原住民族人會來這裡，雕刻碗、煙斗和祭祀用的器皿，甚至可能就是舉行儀式、祭典的聖地。石上較小的圖像或許是前人到此一遊信手亂刻，也可能是美洲印第安薩滿巫師所刻的魔法符號。

也有考古學者認為，巨石上刻的是本地地

圖，其上有通行的河流，標誌著貿易及旅行的路線，包括小田納西河和南塔哈拉河；不但如此，河流位置也與現代精確地圖十分相近。

美國東南部有幾處岩石雕刻，裘達庫拉岩石是北卡羅萊納州傑克遜郡中數一數二的大石雕。巨石上佈滿各種圖形，糾結纏繞，很難辨別清楚。但位於此地的其他岩石都找不到類似圖案，如抽象線條、人與動物、條狀和圓點、以及日月星辰、幾何圖形等。部分符號或圖形與墨西哥瓊塔爾一帶的馬雅人常用的象徵非常相似，例如巨大的太陽。瓊塔爾族的神話充滿代表超自然力量的水、紅樹林中的野獸和生物，岩石上也有幾處類似的圖案。當然圖案也可能四處傳佈，但有可能傳播到這麼遠的地方嗎？

根據查洛基族較晚近的傳說，石上的符號是住在鄰近山區、善於獵捕的斜眼巨人蘇卡路留下的。某天他從自己居住的山巔跳下來，落在這塊皂石之上，石上就此留下他雙手各有七指的抓痕。此外，好幾種版本的傳說是巨人來此找查洛基人。他們比普通人高出一倍，雙眼長在接近頭頂的地方，斜著看人。查洛基人給他們起了個名字：蘇卡路，意思是斜眼巨人。巨人們住在遙遠的地方，那兒是太陽沉落之處。他們到訪時，往往受到查洛基人溫馨的款待，住上幾天才回西方去。

查洛基人運用圖紋繁複的象徵修飾任何事物，包括馬匹、房屋甚至自己的身體。許多象徵富含靈性意義，有的是與祖靈溝通，有的則是不同部落間的祕密暗號。這些訊息或指示也可能是畫給不同部落、氏族的人看，標示出河流與地形之間的路線。

裘達庫拉岩石上有好幾組圖形，均由七個點、輪輻、圓圈和十字形組成。4和7這兩個數字，在查洛基人的神話、故事與儀典中反覆出現。「4」代表土、風、火和空氣，也代表東、南、西、北四大方位。「7」則代表查洛基七大氏族。輪輻的七根輻條，則表示除了四個基本方位，另有三大方位，亦即上（上界）、下（下界），以及中心（我們目前所居之處）。

傳說中蘇卡路（或斜眼巨人）以獵捕之神的形象出現，查洛基人舉行狩獵儀式，求祂庇佑。

人面獅身像

埃及吉薩；約公元前3000~2500年

象徵法老王具有太陽與獅王的威力

人面獅身是世上最為人所熟知的象徵之一，但學界至今仍針對其起源爭論不已。

近東文明自古以人面獅身象徵太陽。依照傳統，歷代法老王的陵墓中均有以國王面貌為本的人面獅身像。法老與獅子的連結代表國王與賽可麥特，也就是太陽神「拉」的女兒結合，她被描繪成母獅頭的形象。人面獅身既是太陽的象徵，也與「日出日落之王」哈瑪基斯有關，象徵再生與復活。人面獅身的雙重本質後來也反映了基督的雙重本性，亦即人性與神性。人面獅身和其他太陽象徵一起被放在早期基督教的陵墓裡，代表神聖的世界之光。

大多數學者認為，吉薩的巨大人面獅身像大約建造於公元前2500年，當時由古王國時期的哈夫拉執政。另外一派則認為它代表膜拜太陽神的信仰中心，約當公元前3000~2500年，那時吉薩高地尚未大規模興建法老陵寢。

埃及的人面獅身變成了法老王的象徵，代表太陽與獅王。動物與法老結合成為超凡的存在，不但象徵陵墓的守護者，也代表神聖力量，以及法老王統治國家、保護子民的智慧。後來又變成謎、真相與完整的象徵。吉薩遺址有根

人面獅身的演進

獅子女神亦稱為獅男，是距今32000年，法國舊石器時代前期的雕刻，是目前所知最早的人身獅頭像。但其身體究竟是男或女，迄今仍無定論。此外，古代亞述的拉瑪蘇，或舍杜（如右圖），最早繪於公元前3000年。那時認為拉瑪蘇是能驅趕惡靈的守護神，往往將其描繪成有雙翼的獅子或公牛，加上男人的臉。印度教的人獅則被視為毗濕奴的化身，具有人形軀體，但臉長得像獅子，也有爪牙。眾所周知，人獅是「偉大的保護者」，信徒有危難時會挺身相護。波斯神話中有一種名為刺尾獅的生物，紅獅的身軀加上人頭，長著三排尖牙，有時加上蝙蝠翼，聲音嘹亮；有時頭上出現角，背生雙翼，甚至有龍或蠍子的尾刺，能射出毒液，讓獵物動彈不得，再囫圇吞下肚。

石柱，據說上面的碑文刻於公元前1400年圖特摩斯四世時期，說明太陽神「拉」的三種面貌，亦即卡佩拉（又稱凱布利）─雷─阿圖姆，後期膜拜的便是這位面貌多變的太陽神。

希臘的斯芬克司

　　希臘的斯芬克司以獅身女人頭的神話怪獸為原型，背上也有一對老鷹翅膀。根據伊底帕斯神話，斯芬克司坐在希臘底比斯城城門上方的懸崖上，經過的旅人必須解出她的謎題才能進城，要是答錯了，就會被斯芬克司掐死吃掉。謎面是：「哪一種動物早上有四隻腳，中午有兩隻腳，晚上又變成三隻腳？」伊底帕斯解開了謎底，回答：「是人，小嬰兒用雙手雙腳爬，長大後以兩隻腳行走，老了就拄拐杖走路。」聽到伊底帕斯說出正確答案，斯芬克司便從高處岩石跳下來死了。有些版本說有第二道謎：「世上有一對姊妹，姊姊生下妹妹，而妹妹又生下姊姊。這兩姊妹是誰？」答案是：「日與夜。」因為這兩個字在希臘文裡都是陰性。自從希臘時代以來，斯芬克司變成謎、門檻、從生到死的隱喻。

　　希臘的斯芬克司在文藝復興時代重新抬頭，深受歐洲裝飾藝術青睞，有時逕以法國的斯芬克司呼之。在18世紀初的晚期巴洛克藝術、19世紀浪漫主義與象徵主義藝術運動中最為盛行。

　　由於斯芬克司是神祕事物的守護神，共濟會以其為會徽，各分會教堂前皆有斯芬克司的華麗雕塑，官方文件上方也印有其圖形。但並非自創立以來便沿用至今，而是晚近才開始，用來當作裝飾，並不是特殊信念的象徵。

舍杜是埃及人面獅身像的前身之一。此一誕自美索不達米亞地區的怪物是有翼的公牛，頂著一顆人頭。

長期以來，獅身人面象徵謎團，自羅馬時代以來也是歐洲繪畫主題之一。

聖甲蟲

埃及；約公元前2613~2160年

象徵復活或再生的神聖圖形

在埃及文中代表「從無到有」，而凱布利身為太陽神「拉」的某種面貌，不但帶來陽光，也讓這個世界成形。但他為何有一顆甲蟲頭，這樣的形象又是如何演變成護身符？

歷來考古學家與學者認為，有智慧的埃及人將觀察到的甲蟲奇異行為記錄下來，注意到甲蟲無論去哪裡，都會一邊走，一邊滾動一坨動物糞便，不久之後便從中孵化出幼蟲。由於幼蟲剛孵出便已完全成形，正如太陽每天都從地平線那一端升起，古埃及人認為牠們和太陽

圖坦卡門的金墜子嵌以彩色玻璃和次等寶石，由三種象徵組成：筐狀的綠松石代表天神，天青石代表甲蟲神凱布利，鑲著紅瑪瑙的小圓盤則象徵太陽神「拉」。

古埃及人認為聖甲蟲代表昆蟲之聖者，因此聖甲蟲是當時極受歡迎的象徵。聖甲蟲的圖紋源自凱布利，是太陽神「拉」的其中一種面貌，之後聖甲蟲便成為重要的護身符，皇室與亡者皆有配戴。今日已成為珠寶設計的常見圖案，較為老派的埃及人認為，隨身攜帶聖甲蟲的乾燥粉末可以助長男性雄風。

凱布利（Khepri）常被描繪成有一顆甲蟲頭的男性，有時逕以甲蟲形象出現。他代表旭日，含有人類文明曙光和古埃及創造神話的深刻寓意。kheper一字

嗖博克沙夫二世的「心形聖甲蟲」，空心金底座上嵌著一枚碧玉鑿成的聖甲蟲。上頭的象形文字摘自《亡靈之書》，是一段咒文，提醒心勿與亡者作對，好讓靈魂永享安寧喜樂。

神一樣，具有神奇力量。於是，牠們變成創造生命的神聖象徵，就像凱布利一樣，保證太陽每天都會升起。

正如古代埃及的宗教與再生、復活息息相關，甲蟲這種習慣也用來代表新生，象徵太陽每天一时时移過天空，升起又落下。正如甲蟲滾動糞球，凱布利每天推著太陽橫越天空，到了晚上，便推到冥府。有時畫中的凱布利有顆甲蟲頭，坐在太陽船裡，沿著地平線前進，不但將日變成夜，夜變成日，也是渡化亡靈的冥界之神，引領人的靈魂前往來世。

護身符

聖甲蟲從古王國時期開始被當成護身符，賜人以平安，約為公元前2613~2160年。這類護身符多半以寶石雕成，鐫刻成圖章款式，再刻上法老王和工匠的名字。配戴護身符主要是避免被惡靈盯上，通常具有公務或政治上的用途，但後來也用於墓葬裝飾。

所謂「心形聖甲蟲」是以黑色或墨綠色寶石雕成，如碧玉或顏色濃重的紅瑪瑙，長度通常介於4~12公分。心形聖甲蟲若非放在木乃伊的心臟位置，就是以金絲串起來，像飾物那樣掛在木乃伊脖子上。聖甲蟲護身符上刻著亡者的名字，以及一句擷自埃及《亡靈之書》的重要咒語。咒語告誡亡者保存初心，在接受神明審判時別供出不利的證詞，否則靈魂便會飄蕩到可怕的地府，無法被引渡至來世，獲得永恆的寧靜。

自公元前760年起，木乃伊的胸前會縫上兩旁打洞、大而平坦、翅膀張開懸於兩側的聖甲蟲護身符，通常以藍色彩陶或藍色寶石（如天青石）製成。最近，動物學家愛蜜麗·貝爾德（Emily Baird）帶領瑞典隆德大學的研究團隊，饒有興味地發現小昆蟲的飛行方式。糞金龜轉頭看著後方的地面，靠後腿推動糞球，以完美的直線方式前行，每隔一會便停下來，跳上糞球頂端跳一支小舞。貝爾德認為小甲蟲是爬上去看太陽，將光線當作指南針，確認目前的所在位置。古代埃及人是否已經了解到，甲蟲停下來是為了利用太陽光？現在還不清楚甲蟲何以備受尊崇，但自古以來甲蟲被當作護身符使用，同時與太陽有關，也就是一切生命的源頭，甲蟲變成了原型象徵，直到今天仍能激發無窮的想像。

這座花岡岩打造的聖甲蟲雕像位於埃及盧克索卡納克神殿群，可上溯至新王國時期（公元前1570~1070年）。

古代埃及的符號

日常護身符

此物與愛神哈索爾密不可分,是一面繫上串珠的小銅牌,最早由哈索爾的女祭司佩戴,後來變成如項鍊一般的護身符,能招來好運、驅退邪祟。有時與亡者同葬,繼續在來世保護主人。

巴

巴是長著人頭的鳥,象徵個性,為構成靈魂的五要素之一。另外四個要素是艾布(意指心臟,也譬喻內心)、蘇特(陰影,是身體的倒影,因而也具備肉身一部分的本質)、朗(人的名字)和卡(死時離開肉軀的靈魂)。

丘

丘(意為「山」)象徵兩座山峰,如同一對帳篷桿子撐起整片天空,尼羅河從中流過。河西岸的山峰叫作瑪努,東側的山叫巴克胡,各有一隻獅子雄踞其上,每日守護著太陽東升西沉,不受干擾。

曼荷德

曼荷德是一種盛裝黑、紅色色粉的淺碟,繫上水罐和筆,三者是古代作家的必備工具,通常見於君王或達官顯貴的畫像,有時表示他們識字,有時則用以表示他們是作家的贊助人或金主。

涅赫貝特

象徵上埃及的白禿鷲叫作涅赫貝特。據說禿鷲具有神祕力量,因公禿鷲與母禿鷲無明顯差異。多半認為牠們是單性生殖,不靠交配誕育下一代。白禿鷲與國家頗有相似之處,孤獨而不可侵犯。

卡

古代埃及人認為,在維繫生命的五種靈氣中(巴、艾布、蘇特、朗和卡),卡是其中的精髓。儘管卡在生者斷氣時離開了身體,只消吃喝留在亡者墓中或墳塋前的供品,就能繼續在來世活躍。

雙皇冠

雙皇冠是兩層皇冠（通常為紅白交雜），代表一統的埃及，引申為普遍的統一。雙皇冠經常被描繪成有蛇形標記（形貌驚人的眼鏡蛇，象徵下埃及和保護女神瓦吉特），以及白禿鷲（象徵上埃及與其守護神涅赫貝特）。

芮和特

頂上有冠毛的鳳頭麥雞，因翅膀過長而無法飛行。在埃及的象徵系統中，這種鳥代表一般人。鳳頭麥雞在多種視覺藝術中均蹲踞在有錢有勢者的腳下，可能是暗示普通人臣服於權勢。因而此鳥公認是政治意味濃厚的激進象徵。

撒

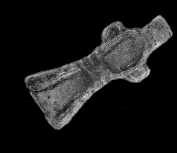

此一象徵可用來代表四處遷徙的牧人捲好收起的毯子，或古代水手常用的漂浮救生衣，因此意味著保護。通常當作護身符，放在掌管生育的河馬女神陶爾特的腳下，祈求孕期平安。

貝斯

小矮神是分娩的保護神，普遍相信他能嚇退傷害新生兒的惡魔。貝斯是邪惡力量的死對頭，令埃及的敵人和所有的邪靈聞之喪膽。據說在家宅內佩戴鑴刻貝斯的護身符，蛇或蠍子都不敢近身。

十字符號

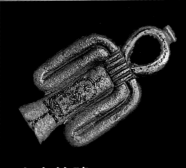

又稱作伊西斯結，因為大家都覺得其形狀很像穿斗篷時，繫在頸間的絆扣。十字符以寶石或彩色玻璃製成，能在許多墳塋中找到。迄今仍不解其意義，但研究埃及的專家推測極可能是復活或永生的象徵。

夏勃提

這種形似木乃伊的小雕像放在墓穴裡，表示在來世為亡者做工。位份最高的埃及人墓中放著401個這樣的手工藝品，每一個代表一天，另外36個代表工頭。顯然到了來世，階級制度仍與今世一樣牢不可破。

鴿子

美索不達米亞地區;約公元前2400~1500年

公認是和平與愛的象徵

舊石器時代的人供奉全能的大母神,往往以鳥類當作祭品,其中鴿子最能代表她多產及孕育生命的能力,不單是因為鴿子的求偶行為,也因為牠們一旦結合便終身廝守,在鳥類中甚是少見。不止一位考古學家曾在蘇美族定居的美索不達米亞地區,發現大母神塑像旁有栩栩如生的鳥類雕塑,時間可上溯至青銅器時代(公元前2400~1500年),足以證明鴿的象徵古已有之。

此一崇拜傳到希臘克里特島,當地將大母神塑造成頭上有鴿子棲息的形象;賽普勒斯的羅馬錢幣繪有群鴿棲息在神殿屋頂的圖像。希臘神話裡,阿芙羅狄蒂(愛美神)主司愛情,人們獻上貢品,希望女神能夠賜予愛情上的好運,她的畫像也常有鴿子相伴。狄米特(豐饒女神)是希臘版本的大母神,同樣與鴿子密不可分。

有一則希臘神話是這麼說的:兩隻黑鴿從底比斯出發,一隻飛到多多納的橡樹林,一隻飛到了利比亞。抵達多多納的黑鳥宣佈,不久之後當地將宣告神諭;第二隻鴿子以亞蒙神形象出現,亞蒙神是埃及生殖之神,亦為統領眾神之王,素為當地人所崇奉。棲息在林間的神諭之鳥被當作祭品獻給宙斯,後來女祭司說牠們宛轉的輕啼是傳達宙斯的旨意,應視為預言。

另一則神話來自公元前4世紀的敘利亞,

19世紀的浪漫派畫家威廉・布格羅(William Bouguereau)描繪出他理想中的維納斯畫像,身旁有鴿子圍繞。

主角是賽米拉米女王，她是德凱多女神在凡間的女兒。德凱多生下凡人女兒後羞愧難當，棄女兒於不顧，縱身跳入亞什克隆一帶的湖泊，自溺而死。她就此變成一隻魚，後來變成掌管魚的女神。一開始賽米拉米先由鴿子哺餵，直到一名皇家的牧師西瑪斯發現了她，養育成人。後來她嫁給了尼努斯國王，某次尼努斯征戰亞洲、凱旋而歸，卻因箭傷過重而死，因兒子年歲尚幼無法登基，於是賽米拉米出面攝政，征服了亞洲大部分地區。據說位於敘利亞古城馬柏的阿塔加提斯女神神殿，便是由賽米拉米下令建造。殿內雕塑的女神頭上有隻黃金鴿子棲息。

19世紀的浪漫主義對希臘羅馬神話情有獨鍾，致力於重述這些古代神祇、女神、仙女、半人半獸的森林之神以及天使的故事，告訴世人，即使經過了幾千年，神話形象的意義依舊不減。許多象徵母親與愛的古代女神，如維納斯（阿芙羅狄蒂）流傳的形象都有鴿子相伴，顯然與早先美索不達米亞的女神伊什塔、阿司塔特和大母神一脈相承。

基督教義中的鴿子

不少基督教教士透過文字，將異教的神明、象徵與神話融入教條，同時針對其中一部分加以改變，好符合信仰系統。這類充滿象徵的聯想（如和平鴿的形象）早已納入集體潛意識，後來融匯成基督教教義。《創世記》有一則相當有名的故事，諾亞在大洪水之後釋放鴿子去尋覓陸地，鴿子啣著一根橄欖枝回來，代表附近有乾燥的土地，寄寓著希望。對古希臘與羅馬人來說，橄欖枝代表和平，因此早期基督徒很快將橄欖

枝的意象與鴿子結合，代表神聖的愛。此後鴿子又與聖靈結合，變成天神的使者；聖母領報那一天，便是鴿子將上帝的旨意傳達給瑪利亞。整個中世紀時期，教堂裡不論是長凳、聖洗池外緣，甚至聖禮的容器，均鑿有鴿子圖案當作裝飾。公元2世紀時，基督教出現一支旁支教派「真知派」，將鴿子視為女性聖靈（亦即智慧女神索菲亞）的象徵。

伊斯蘭教尊崇鴿子，認為當年最後的先知穆罕默德受困於希吉拉地區一處洞穴時，是鴿子協助分散敵人的注意力，救了他一命。總的說來，儘管鴿子的寓意起源於古代神話與信仰，直到今日仍是和平、良善與愛的原型象徵。1949年於巴黎召開的世界和平大會選擇畢卡索的石版畫《白鴿》（以傳統畫法呈現，嘴上並未啣著橄欖枝）當作和平的表徵。

基督教教堂的彩繪玻璃上經常出現鴿子的圖樣，象徵了聖靈和神聖之愛。

鴿子在全世界已成為和平的象徵符號。

鳥類

鷹

鷹通常與太陽神有關,象徵權力、天空、王室與智慧。在中國,見到不止一隻的鷹預示將有戰爭。對阿茲特克人來說,鷹是諸神的信差。古代埃及人則認為鷹代表靈魂的飛越,而天空之神荷魯斯的形象,便脫胎自狀似鷹的象形文字。

兀鷹

在中美洲神話中,兀鷹之眼代表太陽本身,象徵神界隱藏的光。安地斯兀鷹能預示天氣,帶來雷霆閃電、智慧和遠見,揭示預言、天啟與創造力量。許多人相信加州兀鷹具有超自然力量。

信天翁

四處飛行的信天翁常拿來與海洋航行相提並論,西方人認為牠象徵死去水手的魂靈。據說殺害信天翁會帶來厄運,英國詩人柯立芝的《古舟子詠》便是吟詠此事。對毛利人來說,這種鳥代表美、權力、平衡與自由。

戴勝鳥

古人見到此鳥便聯想到魔法或超自然,正是此鳥把席巴女王的祕密告訴了所羅門王。對阿拉伯人來說,戴勝鳥是聖鳥,任何病都治得好。這種鳥死了之後,蘸其血液可寫下符咒,內臟乾燥後可佩戴於脖間當作護身符,不受邪惡之眼的侵害。

獵隼

對美洲印第安人來說,獵隼象徵男性氣概與太陽的能量,標示著精神自由,也有人認為是祖先派來的信使。中世紀以來,貴族以其為狩獵的象徵,因此獵隼也與王室貴胄連結在一起。古埃及時,獵隼象徵神聖君權。

蜂鳥

北美洲霍比族和祖尼族會在水罐上畫蜂鳥的圖案,相信這種鳥上通神明,能為人類帶來雨水。印第安查洛基人有則神話,說一名薩滿巫師把自己變成蜂鳥,好找到眾人渴望的菸草植物。這種小鳥在圖騰族譜中代表生命的輕盈與恢復力。

貓頭鷹

古代希臘人認為貓頭鷹是智慧女神雅典娜的化身，也是雅典衛城的守護者。牠陪伴在專司黑夜與冥界的魔法女神赫卡特身邊。由於牠是晝伏夜出的猛禽，羅馬人認為與邪惡有關，但羅馬祕教圈子仍認為此鳥象徵智慧。

鶴

在遙遠的東方，鶴象徵長壽和忠實。古代中國人認為這種福鳥來自仙界，相信牠們背上馱著古代聖賢，在不同世界之間飛來飛去。古希臘人則視鶴為太陽神阿波羅的象徵，喬裝成此鳥造訪人間。

渡鴉

北歐神話中的主神奧丁豢養了兩隻渡鴉，飛到人間監視人類的所作所為。渡鴉代表智能與智慧，而早期美洲人認為此鳥是創造者的象徵。渡鴉在歐洲民間故事中，是能變化身形的巫婆。印度神話中的渡鴉則是死神的信差。

禿鷲

由於專吃腐屍，馬雅人將禿鷲視為能夠起死回生的動物，因此這種鳥變成淨化與轉化的象徵。美洲印第安傳統深信禿鷲代表周而復始，與循環的主題息息相關，有如每日升起的朝陽。

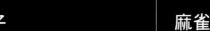

燕子

古希臘認為燕子與主司愛情的阿芙羅狄蒂有關，能帶來好運與幸福。古羅馬人則相信燕子象徵來不及出世的孩童的靈魂。現代基督徒認為燕子象徵了犧牲、重生與新的開始。

麻雀

此鳥可能預示好運或厄運。西方將麻雀視為神的慈悲，但也暗示死亡將至。在印尼，倘若有麻雀進入人家，那一家人便會說近期會有婚禮。女子若在情人節那天見到麻雀，表示她嫁給窮人才能獲得幸福。

藥輪

美國懷俄明州，比格霍恩山；約公元前1500~500年
與靈界溝通的美洲印第安遺址

根據美國印第安傳統，藥輪（圖為比格霍恩山的藥輪）象徵「偉大的神靈」，又稱哇卡坦卡，是賦予萬物活力的生命動力。

石砌神聖藥輪分佈於美國北部與加拿大南部的廣袤平原上，當中有些直徑超過12公尺，大得驚人。對美洲印第安人來說，位於比格霍恩山的史前巨大石雕是展現其宇宙觀的神聖遺址，曾演示過奇蹟。推測是阿茲特克—塔諾安人於公元前1500~500年打造，將近300年前才被烏鴉印第安部族的獵戶發現。但這群獵人害怕藥輪散發能量，消息在大草原上傳開，其他原住民部落紛紛感到驚慌。烏鴉印第安人認為，地球上的始祖來自下方冥界，他們穿越由巨型石堆堆疊而成的通道，以幽魂之姿在地球出現。烏鴉部落利用藥輪舉行儀式，都說藥輪是一個叫作「傷疤臉」的男孩所建。仍在襁褓的他跌入火堆，全身嚴重燒傷。後來傷疤臉長成了少年，前往深山進行靈視探索。他在山中齋戒，一手建造藥輪。旅途上，他遇見攻擊幼鵰的野獸，將其驅逐。於是大鵰擾起了他，

讓他的臉恢復光滑，當作報答。

大部分美洲印第安部落都認為圓形或圓輪代表唯卡坦卡，意即「偉大的神靈」。對美洲印第安人來說，「藥」字的意義與今日大相逕庭，是指自然界與生俱來的生命力，或者能讓個體趨於完整的內在力量。根據美洲印第安人的靈性哲學，藥輪代表連結與和諧，是地表上眾生和平互動的主要象徵。學者均認為藥輪用於儀式或典禮，有證據顯示部分藥輪上有旋轉舞動的痕跡；其他藥輪可能是用於靈視探索的儀式上。

天文學

20世紀美國天文學家約翰‧艾迪（John A. Eddy）提出一項理論，認為有些藥輪在天文學上具有重大意義，輪子上最長的輻軸可能是指向某一時間的某顆星辰，因此藥輪是用來標示一年內的特殊日子。巨岩或大石塊在地上排成圓形，有時4顆以上的石頭排成一列，代表一段輻軸，或是圓形的一部分。那時的人也認為藥輪是用來標示地理方位，或與某一地地平線相對的太陽、月球、恆星和行星的種種活動。石塊堆高之處，可能是舉行重要慶典或講學的地點，也可能是某一特定文化的部落，向造物主表達謝意的聖地。

藥輪通常與四個方位有關，也象徵父天、母地、精靈樹，因此用以代表各面向的健康和生命循環。一般來說，東、南、西、北四方位各有其代表顏色，如黑、紅、黃、白。四大方位的象徵還不僅如此，也代表出生、青年、壯年、老年等人生階段；春、夏、秋、冬一年四季；火、空氣、水、土等大自然特性；或者鵰、熊、狼、水牛等動物；甚至祭典用植物（如菸草、白菖蒲、鼠尾草和柏樹）、天氣形態、人類特質，都拿來與之對應。藥輪可以不同形式展現，但主要出現在藝術作品中，如畫作或岩畫，也有建立於大地之上，比格霍恩山一帶的藥輪便是一例。

時至今日，遵行美洲印第安儀式與魔法的信徒、追隨新時代運動或巫術的人、或新異教團體的教眾，仍在不同層面上使用藥輪，援引其象徵力量。此一圓形代表完全達致平衡的大自然生命力與個人力量，象徵世間萬物莫不緊密相連，構成完整的宇宙，是薩滿巫師的地圖或哲學系統，為我們指引方向，或在我們踏上心靈之旅時，充當墊腳石。藥輪不但能指引方位，也能讓人們與攸關生活品質的自然能量達成一致。

位於美國亞利桑那州的新時代藥輪。儘管有些天文學家提出此輪可能是星際圖，多數人認為它代表靈界與現實世界的介面。

藥輪劃分成東、南、西、北四個方位，各有相呼應的動物、顏色和大自然特性。

蓮花

印度；約公元前1400年

自古以來在佛教中象徵純淨，在印度教義中代表聖潔的愛

印度繪畫中，偉大神明毗濕奴和其妻拉克希米的身旁總有一株盛放的蓮花，意味著神聖的愛。

自公元前1400年早期吠陀經時期，蓮花便已成為印度教備受尊崇的象徵，經常出現在有毗濕奴（最受喜愛的印度神明）和其妻拉克希米的畫面中，為人所津津樂道。蓮花從污泥遍生的池塘中冉冉升起，追尋光亮與氣息。朝陽初上，美好的蓮花緩緩綻開8片花瓣，輕巧地浮在水面上，僅有數公分高度。此一多年生水生植物原產於中東與遠東，與常見的睡蓮不同，其圓形蓮蓬端坐在花瓣中央。

幾千年來，佛教徒認為蓮花最能代表純淨，印度教徒則認為它象徵神聖的愛。由於它生於黑沼，朝光明之處茁長，多少世紀以來成為克服困難、突破逆境的表徵，也象徵了精神、靈魂或自我的再生。

印度教中有許多神祇——男女皆

然——都與蓮花密不可分，有的端坐在盛放的蓮花之上，有的手持蓮花。毗濕奴的稱號是蓮花眼大神，畫像中的他身旁總有一朵粉紅蓮花，與身為財富女神的妻子拉克希米相依偎。創造神梵天則是從毗濕奴肚臍上的那株蓮花中誕生。

在古埃及，蓮花象徵太陽與創造，在許多埃及象形記事的圖畫中，從太初的水面上升起，據說是混沌之神努恩生下太陽神「拉」。蓮花也象徵復活，埃及的《亡靈之書》中便有許多符咒，能將人轉化成蓮花，使其重生。上埃及的象形文字與藝術中愛用蓮花，下埃及則偏好紙莎草。到了帝國時期，蓮花與紙莎草開始以纏繞的形式呈現，代表上埃及與下埃及的統一。

7世紀時，印度清奈的濕婆神廟中，三位主神毗濕奴、濕婆、梵天坐在蓮花上，施予祝福。

佛教傳統

佛教視蓮花為純淨的象徵，代表人智慧與靈性啟迪的一面。觀想時常唸的六字大明咒（唵嘛呢叭咪吽），意即「向持有珍寶蓮花的聖者致敬」。當代靈界人士認為，尚未綻開的花蕾象徵前世的靈魂，未來有可能舒展綻放，擁抱神聖的真理。傳說中釋迦牟尼足跡所到之處，會留下朵朵白蓮花，蘊含靈性覺醒與曉悟之意。一般來說，紅蓮在佛教傳統中象徵愛意與發自內心的熱情。

罕見的藍蓮花算是睡蓮的一種，而非真正的蓮花，圖坦卡門的墳上便由祭司灑滿了藍蓮花。古代埃及圖像中就出現珍貴的藍蓮花，如神廟內精美的橫樑雕飾，或宮室牆上的藻繪。藍蓮由於含有一種叫作「脫水嗎啡」的鎮靜催眠物質，會使人像服了藥一般昏沉恍惚，因而象徵神聖的力量。古代埃及人也會少量服食，當作春藥。

希臘神話也提到了蓮花，是奧德修斯（一種尤利西斯）的故事。當時他帶領一支船隊，其中一艘船迷航了，暫且在一座島上停泊，島上居民就是俗稱「吃蓮花的人」。他底下的水手也跟著吃蓮花，或許便是藍蓮花，從此沉睡不醒。英國詩人丁尼生（Alfred Tennyson）受到啟發，寫下了〈食蓮者之歌〉（The Song of the Lotus Eaters），從此蓮花有麻醉之效的美名流傳下來，成為精神覺醒的象徵。

據說蓮花的八片花瓣隱喻著八個主要方位，亦即東、西、南、北、東北、西北、東南、西南，各自統治劃分成八等分的宇宙，印度教稱為「方位守護者」。蓮花在瑜伽中代表脈輪系統，不同花瓣代表不同的脈輪能量中樞功能，在身體內以肉眼不可見的方式周流不息。儘管脈輪只有七種，但第八片花瓣代表頂輪與聖界合而為一的境界，唯有真正了悟、參透玄機的人能夠到達。蓮花花瓣舒展之際，心靈也隨之開展、覺醒，逐漸超脫，上達靈性的領域。

蓮花花瓣與脈輪系統相呼應，象徵精神的覺醒。

鳶尾花圖騰
埃及與美索不達米亞地區；約公元前900~300年
常見的裝飾性繪畫主題，代表純潔

此畫出自16世紀畫家阿爾布雷希特·杜勒之手，畫中的查理大帝飾以鳶尾花圖騰。

鳶尾花圖騰脫胎自鳶尾花形狀，歷來廣泛運用於裝飾用器皿，當作權力與重生的象徵。

鳶尾花圖騰從很早以前便是法國國王的象徵，普遍認為此一裝飾意象是以紫色鳶尾花為本的圖案，在古代美索不達米亞及埃及陶器均可見到，甚至巴比倫於公元前6世紀興建的伊什塔城門，上面也有這種圖形。印度與埃及藝術都以此花象徵生命和復活。

法國的鳶尾花圖騰可能起源自生長於河邊、沼澤、潮濕陰涼所在的黃白品種鳶尾花。有些學者認為，古代法蘭克人在進入高盧前，原本住在靠近盧茨河的荷蘭，因河岸旁植滿野生鳶尾花，法蘭克國王或許是從日常環境中揀擇一種意象，當作權力的表徵。但也有歷史學家指出，德文的鳶尾花拼法是Lieschblume，鳶尾花圖騰（fleur-de-lis）一字便由此而來。

但學者普遍主張，鳶尾花圖形與法國國王的淵源始自公元496年克洛維一世加冕之時。之後他皈依基督教，受洗典禮上用的也是鳶尾花油。傳說中天使翩然降臨，蘸一點小瓶中的鳶尾花油為他膏抹，自此之後，鳶尾花油變成聖潔的標誌。後來受膏的法國國王，如8世紀

時的查理大帝，均深信他們和克洛維國王一樣，擁有上帝賦予的神聖權力。位於羅馬的聖喬凡尼教堂內，一幅完成於9世紀的嵌花圖案，描繪聖彼得將軍旗遞給凱旋歸來的查理大帝，大纛上的尖頂飾顯然是矛頭，同時又跟鳶尾花圖案很像。或許是因為軍旗與查理大帝有這段淵源，鳶尾花圖案變成了法國王室的象徵。從那時起，鳶尾花圖案一躍而為法國紋章學的重要圖形，具有宗教、政治、王朝、徽章、象徵等多重意涵。

彩虹女神

早在鳶尾花和法國國王建立起淵源之前，古埃及人便認為它是權力的表徵，因此人面獅身像的額頭和法老的權杖上，都有此一標記。公元前1479年，圖特摩斯三世為表彰自己攻下敘利亞的戰績，下令在屬於他的神殿牆壁上畫滿鳶尾花。

鳶尾花的名字取自希臘神話中的彩虹女神伊里絲。她就像彩虹一般，搭起天堂與人間的橋樑，幫助眾神與凡人溝通。伊里絲原是奧林帕斯山的信使，卻又帶領終須一死的凡人前往天堂。古希臘人會在至愛的墳前種植一株鳶尾花，以示對彩虹女神的崇敬，祈願女神能帶領逝者離開危險四伏的冥府，到達極樂世界。鳶尾花被視為聖花，具有醫治力量，古希臘人用以入藥。早在公元1世紀時，當時的名醫迪奧科理斯便提出，鳶尾花的根配上蜂蜜、醋或葡萄酒飲用，可治咳嗽、感冒、消化不良及坐骨神經痛。

基督教將鳶尾花與百合視為聖母瑪利亞的象徵。13世紀時，法國國王路易九世頒佈，此花花瓣有三，代表的是信念、智慧與騎士精神，也象徵上帝賜予法國的恩澤。之後法國和其他歐洲統治者前往新大陸開拓殖民地，此一說法傳到了其他國家，鳶尾花圖騰出現在加拿大魁北克省的旗幟上，蒙特婁與三河城同樣把鳶尾花放在市旗上。美國的聖路易市、底特律、紐奧良和巴頓魯治，亦以鳶尾花紋裝飾市旗和盾徽。2005年卡崔娜颶風席捲紐奧良，之後該市以鳶尾花當作災後重建、民間支持的標記。

位於羅馬，建於文藝復興時代的伊斯特別墅牆上的瓷片拼貼，顯見鳶尾花是這個家族的標誌之一。

此一圖象符號流傳至今，在人類的集體心靈中代表尊貴、智慧與信念。

花卉

玫瑰

古代女神，如彩虹女神伊里絲、愛美神阿芙羅狄蒂，均被視為具有玫瑰的特質，包括繁衍、美好、熱情和聖潔的愛。羅馬時代的宴會廳天花板上繪有白玫瑰，提醒賓客此處所說的話不可外傳，因此，拉丁文中稱祕密為 sub rosa，意即在玫瑰之下。

鳶尾花

希臘神話將鳶尾花視為彩虹的化身，代表訊息、希望、愛的保證與賦予光明的權力。中國人認為鳶尾花代表孤獨之美，古埃及以其為復甦，而對法國人來說，鳶尾花圖騰（是鳶尾花，不是百合）象徵信念、智慧與勇氣。

櫻花

櫻花是日本的國花，花謝時，一樹的花同時落地。對日本武士而言，櫻花象徵生命的短暫與無所畏懼的精神。日本人認為櫻花樹具有苦行的美感，以及無論壽命長短，如實接受人生的自重與優雅。

雛菊

此花始終與太陽息息相關，寓有謙遜、儉樸和純真之意，也象徵忠貞不移的愛。在中世紀歐洲，年輕女孩以此花占卜愛情，一一摘下花瓣，口中唸著：「他愛我，他不愛我。」數到最後一朵花瓣，就是答案。

勿忘我

勿忘我的花語是懷念與忠實，名稱的由來眾說紛紜。基督教有則傳說，有天上帝在伊甸園散步，注意到一種藍色小花，問它叫什麼名字。小花輕聲回答：「主，恐怕我已經忘記了。」上帝回答：「別忘了我，但我不會忘記你的。」

鬱金香

鬱金香原是鄂圖曼帝國的標誌，古代波斯視其為愛的象徵。16世紀引進歐洲後，此花變成富豪的地位象徵，只因唯有富人才買得起。紅色鬱金香意味著難以抗拒的愛，追求者將此花遞給心儀對象，表白愛情。

康乃馨

根據基督教傳說，聖母瑪利亞一見到耶穌背上十字架，便開始哭泣，淚水落下之處開出了康乃馨。十字軍東征時，不少戰士得了瘟疫，就以康乃馨葉子混合葡萄酒，能夠稍微退燒。文藝復興時代以降，普世認為康乃馨象徵愛、生殖、婚姻與母親的身分。

風信子

阿波羅的同伴海辛瑟斯意外死亡後，流出的血變成了花朵，於是阿波羅以他的名字命名此花。紫色的風信子象徵寬恕、恆常與審慎。19世紀時的戀人若是口不擇言，往往互贈此花致歉。巫術則用此花驅趕邪惡力量，不受咒詛所害。

菊花

在遙遠的東方，此花有長壽、富貴和幸福的寓意。歐洲流傳著一則傳奇，耶穌基督喬裝成乞丐，受到一戶貧窮人家的款待。翌日早上，門口放著兩朵白菊花。德國人習慣在平安夜擺滿菊花，歡迎基督到來。

百合

在中國是和平與純潔的象徵，也有富足豐裕的意涵。古希臘神話中，此花是希臘女神希拉的象徵，她滴下的乳汁灌溉了世上最早的百合花。基督教也有傳說，百合原是黃色，直到某天聖母瑪利亞彎身摘下一朵，於是變成了白色。

金盞花

過去曾被稱為「日光藥草」，此花向來與太陽能量關係密切，象徵活力、生命力與熱情。中國人將其看作長壽的象徵，印度人認為此花代表奎師那。早期基督徒稱金盞花為「瑪利亞的黃金」，會把此花置於瑪利亞的雕像旁。

紫羅蘭

雅典人相信紫羅蘭是雅典城的標誌，當初水邊仙女給建立此城的人一束紫羅蘭，表示祝福。紫羅蘭也可用來驅邪，同時象徵忠誠。贈人以藍色紫羅蘭，表示堅貞不移，而白色紫羅蘭暗喻勇敢追求的心意。

彩虹女神

希臘；公元前8世紀

廣為流傳的象徵，代表希望

蓋伊・海德的油畫作品《伊里絲帶冥河之水至奧林帕斯讓諸神起誓》，描繪女神來往於天堂與地府之間，傳遞消息。

腳下迅疾的伊里絲是諸神的信使，也是光之女神，但她的姊妹是令人退避三舍的鷹身女妖，號稱黑暗女神。伊里絲聽憑眾神差遣，在許多神話故事中擔任中間人，傳遞消息。譬如宙斯在泊瑟芬遭到黑帝斯劫持、侵犯後，請伊里絲當和事佬，找狄米特說情。希拉也派伊里絲去告訴身在克里特島的斯巴達王，海倫與帕里斯私奔回特洛伊的不幸消息。

伊里絲嫁給了西風神澤菲羅斯。歐里庇得斯筆下的悲劇《海格力斯》中，她與掌管瘋狂的女神麗莎一塊出現，詛咒英勇的大力士海格力斯發瘋，他在神志不清的情況下，殺死了三個兒子和妻子美加拉。伊里絲也出現在維吉爾所寫的《伊尼亞德》，她奉天后朱諾之命，在迦太基的蒂朵皇后死前替她拔掉一撮頭髮，如此一來，她的魂魄就能夠自由，飄到來世。

蘇美族的長篇敘事詩《吉爾伽美什史詩》中，偉大的女神伊什塔佩戴著一串寶光璀璨的項鍊，她脫下項鍊朝天空扔去，化成了彩虹，藉此提醒自己永遠記住那場捲走她所有兒女的大洪水。北歐神話中的彩虹是燃燒的大橋，又稱彩虹橋，連結眾神居住的「仙庭」與凡人所在的「中庭」，唯有諸神和在戰役中捐軀的戰士能度過彩虹橋。這座橋最終在世界毀滅之日，亦即時間的盡頭，崩塌了。印度教認為彩虹是雷雨之神因陀羅手上的弓；日本傳統神道教則相信彩虹

世上大部分神話都把彩虹視為通往天堂的橋樑，聯繫肉眼可見的世界和神界，亦是希望、和平的標誌。其中影響最深、最具說服力的象徵，莫過於彩虹的化身——希臘女神伊里絲。

是先祖魂靈重返人間的橋樑。

彩虹不僅本身意義重大，其顏色亦頗值得玩味。坦特羅佛教（或稱藏傳佛教）視彩虹的七彩組成了純粹的光色，也是頓悟前的最末一個階段，亦即冥想境界。對伊斯蘭教的信徒來說，彩虹光譜同樣具有深刻意義，不同色調代表神明的不同特質，在此物質世界示現。印度教以七種顏色代表七重天。

中亞的薩滿法師通靈時，往往穿上七色道袍、披風，或戴上加羽毛的頭飾。中美洲神話提到，印加人深信彩虹是雷電雨水之神尤拉帕所戴的羽飾皇冠，但人們深感害怕，不敢逼視天際的彩虹，甚至用雙手掩住嘴巴，以免驚呼出聲。因為只消說出一個字，尤拉帕就會降下閃電。

許多文化，如澳洲原住民，將彩虹視為創造地球的母蛇。在非洲神話與中國民間傳說中，彩虹均以大蛇（或祥龍）之姿出現。美國印第安納瓦荷部落在旗

子上繡彩虹圖形，用以象徵主權，表示所有部落融匯成「彩虹國」。另一方面毛利人的彩虹神卡胡庫拉能庇佑戰事順利，亦是人類必死的表徵，意指通往天堂的路。

《聖經》中亦有彩虹，在諾亞方舟之旅即將結束時出現，隱喻上帝與人類重歸於好。根據《創世記》第9章，上帝對諾亞說：「……我把虹放在雲彩中，這就可作我與地立約的記號了。」

根據愛爾蘭民間傳說，來到彩虹的盡處可以找到一罐黃金，是一群調皮的妖精藏在那兒的。這群妖精是很有錢的鞋匠，愛把金幣貯在罐子裡，藏在彩虹盡頭。當然彩虹盡頭不可能觸及，因此傳說中的黃金永遠無法到手。

遍觀各民族神話、藝術和文學，均十分珍視彩虹，當作神的示現、啟發與和平的象徵，同時也代表掃蕩一切的暴風、及時雨或兩個世界之間的橋樑。橫跨天空的彩虹是令人驚嘆的存在，預示好事即將發生，激起我們內心的好奇與喜悅。

諾亞見到天邊出現一道彩虹，上帝告訴他，這是祂與大地所立的盟約（此為版畫，仿雅克・勒莫因・德・莫古創作的水彩畫所作）。

不同的宗教或神話均認為，虹的七種顏色各自象徵某種神聖本質。

戈珀爾的《世界史詩故事》的卷首插畫，畫的是北歐神話中的彩虹橋，或稱燃燒的大橋。

鳳凰

希臘；約公元前800~146年

神話中的鳥，象徵復活與再生

鳳凰在文藝復興時期的歐洲，是神祕圈中的最佳象徵，連伊莉莎白一世也佩戴鳳凰吊墜。

鳳凰的起源可上溯至公元前9世紀，希臘作家赫西奧德（Hesiod）形容此一神話中的鳥「輝煌無比」。不過許多學者堅稱，鳳凰源自埃及神話中的貝努鳥，又叫東方紫鷺。尼羅河一年一度發大水時，這種鳥懂得棲息在地勢較高的岩原上，總能安全脫身。牠從洪流上方輕巧掠過時，像極

了太陽在水面上移動。此鳥的別名是「上升者」，一般認為是太陽神「拉」的靈魂，在下埃及的赫利奧波利斯廣受尊崇。此城於公元前332年被亞歷山大大帝征服後，希臘人便稱其為「太陽之城」。有一則神話是這麼說的：在太陽神神廟的聖域旁，有棵聖樹起了大火，貝努鳥從大火中出世，高飛之後棲息在由「奔奔石」砌成的聖柱上，一待就是1000年。每逢有信眾到此參拜，祭司便指給大家看，眾人都說這是至高無上的聖地。另一則故事說，在冥神歐西里斯復活後，此鳥從他的心臟跳了出來。

希臘神話有許多謳詠此鳥的故事。有的說牠自焚而死，從灰燼中重生；也有的說牠復活之後，成為真正的鳥。赫西

神話中的鳥

迦樓羅
迦樓羅是神話中的大鵬鳥，同時出現於佛教與印度教神話。通常以金身白面的人形出現，嘴如鷹喙，背生紅翅。據說這位古代神祇體型巨大到能遮蔽日光，與奪人性命的蛇族那伽為世仇。

鳳凰
乃中國神話中的鳥，集群鳥特色於一身，亦象徵六種天體：頭顱代表天空、眼睛代表太陽、背代表月亮、翅膀象徵風、雙足象徵大地，尾巴則是行星的象徵。

西莫鳥
常見於伊朗藝術作品，是一種有翅膀的鳥形生物，身軀龐大，揹得動大象或鯨魚。大致以孔雀為藍本，通常具有狗頭、獅爪，有時以人面出現。伊朗傳說相信此鳥年代久遠，曾經歷過三次世界大劫。

奧德篤信此鳥每隔10萬年輪迴一次，時間一到便自焚而死，火化成灰，而後幼鳥從餘燼中再生。後來基督教出現後，選擇鳳凰當作基督犧牲與復活的象徵。

中世紀的藝術創作與文學作品往往將鳳凰描繪成如太陽一般，有七道光芒及光輪，強調此鳥與希臘神話的太陽神赫利俄斯有關，因太陽神的形象亦有光暈。公元1世紀時，羅馬作家暨歷史學家老普林尼形容鳳凰「頭頂有羽冠」，戲劇家以西結說牠與公雞有幾分相似。到了文藝復興時期，鳳凰變成了皇室和紫色的象徵。約莫公元1575年，尼可拉斯·希利雅德（Nicholas Hilliard）為英國女王伊莉莎白一世畫了一幅肖像，當時民間對伊莉莎白一世「童貞女王」的身分興起神祕的崇拜，儘管好幾幅肖像

中均有許多象徵，暗喻她的未婚身分，其實背後還有更大的謎團。畫中的女王大約40歲出頭，統治時間即將過半，身上佩戴著精緻的鳳凰墜子，論者多認為女王特意選擇鳳凰，算是向朝臣公開保證，她打算革新王朝，無論是否繼續保持童貞。

在祕教方面，煉金術士菲利普·錫德尼爵士（Sir Philip Sidney）與占星家約翰·迪伊都是伊莉莎白一世的重要顧問。兩人都很清楚，依文藝復興時期的煉金術，鳳凰與鵜鶘皆象徵人的靈魂往不朽飛升的最後階段。因此神祕的鳳凰便很適合用來象徵長壽且看似不朽的英國女王。

基督教圖像學視鳳凰為重生的象徵，也代表基督復活。

龍

中國；約公元前475~221年

象徵祥瑞之氣，如知識、力量及好運

這幅公元3世紀的絲畫，畫的是富翁騎著象徵祥瑞的龍，快樂飛升到靈界之上。

龍是中國神話生物，傳統上代表祥瑞的正向力量，歷代皆以其作為中國皇帝的象徵，自詡為龍的傳人。周朝時（約公元前1046~256年），不同的龍被賦予不同特質，其中最重要的是生有五爪的青龍，象徵天庭與帝王的力量，也代表太陽、喜悅、豐饒與知識。

中國民間故事裡，龍族通常與控制水勢、降雨、颶風或洪水有關。一般人相信牠們統御著流動的水，如瀑布、河流或海洋。龍族多半以水柱、狂風、漩渦或巨浪的面貌出現。龍既是大水與天氣的統治者，出場時多半戴著海草編成的頭巾，或繪以波濤巨浪的圖紋。四大龍王各有職司：東海龍王管轄東海，南海龍王統御南海，西海龍王是青海湖之王，至於北海龍王則統籌貝加爾湖之事。

今日的中國仍以龍為權柄、力量和好運的象徵，而且是風水之術的吉祥圖案。由於龍常在廣闊鄉間移動，能夠匯集大自然的能量，進而翻雲覆雨，有時降下甘霖，有時卻毀滅莊稼。依風水之說，龍也決定了地理形勢，因此樓宇及家具若能按照「龍紋」擺置，龍掀起的能量就能充塞於大地之間，源源不絕。

中國占星學以龍代表九，也是風水學上非常吉利的數字。一種稱之為「九龍牆」的牆，可見於歷代皇宮及御花園，遍及北京、山西大同，甚至香港。這類牆面上繪滿了九條龍的圖紋，能為該城帶來財富、權勢與繁榮。曆法上與地支相應十二生肖，其中最吉利的一年就是龍年，龍年出生的人運勢最好。一般認為屬龍的人意志強悍，性情傲慢，但通

常很成功，大膽進取。

　　古往今來，世界各國的龍經常從古代神話中的巨蛇演變而來，當中有不少故事提到巨龍被凡人或半神半人的英雄所征服。流傳在中東一帶的神話曾提及胡哇哇，此一擅長噴火、生有尖牙的怪獸最早出現於《吉爾伽美什史詩》；印度神話中亦有怪龍弗利多，最終為因陀羅所殺，《黎俱吠陀》中有這段記載。歐洲中世紀民間傳說中，屠龍英雄濟濟一堂，包括貝奧武夫、西格德，以及崔斯坦。但此處的龍並不是祥瑞，反而代表了邪惡力量。

　　根據《啟示錄》第12章，天使長米迦勒打敗了七頭怪龍，此龍是撒旦的化身；此外，七顆頭暗示七宗大罪。大部分西方國家的傳統視龍血為致命劇毒。自中世紀以降，西方最為人熟知的文學和藝術主題，莫過於英雄屠龍，其中最為人津津樂道者首推聖喬治，他救出了利比亞公主，免遭惡龍所噬，最後還用劍殺死怪獸。

義大利畫家烏切羅的《聖喬治大戰惡龍》（約完成於公元1470年）描繪聖喬治的故事，暗喻基督教（聖喬治）戰勝一切邪惡（惡龍）。

龍的象徵亦正亦邪。

神話中的怪獸

貝西摩斯

巨獸最早出現於《約伯記》，後來亦有別的記載，眾說紛紜。一開始是神話中的生物，也有說是大象、河馬、犀牛，甚至鱷魚。此一怪獸被造物神所殺。時至今日，貝西摩斯一詞仍會用來比喻龐然大物或威力無窮的生物。

半人馬

希臘神話中的半人半馬怪物，有人類的頭、雙臂和上半身，主要軀幹則似馬形，一般認為用來象徵人的兩面：野性難馴的一面，以及文明禮貌的一面。其中最著名的是奇戎（Chiron），是備受尊敬的醫療聖手，諷刺的是醫治不了自己的病，最後成為天上的人馬座。

奇美拉

這種噴火怪物源自古代小亞細亞，全身上下由三種動物組成：獅子、山羊和蛇。通常被描繪成獅頭、羊身，以及末端是蛇頭的尾巴。牠是吐火巨人提豐與蛇妖愛奇德納的後代，兄弟姊妹也都是怪獸，如冥界的三頭狗塞爾伯呂便是。

薩提

薩提是半人半獸的森林之神，經常陪伴在酒神戴奧尼索斯身邊，模樣似馬，包括尾巴和雙耳，有時也露出馬的生殖器。到了羅馬時代，薩提慢慢變得像山羊，拉丁文學作品將其描述成上半身是人，下半身是山羊，山羊尾巴也取代了原本的馬尾。

蛇髮女妖

蛇髮女妖原本是早期希臘文學中凶惡的女怪，後來用來指頭髮由活生生的毒蛇組成的三姊妹。蛇髮女妖面容猙獰，見到她們的人無不化成石頭。最有名的首推美杜莎，死於珀修斯之手。

九頭蛇

源自古代的希臘水怪，長了數不清的頭，據說砍掉其中一顆頭，會再長出兩顆。蛇怪的氣息有毒，血液也有劇毒，就連留下的足跡也能致人於死。海格力斯奮勇斬殺勒拿湖邊的九頭蛇，先砍下一顆頭，以劍刃蘸取毒血，然後塗在砍下的頭，讓牠再也無法長出新的頭來。

鷹頭獅

鷹頭獅是古代希臘神話的怪物，有獅子的身軀、後腿和尾巴，加上老鷹的頭、翅膀和爪子。獅子是萬獸之王，鷹則統領萬鳥，因此鷹頭獅被認為是雄偉而尊貴的生物，象徵給予保護的神聖力量。

夢魘獸（男夢魔）

夢魘獸是古代的魔鬼，以男性軀體示人，而且根據不同的神話或民間傳說，會趁黑夜潛入女子香閨，與其歡愛。夢魘獸也有女性版本，稱作女夢魔。傳奇故事中的魔法師梅林，聽說就是凡間女子與男夢魔交歡後生下的孩子。

彌諾陶洛斯

彌諾陶洛斯是人身牛頭怪物，頂著公牛頭，配上人身，住在克里特島的克諾索斯宮的中心。建築師代達魯斯奉米諾斯國王之命設計了這座迷宮，用來囚禁這隻可怖的怪物。牠是米諾斯王后和用以祭祀的牛生下的子嗣，最後被雅典英雄特修斯所殺。

馬卡拉

印度神話中的海怪，據說是水中生物，身體前部似象、鱷魚、雄鹿或小鹿，後側則像魚或海豹，有時曳著孔雀尾巴。馬卡拉也是恆河女神恆伽，以及海洋之神伐龍那乘坐的船隻，往返於煙波浩淼的水域。

天狗

根據日本神道教傳統，天狗長得像猛禽，同時具備人與鳥類的特徵。最初所畫的天狗有鳥喙，但後來跟人愈來愈像，多了一管異乎尋常的長鼻子。但佛教傳統則將天狗看作專門惹是生非、或心懷怨恨的鬼怪。

雷鳥

根據北美傳說，雷鳥是威力無窮的超自然生物。據說牠只要搧動龐大的羽翼，就能激起氣流，使雷聲大作。牠的目光閃動，就會帶來大規模的片狀閃電，而當發紅光的蛇，蜿蜒垂降到地面上，就會出現一道道閃電。

幻象蛇

墨西哥；約公元前400年

幻象蛇是通往靈界的大門

第15號門楣上的浮雕，刻著王后瓦克吞夫人手上握著放血的器具，與召喚自冥界的睡蓮大蛇（閃電神凱威爾的眾多面貌之一）深切交談。

幻象蛇是放血儀式的重要階段，公元前400年時的馬雅人經常舉行這種公共儀式，宣示統治權。多半在金字塔頂端或空闊的庭院中舉行，方便群眾聚集一處觀看。馬雅的菁英階級會用黃貂魚的脊骨、打火石、獸骨或黑曜石製成的小刀，劃在身體的不同部位，藉以取血。蛇象徵靈氣，馬雅人深信神聖的祖先會以幻象蛇的形象出現，告訴他們目前在上位的統治者是否英明。儀式進行時，羊皮紙或紙張浸飽鮮血後焚燒，此時裊裊輕煙中會出現幻象蛇，代表先祖顯靈。

今日墨西哥的亞克斯切蘭是古代馬雅大城，也是眾多神殿群的遺址。殿門上方、建於8世紀的石砌門楣上，刻繪著馬雅人的日常生活。其中第15號門楣刻的便是鳥豹四世統治時期舉行的一場放血儀式，王后抬頭凝望著幻象蛇，左手端著碗，碗內放著黃貂魚脊骨、黑曜石打造的小刀、和一張染上鮮血的樹皮。儀式進行時，碗內的火焰不斷升騰、煙霧瀰漫，蛇的下顎處依稀幻化出古代戰士的模樣。在父親巴魯姆二世一手打造出盛世之後，鳥豹四世繼位，卻始終不得民心，常得費力維持統治的地位。這場放血儀式便是用來證明鳥豹四世是合適的接班人。

第24號門楣刻著另一位國王盾豹，手握火炬，面前跪著王后艾莎克夫人，她手上拿著一段插滿荊棘或脊骨的繩索，穿舌而過，鮮血隨之滴落，一滴滴落在前方桶子內的紙張上。她的鮮血引出一條全身扭動的巨蛇，蛇信吐處，是一名宛如戰士的先人顯靈。

馬雅神話

幻象蛇源自馬雅早期神話，位於靈性世界樹的中心。不止一則神話故事提到，大蛇是太陽、星辰等天體攀越天空的階梯。另一方面，蛇會蛻皮，因而

成為更新與再生的象徵。蛇的確備受尊敬，難怪中美洲的主神奎茲特克爾是以羽蛇的形象現身；事實上，這個名字本身就是「美麗的蛇」之意。經由放血儀式，國王證實了自身能夠與幻象蛇——也就是靈性世界的中心——溝通聯繫，扮演著串連現實世界和精神世界的角色。

1930年代，有些考古學家注意到，貝里斯的馬雅凱克奇族人依然在薩滿巫師的入門典禮上，舉行類似的幻象蛇召喚儀式，但已不再放血。他們相信，新人會在迷離恍惚的狀態中，與巨蛇歐嫦直接溝通。唯有歷經此一狀態，新入會者才算完成入會儀式，同時掌握身為薩滿的必備知識。

位於特奧迪瓦坎的羽蛇神金字塔（約建於公元150~200年），鑴刻著奎茲特克爾的形貌，為目前所知最早的意象。

幻象蛇是馬雅信仰的重要象徵，同時也是現實世界與神祇、生者與亡者之間的溝通管道。

馬雅神祇

阿坎

阿坎是沉醉、美酒和釀造「巴爾曲」（一種濃烈蜂蜜酒）的神祇。他的名字有打嗝或呻吟之意，因此往往和馬雅的醉神連結在一起，儼然是麻吉好友。阿坎略帶瘋傻，愛喧鬧，被尊為慶典之神。

巴卡布兄弟

巴卡布四兄弟是掌管風的神明，在地球的四個角落撐起了世界，分別叫作穆拉克（東方）、肯（南方）、愛克斯（北方）與考亞克（西方）。穆拉克和肯帶來正面能量，而愛克斯與考亞克施展負面的破壞力。遠古的神明利用這股匯流，創造出人類，以及有形與無形的世界。

卡馬卓茲

馬雅神話裡的陰間蝙蝠神，專門吸食在儀式中被斬首、或撕成碎片之人的鮮血。史詩鉅作《波波爾烏》中曾提到，卡馬卓茲咬下烏納普（雙胞胎英雄之一）的頭，但烏納普的兄弟幫助他死而復活，還打敗卡馬卓茲，把牠趕走。

胡納庫

胡納庫沒有形體，肉眼無法看見，據說代表其子伊察姆納的某一個面向，也是掌理水、生命和紡織的聖母艾莎茶羅之夫。有碑銘形容他是「太陽之眼與耳」，如基督教的上帝，無所不在，無所不曉。

胡拉侃

暴風神胡拉侃只有獨腳，號稱「天空之心」。他在長篇史詩《波波爾烏》中被描述成世界的至高神明，透過意念創造生命的形體，參與人類的創造，下令發洪水，淹沒較低等的生物；後來又演變成旋風神。

伊察姆納

他身兼文字、醫學、科學、藝術與農業的導師，同時創造了曆法，教導人們種植玉米和可可。他是醫治聖手，能起死回生。同時與預言家扎瑪那有關，他奉偉大女神之命，親攜宗教經典到伊薩馬爾城。

恰克

恰克擁有至高無上的權力，掌管暴風雨及雨季，與農耕及繁衍有關。他身為風雨之神，負責看管豐沛的水源，例如水井和泉水。他也是天空之神，與下界的諸位神明誓不兩立，被認為是溫柔慈愛的神祇，儘管性情捉摸不定。

艾克曲瓦

艾克曲瓦又叫作艾克·亞厚，早先還有「商人之神」的稱號。他掌管商旅之事，保護旅人、商賈和戰士。總以黑皮膚男人的形象出現，下唇甚厚，肩上搭著一個袋子和一支矛。他也是可可樹及相關產品的保護神。

庫庫馬茨

庫庫馬茨又稱庫庫爾坎，最為人熟知的名號是奎茲特克爾（意即羽蛇），早在公元前一世紀，中美洲大城特奧迪瓦坎就開始供奉他。庫庫馬茨是讓世界成形、創造人類的十三位大神之一。

伊希切爾

是家喻戶曉的彩虹女神，婦女若想求子會加以供奉。她身兼醫治女神與戰爭女神，表示生殺大權都掌握在她手中。遠古時代將其描繪成雙手有爪，身邊堆滿白骨，或以白骨為飾。

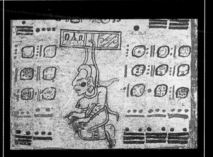

伊希塔布

伊希塔布的頸上纏著繩子，是自殺女神，尤其是死於上吊者。她以腐爛女屍的形象出現，用一根天庭垂下來的圈套吊死。凡是自殺者都由伊希塔布立刻護送到天堂去，無須經過陰間。

基尼奇阿豪

眾所周知，太陽神有一張「太陽臉」，有時也叫作基尼奇阿豪，是痊癒與醫學之神。有人認為，胡納庫是基尼奇阿豪與西班牙天主教上帝的混合體。較早的神話故事，曾提及他是聖母艾莎茶羅的配偶。

蝴蝶

墨西哥，特奧迪瓦坎；約公元前200年

代表蛻變的普世象徵

伊茲帕帕洛特在阿茲特克繪畫中，是個骨瘦如柴的女子，有一對豹爪和蝴蝶翅膀，翅的頂端有刀子。她常用來代表地母形象較為黑暗的一面。

銀河蝴蝶代表宇宙間透過意識而存在的一切生命。

大約建於公元前200年的特奧迪瓦坎古城，無論是神殿或普通樓房的門楣或牆壁上，都有蝴蝶圖樣的雕刻。有的蝴蝶有美洲豹的猛爪，另外一些蝴蝶被認為是戰士亡魂重返人世的化身。古代中美洲崇敬色彩鮮豔的鳳尾綠咬鵑（即阿茲特克鳥），常被畫成有蝴蝶翅膀，後逕稱為「綠咬鵲蝴蝶」。墨西哥的薩巴特克人和馬雅人的文明中都能發現美洲豹與蝴蝶結合、或其他鳥和蝴蝶結合的意象，象徵戰事與死亡。對阿茲特克人而言，伊茲帕帕洛特（意為黑曜石或有爪的蝴蝶）是黑夜銳猛的戰士女神。

古代希臘人與羅馬人同樣尊敬蝴蝶，卻是基於不同的理由。希臘女神賽姬掌管靈魂，古代的拼花鑲嵌圖案通常將祂描繪成有蝴蝶翅膀的女神，丈夫愛洛斯經常陪在身旁。「賽姬」的意思是「靈魂」或「蝴蝶」，不難理解何以歐洲人認為靈魂與蝴蝶具有某種象徵性的連結。

凱爾特人深信，蝴蝶是人類的靈魂出發去尋找自己的母親。在日本，一隻蝴蝶象徵虛榮，但兩隻蝴蝶象徵婚姻與愛情。日本人有個迷信，倘若有蝴蝶飛進你的房間，停在竹簾子上不走，表示你最愛的那個人要來看你了。

古代中國人的道家觀點認為蝴蝶象徵改變與蛻化。道家有一則傳說，哲人莊子在河邊睡著了，夢到自己變成了一隻蝴蝶。當他醒來，不知自己是否真的醒覺，抑或仍在夢中？他不禁懷疑，究竟是莊周夢蝶，還是蝴蝶夢見自己變成了

特奧迪瓦坎蝴蝶宮裡的雕刻，刻的是神話裡似鳥的蝴蝶神，亦即綠咬鵑蝴蝶。

莊子？

　　美國印第安神話認為蝴蝶是喜悅、變動和轉化的象徵。印第安霍比族的傳統中，年輕處女把頭髮編成有如蝴蝶翅膀般的髮辮，表示目前仍是單身，也沒有婚約。

　　從卵子、幼蟲、乃至變成了蛹，蝴蝶一生的變態歷程相當特殊。破繭而出的那一刻，揮動翅膀顯得無比輝煌。既是自然界改變與成長的絕佳例證，蝴蝶成為普世認可的蛻變象徵，自然毫不令人意外；許多民族甚至拿它當作靈界與現世的媒介。

生物代表的象徵

蜜蜂

古代近東文化（即今中東地區）和愛琴海文明，皆認為蜜蜂是上界與下界之間的橋樑。除了可見於葬禮紋飾，邁錫尼的墳塋甚至建造成蜂巢狀。中美洲文明也有蜜蜂象徵，如馬雅的蜂神阿繆桑卡。採蜜的蜜蜂意味著不朽與復活，是7世紀法國麥洛文王朝的皇室象徵。

甲蟲

古埃及的聖甲蟲是再生與復甦的象徵，但歐洲各地有不少民間傳說，都把甲蟲當作變遷與生命之流的象徵。譬如鍬形蟲代表北歐神祇索爾，一旦出現這種小蟲就會變天，可能雷電交作。

蠍子

希臘神話裡，蠍子暗指死亡、背叛與嬗變，月亮女神與狩獵神阿蒂蜜斯利用蠍子去螫奧利安的腳，他因而死去。之後，宙斯讓這隻蠍子變成十二宮的星座之一。有幾種蠍子的毒液恰好可以是螫傷的解藥。在埃及和西藏，蠍子是吉兆，因此經常繪在護身符上頭，有逢凶化吉的寓意。

蜘蛛

因善於結網，自古以來蜘蛛在各國皆代表神祕、權力和命運。古埃及人認為蜘蛛與女神妮斯有關，尤指她身為命運紡織者的那一面。希臘神話中的女神雅典娜精通技藝，曾向仙女阿拉赫妮下戰帖，看誰的編織本領高明。後來阿拉赫妮獲勝，雅典娜饒她一命，卻把她變成蜘蛛，讓牠編織個不停。

哈雷彗星
美索不達米亞地區，巴比倫；約公元前164年
同時是善與惡的象徵

哈雷彗星最早的記載應可上溯至公元前467年，當時的古希臘有觀測彗星的記錄，細究其降落時間、位置、週期，以及流星雨特色，種種跡象指出便是哈雷。但目前唯一流傳下來的紀錄是公元前164年出現的那一次，刻在兩塊殘缺不全的巴比倫泥板上，由大英博物館收藏。之後，公元前87年也出現過一次，同樣記載於巴比倫人的泥板上，上頭說連續一個月，每天都能看到彗星。自此，彗星開始暗喻事件的發生，或被認為具有重大影響。此次

根據古代巴比倫泥板記載，哈雷彗星降臨約在耶穌基督降生前100年。

露面，是亞美尼亞國王提格蘭大帝的權力象徵，綴以曳尾的流星圖紋的皇冠也刻在錢幣上。或許這也造就他王中之王的地位，標誌新盛世的到來。公元前12年，哈雷再度出現，只比傳統推斷耶穌的誕生日晚了幾年，因此多年來許多天文學家與神學家都認為，彗星或許能夠解釋伯利恆之星的故事。

哈雷彗星以離心方式繞一圈軌道只需200年，甚至更短，是唯一裸眼可見的彗星。約76年一次的週期表示，這也是唯一一顆大多數人一生有緣見到一次、甚或兩次的彗星。由於它非常獨特，出現時多半壯觀璀璨，哈雷彗星不但預示著厄運，也代表光輝美好的未來。

遍觀歷史，不同的文明皆認為，一旦天空出現異象，就表示有好事或厄運到來。像是流星雨、日蝕、月蝕、彗星、北極光、颶風、龍捲風，抑或兩顆行星並列於天幕之上等等。古代人認為彗星是毛髮星，因為難以預測何時會在天際出現。其中以哈雷彗星名頭最大，既是厄運、晦氣的象徵，也代表奇蹟。如同日、月蝕，彗星降臨也是值得注意的事件，一向為城邦統治者、國王或預言家所重視。因此彗星本身便成為有大事將要發生的兆頭，不論好壞。

歐洲黑暗時代留下的史料甚少，但彗星被當作預兆一事有了重大改變：公元1066年，哈雷出現，普遍認為代表災難將臨。同年，英格蘭國王哈羅德二世在赫斯廷斯一役中失敗戰死；然而彗星

對戰勝者威廉一世來說，卻是個好兆頭。貝葉掛毯上面繡的彗星是顆熾亮的星球，現存的記載形容它有金星的四倍大，而亮度大概是月亮的四分之一。

按照占星學家和預言家的說法，哈雷於公元1222年再度回歸，屆時必將有更驚人的事件發生。據說成吉思汗曾認為彗星就是他的本命星，而朝西運行的軌道給了他靈感，他決定西征，鐵騎一路往歐洲東南部而去，大舉屠戮。然而也有可能，成吉思汗根本不關心星象之事；無論天象如何，他一心只想征服大部分的文明國家。

公元1456年，喀什米爾一地目睹了哈雷彗星，針對此事，梵語詩人（同時也是喀什米爾幾位蘇丹的傳記作者）錫維拉有相當詳盡的記載。依他之見，彗星掠過天空代表厄運將至，預示當時的蘇丹宰因‧阿比丁即將倒台。同一年，衣索比亞當時的皇帝扎拉‧雅庫伯見到天空發出異光，又從多數歷史學家口中

得知是哈雷彗星，於是興建一座「光之城」，遷都於此，直到執政結束為止。

最早提出彗星有週期性現象的人是艾德蒙‧哈雷爵士（Sir Edmond Halley）。他利用牛頓的萬有引力定律，以及克卜勒的行星運動定律，推測哈雷彗星將於1758年回歸。1910年哈雷再次露面，但在那之前的同年一月，另一顆彗星先行出現，令人大感錯愕。經媒體大肆渲染，變成了世界末日的預兆。兩顆彗星結伴而來，可能招致雙倍的霉運或晦氣，因此巴黎市郊舉辦宴會，慶祝哈雷彗星再次通過和世界末日降臨。有些人害怕彗星的尾巴充滿致命劇毒，世界可能會因此覆滅。有個聰明的記者對此感到不解，建議既有錢又有智慧的巴黎人，不妨租一艘潛水艇，駛到北海躲避幾天，等彗星過了再回家。

彗星及其他天體活動均被視為預兆，即使在今日，日（月）蝕仍是極其重要的徵兆，暗示不久之後將有事故。

貝葉掛毯上繡著哈雷彗星於公元1066年出現的景象，英國占星家認為，這表示哈羅德國王將遭遇不測。

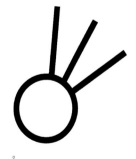

彗星不僅被視為災厄或霉運之兆，也可能代表將有喜事發生。

犄角魔神
丹麥；約公元前152~150年
象徵繁殖、成長、大自然和新生

此描繪翔實的銀器製作於公元前2世紀，是在丹麥一處泥炭沼澤中發現。推測上面的圖案也許與巴爾幹半島的色雷斯人、不列顛群島的凱爾特人，甚至印度文明有關。

浮突於令人讚嘆的銀製器皿，斯特爾普大鼎上的犄角神叫作柯爾努諾斯（Cernunnos），是凱爾特族的神祇，屬於多神的異教信仰。柯爾努諾斯身邊常環繞著動物，如雄鹿，有時也與生有山羊角的大蛇、公牛、狗和大老鼠一起出現。因祂與大自然生物息息相關，常有學者形容祂是「動物之王」或「野生動物之神」，但祂同時具備性情平和的名聲，是象徵豐收的自然之神。

學者不約而同推測柯爾努諾斯的形象，或許源自盛行於整個歐亞大陸的祕教神明，之後透過密宗瑜伽和西伯利亞的薩滿教流傳下來。有趣的是，在印度河流域的摩亨佐達羅也有帕舒帕蒂圖章（公元前2500~2400年）出土，上面刻著形貌相似的犄角神。推測有二：其一，早期印度教濕婆神有個稱號叫「帕舒帕蒂」；其二，畫的是吠陀時代的樓陀羅，執掌狩獵與野生動物。

柯爾努諾斯的名字最早是以拉丁文出現在方形斷面的石灰岩淺浮雕上，名為

「船夫之柱」。同一塊浮雕上刻有好幾位神祇，包括高盧神與羅馬神。這塊高盧羅馬的紀念碑可溯自公元1世紀前期，原本豎立於魯特西亞神殿，也就是羅馬統治下高盧人的巴黎。雕像呈坐姿，雙腿交叉，頭上的鹿角仍未完全長成，兩支角上都披掛著堅硬的金屬頸圈。

石上的主要題詞是獻給朱比特，其他神像雕刻旁也刻有獻詞，但部分已經漫漶不清，或殘缺不全。這些神祇排在朱比特後頭，依序為塔沃斯、弗坎努斯、伊蘇斯、柯爾努諾斯、卡斯特、蘇克魯斯，以及芙圖娜；其中塔沃斯與伊蘇斯分別是高盧神話中的牛神與樹木之神，泰半是羅馬人的神祇。一般認為柯爾努諾斯原本是以交叉雙腿的坐姿呈現。

源自埃及神話

這位犄角神很可能是脫胎自埃及神話，譬如牛頭女神哈索爾，或甚至更早以前，前王朝時期（即舊石器時代晚期）的埃及畜牧女神芭特。王朝時期的埃及開始崇拜頭上有公羊角的阿蒙拉（又稱阿蒙神）。公羊是男性雄風的象徵，因其發情時極其猛烈。阿蒙神頭上的角也代表東方與西方，或日頭升起又落下，埃及人相信是太陽神「拉」從天空這一端跨到另一端才有的現象。

由於亞歷山大大帝於公元前332年征服了埃及，因此常被描繪成有角的阿蒙神。阿蒙神神殿的祭司將亞歷山大看作阿蒙神之子，給予盛大歡迎，之後阿蒙神演變成宙斯。這位結合宙斯與阿蒙的神祇，變成了獨樹一格的神明，臉上蓄著大鬍子，兩根公羊角十分引人注目，也有自己的信眾，獨享配祀。

自中世紀初期起，基督教會在歐洲大刀闊斧整頓異教徒，因此古代神祇的信

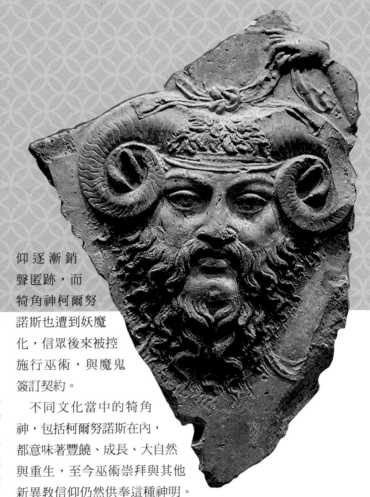

仰逐漸銷聲匿跡，而犄角神柯爾努諾斯也遭到妖魔化，信眾後來被控施行巫術，與魔鬼簽訂契約。

不同文化當中的犄角神，包括柯爾努諾斯在內，都意味著豐饒、成長、大自然與重生，至今巫術崇拜與其他新異教信仰仍然供奉這種神明。這類信仰體系認為有角神象徵一年四季，隱含生生死死的無盡循環。柯爾努諾斯也與大自然、草莽未闢的荒野、生殖力、狩獵，以及生命循環有關。儘管這位神祇的形象曾歷經變化，但頭上必定有角，有時是羊犄角，有時是多分叉的鹿角，有時候甚至加上一顆獸頭。

此外，家鄉在阿卡迪亞鄉間的希臘牧神潘恩也是著名的犄角神之一，臀部及腿狀似山羊，另有一對羊角，是自然、高山、狩獵與牧歌的象徵。正如其他有角神，祂也是繁衍的象徵，代表春神。

這塊赤土陶瓦燒成的埃及阿蒙神塑像，在公元1世紀時由羅馬人打造。

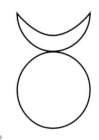

星象學上的金牛座符號是由公牛頭和牛角組成，與許多上古神祇都有淵源。

妖魔星，或稱作「惡魔之星」
約公元2世紀
預示血腥殘暴的恆星

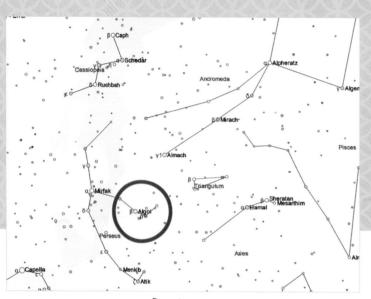

星象學中惡名昭彰的恆星——妖魔星，位於珀修斯代表的英仙座星群中。古人認為妖魔星是天空中最邪惡的星星。

妖魔星或稱惡魔之星，不論在中世紀與文藝復興時期的歐洲，或阿拉伯世界裡，均被視為星象巫術的15顆恆星之一，能夠避邪，而且與蛇頭女妖美杜莎淵源最深，取名自阿拉伯文，意即「惡魔的頭」。因其星象變幻莫測，據說此星是用來描述美杜莎令人駭怖的蛇頭。埃及亞歷山卓城的天文學家托勒密，曾於公元2世紀發表的一篇文章中，說妖魔星是殺死蛇髮女妖的珀修斯，於是從那時起，儼然成為文學藝術作品中斬首而死的象徵。

希臘神話中，美杜莎原先是智慧女神雅典娜神殿裡的處女祭司，美麗聰慧，充滿魅力，一頭金髮眾人無不誇讚。但海神波塞冬在神廟中侵犯了她，雅典娜得知此事後非常惱怒，痛責美杜莎污染了聖地，將美杜莎變成令人怖畏的蛇髮女妖，只消與她眼神相對，就會化成石頭。珀修斯奉命前去砍下美杜莎的頭，只能透過雅典娜拿給他的閃亮盾牌，凝視她的倒影。他砍下女妖的頭之後，只見她體內躍出了有翼天馬和手持黃金劍的巨人，而頭顱滴下的鮮血幻化成兩頭蛇，象徵二元、對立、難以預測，因為牠能夠任意用某一端的頭攻擊。珀修斯手持美杜莎的頭，敵人紛紛化成石頭動彈不得；之後他把女妖的頭交給雅典娜，女神將頭放在自己的盾牌上。近年來，女性主義和心理學領域均認為美杜莎頭顱被斬狀甚恐怖，代表女性的憤怒。

自古至今，許多文化都將妖魔星視為殘虐暴力的象徵。希伯來人認為，這組三合星當中有一對食雙星*，因此叫作「撒旦之首」；阿拉伯人為此星取名為「惡魔之首」，中國人也稱此星作「大陵五」，陵即墳墓。占星學上認為，妖魔星在恆星中屬於某種大災星。早期文藝復興時期的巫術與星象學，均將其列為15顆伯西尼恆星之一。

伯西尼恆星群是驅邪巫術所用的象徵，此名源自阿拉伯文Bahman，意指「根」。當任一顆恆星與一顆或更多的行星排列成一直線，就能源源不絕灌注特殊的力量。每顆恆星皆與一種寶石、一種植物相對應，將這三者加以結合，用在儀式魔法*上，就能導引出這顆星辰的影響力，加持護身符。一旦行星軌道面與恆星之間的夾角不超過6度，此時影響力特別巨大，最適合進行儀式魔法。

16世紀時，魔法家暨占星家哥阿格

帕撰寫《神祕哲學三書》，當中討論到這15顆恆星，記載其特殊魔力，並詳列出每顆星的神祕象徵。他臚列出15顆恆星，一一說明在哪個時間舉行儀式魔法最有利，以及各自對應的寶石、植物和行星組態。雖說目前仍不清楚此類魔法的起源，二十世紀初期的埃及學權威瓦歷斯·巴奇認為，這是源自古代蘇美文化。

如何詮釋星象

當月亮與上升的昴宿星團（古人視其為一組恆星）連成一線，便是召喚精靈——當時demon一字指的是自然界的精靈，而非邪惡力量——或亡者靈魂的時刻，祈求大自然揭示奧祕，重現失落已久的真相。

一般認為，恆星畢宿五（金牛座主星）上升且與月球相連時，可添增尊榮富貴。但妖魔星自古就和災厄脫不了干係，被形容成「能依你心所願，降災於人」，也能「使人心生憎恨」。方法很簡單，只要拿合適的寶石，加上提煉好的藥草或植物，用與所屬星辰對應的金屬打一只指環，綁在石塊上，接下來魔法師會把藥草放在指環之下，寫下幾句重要的題詞，擺上神祕象徵。譬如施行妖魔星巫術時，就會把黑色茋葵汁混以同分量的苦艾汁，置於鑽石下面。

古代觀星者在凝望夜空亮度平穩的星群時，早已注意到這顆異乎尋常、彷彿在眨眼的星星。妖魔星如此奇特，也難怪名聲不佳，畢竟古人對任何奇特、不斷變動、難以捉摸的事物，都容易感到害怕，衍生出種種迷信。

現代人知道妖魔星是變星，亦即亮度

會增減。此星依固定週期趨明轉晦，每循環一次須花上2天20小時又49分鐘，整個歷程肉眼清晰可辨。這是因為它是食雙星；換句話說，是由雙星組成，互相繞著對方轉動。從地球上遙望，雙星的軌道平面幾乎與我們的視線平行。因此，當較晦暗的星星掩住較亮的那一顆，妖魔星的亮度最微弱，明滅不定，就像是夜空中眨呀眨、不懷好意的眼睛。

英雄珀修斯舉起亮閃閃的盾牌殺死了美杜莎，後人相信她遭砍下的頭變成閃爍不定、教人害怕的妖魔星。

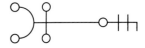

妖魔星的象徵符號據說能使人心生憎惡。

陽物的圖騰

英格蘭多塞特郡，賽那阿巴斯；約公元183~1650年

象徵男子生殖力與雄渾氣概

這個陽物傲然昂立的神祕巨人，大約是在羅馬人統治英國時期，在草地上刻畫而成。

賽那阿巴斯巨人像上勃起的巨大陽具和睪丸，一般認為是男性生殖力的異教象徵。儘管目前仍不確定人像完成於哪一年，從中世紀開始，許多人便慕名到此求子，舉行相關儀式。

巨人的樣貌十分醒目，以站姿呈現，達55公尺高，是以鑿穿草皮、直鑿到白堊層的方式刻畫，形成如溝槽般的線條，堪稱歐洲最著名、最具煽動性的陽物象徵。巨人像離賽那阿巴斯古意盎然的小村不遠，刻在朝西的山丘之上。十幾個世紀以來，流傳著許多關於巨人的傳說，解釋他何以矗立在此，又是如何來到這座山坡。有人說他來自丹麥，是真正的巨人，跑來荼毒本地居民，吃掉他們的羊。某天晚上，賽那阿巴斯的村民趁他在山坡上熟睡，把他殺了，再沿著他的身形輪廓以掘土方式劃線，把他永遠標記在山坡之上。至今仍有居民信誓旦旦地說，巨人到了晚上就復活，走下山丘，去附近的小溪喝水。

中世紀時期，人們會在巨人頭頂上方的土地立一根五月柱，還沒有孩子的夫婦便繞著柱子跳舞，祈求順利懷孕。據說夫妻若在巨人上方燕好，也能治癒不孕症，甚至有傳聞說，生不出小孩的婦女只消在巨人陽物旁邊的地上睡一晚，就能懷上小孩。其他故事不勝枚舉，包括年輕女子沿著巨人身形走三圈，便能拴住愛人的心。

希臘與羅馬神話

史學家認為，賽那阿巴斯巨人像也可能是仿照海格力斯的形象，他在公元180~192年期間曾與本地的神明相混為一，受異教徒供奉。當時，統治英格蘭的羅馬帝國皇帝科莫德斯深信自己是海格力斯投胎轉世，可以把握良機在英格蘭弄出一個教派，提升一己的尊榮地位。

但另一派學者提出不同見解，認為巨

這只上古希臘時期的裝飾花瓶刻繪著希臘神祇，由左至右分別是疆界之神荷米斯、酒神戴奧尼索斯、生殖之神普里阿普斯。

人脫胎自希臘神話中面目醜陋的天神普里阿普斯，他被逐出奧林帕斯山，來到山坡之上。普里阿普斯尚未出世、仍在阿芙羅狄蒂的子宮裡時，就被希拉詛咒性無能兼之心地齷齪，誰叫帕里斯膽敢說阿芙羅狄蒂比希拉更美麗，她非報復不可。後來普里阿普斯被貶斥人間，與潘恩及森林之神同時成為生殖之神。他長期不舉，鬱鬱寡歡，有一天，女神赫斯提亞來找執掌草地的仙女，他一見便心神蕩漾，不克自持。赫斯提亞躺在那裡睡覺，他打算硬來，卻在最後關頭被突如其來的驢叫聲嚇到，導致不舉，也驚醒了赫斯提亞。他從此痛恨驢子，後來在羅馬文化中，為了獻祭給他而屠殺了不少動物。

希臘人相信陽物具備一己的心智，比較像動物，和人類大不相同。陽具以豎起的形態出現，在日常生活中並不少見。許多人相信，普里阿普斯勃起的雕塑可以轉移邪靈之眼的凝視。旅人走過他的雕像，往往撫摸生殖器部位，好平息他的怒火。雅典人將普里阿普斯與「

穿越疆界之神」荷米斯融為一體，這位混種神祇頭戴翼盔，足蹬有翼涼鞋，腰下的陽具昂然勃起。

遠溯至古埃及時期，陽物在敬拜歐西里斯的儀式中相當重要；埃及生殖神「敏」也常以陽具勃起的形象出現。古代羅馬文化也常以陽具為象徵，製成陽具形狀的護身符是很受歡迎的飾品，置於花園中的普里阿普斯雕像也相當受歡迎，保護家宅平安、多子多孫。羅馬小男孩身上常配掛一種垂飾似的護身符，套上陽具形狀的驅邪物，直到成年為止。生性好色的普里阿普斯不僅在羅馬人的情色文學與藝術作品中，被刻畫成形象滑稽的小丑，在一般人眼中，更是男人氣概與權力的象徵。

古往今來，陽具都是男性雄風與權力的象徵。

此一公元3世紀的護身符，想必是當成飾物佩掛在身上。

納斯卡線

祕魯，納斯卡沙漠；約公元500年

刻在沙漠上的地畫，有動物圖案和幾何圖形

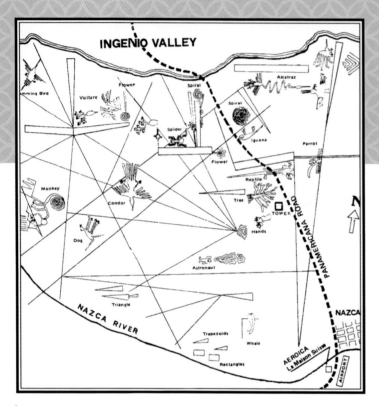

納斯卡線條圖是一系列綿延無盡的線條，主要是動物圖形，諸如猴子、兀鷹、鷺、蜘蛛等等，但考古學家迄今仍不解意義何在。

兩千年前，炎熱、漫天風沙的納斯卡沙漠建起了大城卡瓦奇，當作舉辦儀式及慶典的聖地。沙漠裡乾燥岩石上遍佈各種幾何形狀、鳥獸圖樣、或奇異圖紋的蝕刻，稱為納斯卡線，但背後的理由是什麼？

卡瓦奇原是肥沃綠洲，但公元4世紀時，兩次天災讓大城受創慘重。首先是一場洪水切斷了城市的供水系統，接著又發生大地震，不少神殿崩毀坍塌，之後卡瓦奇不再是宗教中心。納斯卡人深信天空、高山、河川，乃至洪水、地震，無一不是受神明指揮，因此認為這兩次天災是神明藉此表達內心的不滿，所以他們決定放棄卡瓦奇，改覓新地方舉行宗教儀式。

在卡瓦奇，權柄較高的祭司比較像薩滿巫師或魔法師。有一則傳說提及祭司在半空中飛行，指揮工人描繪納斯卡線，形容得活靈活現。位於南美大草原另一端，與卡瓦奇遙遙相對的是文迪拉城，很多人認為這些線條是神聖通道，連接城市與維繫生命所必需的水源。

從空中鳥瞰，線條顯得特別清楚，因此有人認為線條具有天文學或占星術上的意義。另外一派看法是，線條是古代不明飛行物的傑作。普遍相信線條是對天空、山脈之神表示崇敬，多半用於儀典上，向大自然眾神祈求水源豐沛。

動物圖形的象徵

遍觀安地斯山脈一帶，動物象徵主義相當盛行，其中納斯卡線條由形形色色的動物象徵組成，像是猴子、蜘蛛、狗、蜂鳥、兀鷹、鷺、鯨魚，以及鵜鶘。古代住在安地斯地區的人，相信看到蜘蛛爬出洞穴，表示即將有雨。蜘蛛因擅長結網，具備亦善亦惡的習性（有些品種有毒，也有些善於捕食害蟲），廣受古代人尊重，變成了沉默力量的象徵。在中美洲，部分原住民部落將蜘蛛當作神明供奉，譬如吐絲後、結出人生之網的「馬雅偉大紡織神」。

納斯卡人相信，蜂鳥是神明派來的

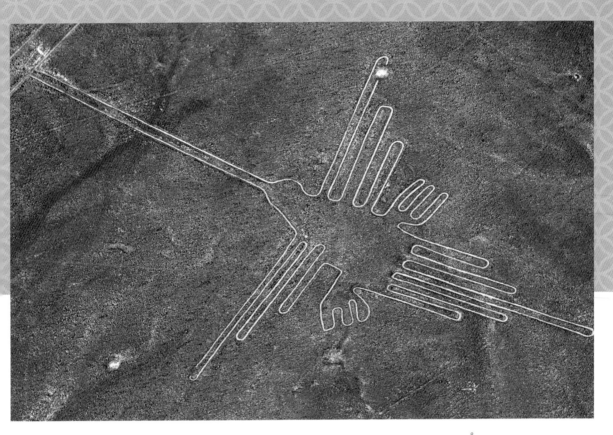

信差，因為牠是唯一能夠倒著飛的鳥，宛如從神界飛到現實人世。整個安地斯地區的人都認為，蜂鳥是重要的靈性指引，也是死而復生的象徵。傳說中牠在寒夜裡死去，卻在旭日東升時甦醒。

不少文化將猴視作人類性格的象徵，例如模仿、奸狡、表裡不一、貪婪等。猴子的形態多變，比如與南美洲相隔一道海洋的印度，出產一種長尾猴，生性勇敢卻狡猾，印度教徒喜愛牠，封為猴神，也是衍生的變種之一，曾幫助羅摩打敗殘暴無道的國王羅梵那。

對納斯卡人來說，鵜鶘和鷺都是水的象徵，與牠們和平共處或加以崇拜，能保佑風調雨順或使河水漲滿。兀鷹堪稱此處最大的地畫之一，正如其他鷹或鵰那樣，往往一飛沖天，目光銳利，被視為天空之王。兀鷹在高空俯視著大地，

牠的飛行航線變成了河流或肥沃平原。

今日祕魯南部與智利北部的海岸地區是地球上極為乾旱的地帶。這個培育了納斯卡文化、四面環山的小盆地，有十條河流發源自安地斯山脈，一路向東流去，其中大部分可說終年枯竭，有水流動的時間並不多。這十條如美麗緞帶的河流在過去河水充沛，很適合孕育人類早期文明。但是，因氣候變遷劇烈，這些珍貴的河流已經逐漸乾涸。

此處幾乎所有動物圖形，如蜘蛛、蜂鳥等，都是單一線條的繪畫，線條筆觸顯示有可走的路徑。考古學家據此推測，這些線條原本只是單純的圖象，經過一段時間的演變，才變成儀式中的走道，或慶典上的行進行列，藉以乞求動物神明的恩澤，降下甘霖，好維持土地蓬勃的生機。

安地斯地區許多部落文化不約而同認為，蜂鳥能在兩個世界間飛行，把上天的旨意傳達給人類。

蜂鳥睡眠時體溫下降，但日出時體溫隨之恢復，因此被視為復活的象徵。

骷髏頭

中美洲；約公元600~1250年

全世界不計其數的文明，都以此代表死亡

阿茲特克族把俘虜來的士兵頭骨排列在架子上，如墨西哥大城鐵諾克提蘭的大神廟前的骷髏頭牆，藉此炫耀戰功。

全世界許多文明與宗教皆視骷髏頭為死亡象徵。中美洲文明就有一面邊牆擺放為數眾多的骷髏頭，又稱作「骷髏頭架子」，公開展示各式各樣人類頭蓋骨，多半取自戰役中喪生或當作獻祭的人頭。是由木頭竿子組成類似鷹架的結構，先在頭蓋骨上打洞，再一一掛到架子上。骷髏頭架子的形成時間，大約介於公元600~1250年之間。

阿茲特克人凱旋歸來時，喜愛誇耀戰利品，當中有士兵也有貴族的人頭，後者泰半是戰敗被捕時，對上天獻祭的貢品，通常是被活生生扒開胸膛，掏出血淋淋的心臟，再把死屍推下去，或扔到神廟台階下面。參加儀式的人群圍在神廟前方的廣場，負責把手、腳和頭顱從身軀上切下來，將手、足賞賜給帶回俘虜的有功戰士，有時頭顱會先剝皮。戰士會吃掉俘虜的手、足，表示敬意，同時也象徵賦予權力。最後把頭顱串進木竿的孔洞裡，高懸於架上。

充滿神話與宗教意涵的敘事詩《波波爾烏》（亦即《人民之書》），講述了一對雙胞胎英雄的故事，一個叫烏納普，一個叫什巴郎克，被貶謫到陰間去尋訪遭弒的父親。陰間神明殺死了烏納普，砍下他的頭，掛在球場旁的葫蘆樹上。當初兄弟倆就是從這座球場走進了

神聖的身體部位

腳踝

希臘神話中提到，翅膀從荷米斯的腳踝長了出來，因此腳踝在希臘文學、藝術作品中，象徵著飛行、超越，在現實世界與靈界之間穿梭。

頭髮

《舊約聖經》中的參孫洩漏自己力大無窮的祕密是因為一頭長髮，於是大利拉剪掉了他的頭髮，他因此失手被敵人抓住。羅馬人蓄髮，象徵心中有巨大哀傷，而希臘人在服喪期，或失去了重要東西時，會把頭髮剪短。錫克教徒終生不剪髮，認為頭髮十分神聖，象徵一己的內在力量。

子宮

子宮是母親的至高象徵，代表安全的所在，因此向來被視為孕育潛在生命和靈性成長。通往子宮的入口猶如洞穴，大自然的洞穴常用以象徵子宮本身，可從中探知大地之母的祕密。

墨西哥亡靈日多以骸骨及骷髏頭的圖騰裝飾，同時不忘送禮給祖先，當作祭祀。

陰間，因此葫蘆樹變成死亡象徵，時常可在中美洲裝飾藝術中見到。

直到今天，每逢墨西哥重要節慶「亡靈節」，仍經常發現骷髏頭以不同樣貌出現。親朋好友在這一天團聚，紀念、懷緬已逝世的家人，為他們祈福。骷髏頭製成了面具和頭骨，甚至有頭蓋骨形狀的糖果、巧克力，無不大受歡迎，而且會把受贈者名字刻在額頭部位。骷髏頭糖果可以送給生者和亡者當禮物。印度教的死亡女神迦梨，經常以戴著骷髏頭花環的形象出現。有則印度神話提到，祂從難近母的額頭跳出來，手持骷髏頭圓頂的拐杖，頸間圍著骷髏頭項鍊，披著老虎皮。沒多久，祂把妖魔拉克塔別賈的眾多分身一個個吃掉，再吸乾真妖的血，踩著被屠戮者的屍體，在戰場上跳起舞來。20世紀時，德國納粹武裝親衛隊底下的集中營守衛，制服上也繡有骷髏頭圖案。

羅馬有一處地窖，深藏於地下禮拜堂內，當中藏著上千名教士的骨骼和頭蓋骨，相較之下，寓意較為正面。大約收集於公元1528~1870年間的頭蓋骨，以及人體其他部位的骨頭，妝點了整面牆壁，洋溢著巴洛克和洛可可風格。乍看之下或許覺得收藏太過詭異，但訪客仔細思考，便能夠領悟到人終歸一死的道理。骷髏頭像是在強調，我們必須把握住生命的每一個片刻，好好地生活。同樣地，骷髏頭戴上玫瑰花圈編成的皇冠，象徵「把握當下」（carpe diem），原文是拉丁文，引自羅馬詩人賀瑞斯的詩，有及時行樂之意。

毒藥藥瓶上印有骷髏頭和兩根交叉白骨的圖案，讓人一看就知道有毒。此外也用來指海盜，航行在公海上的船隻，最不想看到的應該是繪有骷髏頭和兩根交叉白骨的海盜旗吧。

在海洋上，骷髏頭和兩根交叉白骨是眾所周知的標誌，代表危險或死亡，至今海盜仍沿用不衰。

圖騰柱

北美洲；約公元1500年

印第安人的巨型木雕，訴說著一則則故事

圖中的圖騰柱位於加拿大洛磯山脈地區不列顛哥倫比亞。圖騰柱上多半刻著神靈或具有代表性的傳說故事。

圖騰柱一詞極可能是源自印第安族的阿爾岡琴語系的odoodem一字，意為「家族親屬」。氏族或部落將內心的想法或信念一一刻在大木幹上面，變成圖騰柱。美洲印第安人基本上相信萬物有靈；換句話說，他們深信自然萬物無不與魂魄相通，不論是自身的靈魂或某種無所不在的神祕力量，抑或兩者皆有。圖騰柱可能隨著部落文化各異，略有不同，但主要仍用於記述耳熟能詳的傳說或神話、氏族系譜、顯赫的祖先或值得記錄的大事，以及精神象徵。有的柱子用以宣揚文化概念，有的雕刻工藝精湛無比。有幾種圖騰柱屬於喪葬建築的一部分，將棺槨與雕有紋路的支柱或嵌入的凹壁相融合，永留追

美洲印第安族的神靈

克奇納

霍比人和普布洛人相信克奇納是創造生命之神，而且有很多個。克奇納代表真實世界萬物的精魂或化身。克奇納神可能是大自然任何生命的示現，從備受敬重的先祖、某個地點、質地、自然現象到某種概念，無所不包。

馬尼圖

對阿爾岡琴族原住民來說，馬尼圖是精神世界最根本的生命力。居住於五大湖地區的梅司瓦基人相信，馬尼圖依附在蒸氣屋裡的石頭上。一旦點著了爐子，熱氣蒸騰將逼使馬尼圖離開石頭，使人體充滿能量。

哇卡坦卡

意即偉大的神靈。蘇族部落的人認為哇卡坦卡具有形體，容易與人親近，能滲入物質世界每一道紋理當中。

思。圖騰柱上有時刻著故事，或是宣揚薩滿巫師的威力，或是表彰不同氏族或家族的卓越事蹟。部分歷史學家認為，史上最早的圖騰柱出自海達族之手，該族居住於阿拉斯加與不列顛哥倫比亞之間的地區。

太平洋西北地區聚集著原住民部落，隨處可見巨木做成的壯觀木雕。大部分圖騰柱子是以西部紅杉雕刻，但這種木材不耐潮濕氣候，容易腐朽，這也說明了何以從公元1500年開始就有圖騰柱，但在公元1900年前雕刻的圖騰柱，卻鮮少能夠保存下來。

許多美洲印第安部落都有特別尊崇的神話英雄或戰士，進而影響了他們的社會或文化面向。也許是某個先祖、

英雄、戰士，甚至具有超自然力量的動物，衍生出各種神話情節及象徵，而部落裡的人透過對圖騰柱的認同，更加了解自身的文明、文化與創造；其中，尤以動物祖先最常出現在圖騰柱上。雕琢精巧的某種動物形象，不但表示部落以牠的精神為本，也給予部落某種意義與信念。譬如雷鳥象徵權力，青蛙意味著昌盛，熊則代表力量與保護。圖騰動物非常神聖，一旦殺害就是犯了禁忌。人臉雕刻常出現在阿拉斯加一帶的圖騰柱上，多半是森林裡的野人，男女都有，代表先祖的魂魄，可能是在林間走失，或者淹死在溪流、大海裡。

世界各地較有名的原住民部落，不少都有像圖騰柱的創作物。例如中國東北省分的吉林人、日本北部的阿伊努人、紐西蘭境內的毛利人，以及印度的龔德族。毛利人用「地柱」（色彩鮮豔的木雕）來劃分疆界或標誌具有神聖意義的地方。地柱通常雕琢華美，頗具藝術美感，散佈在紐西蘭各處。如同圖騰柱，每根地柱上都刻著有關部落文明的故事。值得一提的是，地柱反映出祖先、環境，與毛利原住民的名聲地位，三者之間的關係。印度的裝飾柱也用以象徵部落的聲譽，如龔德族的新郎一旦決定婚約，即將娶親時，就會雕一根柱子，當地叫作「蒙達哈」，杵在部落外圍的房屋前面，直到舉行婚禮為止。柱子象徵新人的愛情忠貞不渝，子孫綿綿。

「星屋之柱」是19世紀時，高瓦氏「鷹之部落」首領艾尼特拉斯為了領養暨祝福儀式，命人雕刻的屋前柱。

美洲印第安動物神靈

狐狸

狐狸住在光與暗的交界，能夠同時看清兩個世界。牠動作迅捷，心智靈敏，教會我們面臨任何情況，都必須善用直覺與知識，迅速應變。包括霍比人與查洛基人在內，許多部族都相信狐狸代表的藥輪具有強大的療癒能量。

馬

對美洲印第安人而言，馬代表自由以及伴隨而來的力量。有人想追求馬的精神，表示他們內心最大的渴望是自由。馬賜予原住民善於奔馳的力量，使他們領悟到，他們也能邁入前所未見的領域，奔騰狩獵，得到更好的發展。

水獺

水獺活潑不羈、好嬉戲，體現了遍及宇宙的愛，而非一己小愛。牠們提醒我們要彼此相愛，分享活著的喜悅，也教會我們如何在問題之海和情緒的波濤中，自在地泅泳，象徵擺脫怒氣、嫉妒、恐懼等負面情緒。

郊狼

郊狼是美洲印第安傳說、歌謠或儀典中不可或缺的主題，通常隱含有騙子之意。郊狼幾乎沒有適應不了的環境，但最喜歡北美大草原和山麓、矮丘一帶。郊狼的藥輪是「老師」：我們得牢記，誠實運用知識，便是智慧。

渡鴉

有些原始部落提到渡鴉時，每每有「守密者」的涵義。黑檀木般的色澤常比喻黑暗。這種神奇的鳥將消息和祝禱傳遞給幽靈，只肯找能夠保守祕密的人。品種眾多，形態各異，代表的醫藥祕輪是「改變」。

美洲獅

美洲獅敏捷、凌厲、迅猛無比，其藥輪是不要貿然衝刺，要學會悄悄躡近，善用智慧和耐心，牠的教訓是：做個剛柔並濟的領導者。但是，一旦你決定行動，就必須瞄準目標，不容有失，如同美洲獅弓身撲向獵物，從來沒有失誤。

72 自然世界

海狸

海狸具備捍衛家人的能力，家庭觀念很強烈。牠傳達的訊息是：盡量忙碌、保持活躍；多用頭腦想辦法，但必須注重實際；必要時，欣然接受改變；努力達成目標時，善用團隊力量；經常提醒自己，解決方式可能不止一種；要懂得運用身旁的資源。

水牛

體型較小的森林水牛和牠生活在平原上的表親，不論在日常生活或祭典上，都深受原住民尊崇。平原地區的印第安人認為水牛象徵神聖的生命，以及造物主在大地上賜予我們的無窮恩典。水牛還象徵了自我犧牲與公共服務。

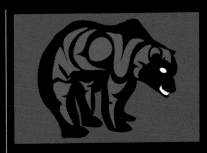

熊

北美原住民深信「大謎團」存在於熊的靈魂裡面。許多美洲印第安部落都有熊的氏族和儀式，熊也代表藥輪的西邊方位，意味著直覺、轉化、直觀知識、能喚醒內在靈性的薩滿旅程、夢境，以及洞察力。

烏鴉

烏鴉守護著儀式魔法與康復，也是法律的神聖看守者。烏鴉的醫藥祕輪是：判斷更高層次是非的「直接知識」，地位在人類創造的法律之上。屬於烏鴉藥輪的人是幻想大師，能接收靈界的信息。

鵬

美洲印第安人把鵬看成聖界的信使，把我們的禱告傳送給造物主，然後帶回禮物與卓越識見。許多部落文化認為牠象徵勇氣、識見、力量與堅忍。鵬得在荒野中獨自鍛鍊，才能展翅遨翔。這告訴我們，人生有踽踽獨行的時刻，我們得坦然面對生命的境遇。

蜘蛛

美洲印第安人口耳相傳，第一個捕夢網是由蜘蛛婆婆織就，為小朋友捕捉惡夢。蜘蛛婆婆是充滿智慧的老師，能編織許多故事。她獨特的人生編錦，代表通往自我內心與創造的許多條路徑。其藥輪是連結和精神的統一。

在聯合國教科文組織世界
遺產地，位於爪哇的拉羅
瓊格蘭神廟，大智慧的印
度象神甘奈施俯視著人們
走過。

神祇的世界

隨著文明進展，宗教信仰日趨成熟，建造起更多神殿，供奉各自的神明。眾神不分男女，繼續依照社會的需要，扮演好自己的角色。只不過女神的地位一落千丈，像是生殖女神伊什塔和她的侍女莉莉絲，被心懷憂懼的希伯來大族長說成是惡魔。祆教率先出現，其後是基督教和伊斯蘭教，神祇的世界變成了一神世界，獨力對抗邪惡。基督教的創立者以異教神祇為本加以轉化，有的變為聖神，有的變成了魔鬼，法國雷恩堡的神祕雕像便是佳例。古代知名的工藝品據說具有宗教力量，例如天命泥板、聖杯、約櫃、命運之矛，歷代君王無不傾力尋找這些象徵君權神授的寶物，好遂其一統世界的野心。那時的人認為，若能好好利用宗教聖物，就能把世界改造成自己想要的樣子，變得比神祇更有力量。

月牙

法國韋澤爾谷；約公元前22000~18000年

最早的女神雕像之一，手中握著一枚月牙

洛塞勒女神手持月牙，既是女性生殖力的象徵，也代表依月相週期的變化狩獵，非常重要。

亮和天空的化身。石窟位於突出懸崖的下方，十分隱蔽，俯瞰著山谷，相傳古代主要在此舉行儀式，推測源自舊石器時代晚期，大約公元前22000年。洞中雕刻包括一名頭上顯然覆著網的女子、一位較年輕窈窕的女子，以及身形豐滿、宛如維納斯的雕塑。

當中最引人注目的莫過於洛塞勒女神：45公分高的女子雕塑，乳房、肚腹和大腿都很豐滿，生殖器輪廓明顯；女子的右手握著狀似大牛角之物。有趣的是，此物上面刻著13道直線。不少學者認為，直線可能代表月亮漸虧或漸盈，也可能僅表示第13個朔望月。事實上，一般認為此物並非牛角，而是月牙，或稱作上弦月。姑且不論是生殖女神，抑或是月亮女神，一般認為月牙狀雕刻指的是女人一年內的平均月經次數。

上古文明基本上都崇拜月亮，以月亮週期劃分時間。眉月漸圓，直到變成了滿月，記錄著成長與更新；滿月之後開始虧蝕，月牙逐漸縮小，象徵封閉、暫歇和靜止。月牙在吠陀文學作品中象徵大地母神，當中提到「信徒對手持月亮的女神弓身行禮」。美索不達米亞地區的大母神幾經演變，成為象徵繁衍與愛情的女神，如伊什塔（一說伊南娜，意即聖女）。到了相隔遙遠的西方，大母神又變成西貝萊（羅馬的自然女神）、安娜西塔（波斯的水神），甚至印度的

法國多爾多涅地區一處石灰岩洞窟裡，於1911年出土了一座新月形的淺浮雕，同時發現了另外三處上古時期的雕刻，足以證明早在父權文明發展出形形色色的神殿之前，史前文明已有女神崇拜，此處發現的女神是大地、月

對早期巴比倫觀測天象者來說，這個八角星星代表金星，或晨星伊什塔。

眾神之母阿底提、埃及的尼羅河女神伊西斯，以及希臘愛美神阿芙羅狄蒂。

母系社會

針對這類女性雕像代表的意義，有人提出不同的見解。部分歷史學家指出，月亮是指「豐收的號角」，象徵繁衍、豐饒，但另一派認為它是樂器，因此象徵薩滿教透過音樂與詠唱儀式所產生的強大力量。但目前有大量證據顯示，上古時期崇奉大母神的文明不在少數，皆與大地、豐饒（生殖）、月亮或星辰有關；此外，歐洲各地也發現許多維納斯塑像。種種線索似乎告訴我們，舊石器時代曾出現過母系社會。月亮母親的象徵加上與大地的連結，常見於古代各地的文明。有意思的是，愛什塔和伊什塔兩個名字來自梵語，分別是「女性」、「星星」之意，執掌權柄的女神多半是「來自星星的女子」。

因月亮掌管時間古人常根據月相週期選定良辰吉時，舉行神祕儀式，向女神敬拜，祈求打獵順利，或有好收成。之後，月相變化逐漸與行星、太陽的運轉週期結合。相傳新入會者進入黑漆漆的洞穴參加這類儀式，會從中發現神祕智慧，比方在洛塞勒發現的小女神像。一般相信這種智慧得由女神手中獲得，其象徵刻在石頭上，提醒人類祂具有無所不在的力量。

這是漸漸虧蝕的下弦月，暗示此時事情即將告一段落，是好好休息，潛心反省的時候。

《戴安娜女神》（1898年）出自畫家埃伯特・艾得爾弗特之手。羅馬女神戴安娜是非常有名的月亮女神。

澆奠

埃及；約公元前3500~1500年

是一種獻酒祝神的儀式

埃及的納赫特神壇桌大約打造於公元前1800年，上面以淺浮雕方式刻著麵包、其他供品，也有奠酒情景。

倒出某種液體獻給諸神或先人，以表敬意或思念，稱作澆奠儀式，在許多古代宗教中都很常見，至今仍有部分文化延續此一做法。希臘、羅馬人最常用來澆淋的酒是葡萄酒，兌上一點橄欖油；但印度人多以酥油，也就是澄清奶油。澆奠儀式多半將液體淋在地面、祭壇、或石頭上（放在金屬或陶製的平口缽中，又稱作「淺碟」）。

目前看來，澆奠源自古埃及，原本只是以液體向神明或先祖致敬，乞求大地豐收。但到了公元前3000年，澆奠儀式變成了古希臘人每日必做的事。信神的人無論在餐前、一日之始或結束、或是想感謝亡靈的庇佑，都必定倒一些液體，以表心意。

有一種澆奠叫作「奠酒」，是以固定儀式倒出罐中或碗裡的葡萄酒。倒完之後，器皿中的餘瀝由獻祭者喝掉。早在荷馬史詩時代，一般人飲酒前得先向天神宙斯、其他奧林帕斯山的神祇澆奠，有時甚至不忘對英雄或葡萄園的精靈致意。酒水倒在地面上，意思是請亡者或冥界神明享用。《奧德賽》一書中，

奧德修斯在地上挖了個坑，在坑旁淋上蜂蜜、葡萄酒和水，向天神致祭。澆奠時，將酒水淋於祭壇或刻有不同人物或象徵的桌面之上，期待象徵靈驗，進而有神蹟出現。

羅馬文化有執掌奠酒之神，名叫利珀爾‧佩特（或稱父神利珀爾）。藝術作品描繪澆奠儀式，是在祭壇或特殊的桌子上進行。在端出牲禮之前，依慣例會先以葡萄酒澆奠，淋在火焰熊熊的祭壇之上。錢幣上印的帝王或神祇圖像，也常是行奠酒之禮。

從印度教到西伯利亞的薩滿教，但凡舉行敬拜儀式，傳統上都必須進行澆奠才顯得尊重。把液體獻給神祇或灑於地面，是深植人心的連結方式，象徵對大地、以及賜予我們生命的神明有所回饋。直到如今，仍然是祭祀、給予和尊敬的象徵，傳達我們對綿綿恩澤的謝意。今日南美洲印第安族的蓋丘亞、艾馬拉人，喝一杯前仍習慣潑一些在地

上，表示對大地之母帕恰瑪瑪的敬意。日本神道教則用清酒或米酒澆奠，叫作「神明之酒」。奠酒之禮對古代猶太教來說也相當普遍，《創世記》中曾有記載：「神就從那與雅各說話的地方升上去了。雅各便在那裡立了一根石柱，在柱子上奠酒，澆油。」

在西非許多地方，他們向先祖澆奠，多半是為了請其參加各種典禮、儀式，尤其是公開的節慶活動。這時會先由族中長輩帶頭祝禱，再灑棕櫚酒及水當作祭奠。東歐和俄羅斯有個古老傳統，將伏特加灑在先人的墳塋上，而中國人則是以雙手端起米酒或茶，緩慢均勻地灑在供桌或墓碑之前。這樣做不但是為了紀念亡者，也表示歡迎神明享用祭品。印度寺廟中，毗濕奴和其他神祇也能配饗澆奠之禮，但酒中常混合其他液體，如牛奶、酥油、蜂蜜或糖。

於希臘科林斯出土的皮特撒版畫（大約公元前540年），上面描繪著在壇前奠酒的祭祀隊伍。

這幅壁畫是在義大利龐貝古城的神祕莊園發現（約公元前60~50年），刻畫酒神戴奧尼索斯正在主持入會儀式。

夜后

伊拉克；約公元前1800~1750年

古代有翼女神的浮雕，有權杖和戒指的神聖符號

依照猶太教聖經，夜后浮雕（公元前19世紀）上的神祕女神是一切邪惡的化身。

莉莉絲代表各種黑暗或陰柔的事物，直到今天仍是邪惡的象徵。

蘇美人的赤土陶瓦雕版原本叫作伯尼浮雕，如今稱為「夜后浮雕」。但關於其上雕刻的人物是誰，真正的涵義又是什麼，至今仍爭論不休。一般認為這名容貌出眾、華麗動人的女神，背生雙翼、腳上有爪，有獅子和貓頭鷹相伴，若非莉莉絲，便是伊南娜，這是生殖女神伊什塔的早先版本。蘇美神話中的伊南娜，早在公元前4000年便在烏魯克受人供奉，之後傳到亞述帝國，變成了伊什塔。也有人說，莉莉絲是伊南娜的侍女，或許代表伊南娜的某一面。

因雕版上有貓頭鷹、獅和獸爪等意象，有幾派主張與信奉伊南娜有關；此外，目前收藏於巴黎羅浮宮的伊什塔花瓶上，也有類似圖案。部分學者持不同

看法，認為浮雕上刻的是蘇美傳說中的女惡魔莉莉圖，也是目前碩果僅存者。從公元前3450年左右，開始有烏魯克文明起，直至公元前3200年，第一批猶太人從比布魯斯一帶遷徙到黎巴嫩為止，這段時期的人特別害怕女妖魔莉莉圖。但近年大英博物館提出了不同的研究看法，主張雕像人物既非莉莉絲，亦非伊南娜或伊什塔，而是伊南娜的妹妹，冥界女神依瑞綺嘉。

有則故事提到，伊南娜降臨下界，卻被依瑞綺嘉困住，脫不了身。伊南娜迫於無奈，只得犧牲自己的丈夫杜木茲，換取自由。依瑞綺嘉利用姊姊待在冥界的時間，趁機奪走她身上的權杖和戒指，也就是夜后浮雕上的神聖符號。一說浮雕刻的便是依瑞綺嘉邪惡無情的奪權故事，只是呈現方式較為隱晦。

夜后之所以變成惡魔，或至少是冥界人物，主要是因為她的翅膀並未張開，而且浮雕的背景原本被漆成黑色。倘若此一說法正確，這段浮雕無疑是世上唯一座象徵意味濃厚的女惡魔依瑞綺嘉雕像。

許多神話故事透過父權社會的角度，將莉莉絲描述成黑暗、邪惡、陰柔的象徵。她最早出現在猶太教聖經裡的〈以賽亞書〉，名字變成了「夜晚女巫」、「尖叫貓頭鷹」或「夜獸」。《死海古卷》的〈聖者之歌〉列出一串怪物的清單，她也名列其中。到了公元6世紀，無論是刻在碗上或繡於護身符的召魔文字，都把莉莉絲描述成駭人的女惡魔。只要把碗倒放在家裡的某處，便能教惡魔動彈不得。怪不得尼普爾幾乎每戶猶太人家的地下，都能找到這樣一只陶碗，好驅邪避凶。護身符則常由孕婦、

英國浪漫派畫家約翰·柯里爾筆下的莉莉絲不僅唯美，也展現其陰暗幽邃的性誘惑力。

孩童甚至年輕男子佩戴，以免被莉莉絲纏上，誘發男人的情慾，鑄下大錯。她顯然也是專殺孩童的女巫，會掐死脆弱無助的嬰孩，或殺害仍在娘胎的嬰兒。

猶太神話發展到公元8~10世紀時，莉莉絲變成亞當的第一任妻子，但因不願屈從於亞當，離開了他，改而與大天使撒彌爾結合。另一些記載上說，莉莉絲是魔王亞斯馬鳩的戀人，後來成為妻子。關於其起源、或夜后的真正意涵，也許永遠不會有確切答案，但莉莉絲身為惡魔的象徵，直到今天仍持續影響藝術、文學，甚或電影的創作。

美索不達米亞眾神

阿達德

暴風之神阿達德常被描繪成手握閃電戟，暗示他的力量凌駕於暴風威力之上。身為巴比倫人及亞述人的共同神明，他變成了蘇美人口中的艾須喀，身旁常有獅龍或公牛陪伴。阿達德的妻子是女神薛拉。

恩利爾

掌管空氣、風、高度與距離，恩利爾也協助創造了人類。但他很快受不了人的喧鬧，打算用一場大洪水淹死人類。有一個凡人名叫烏特納皮施金，幸得天神埃阿相助，免於此難。恩利爾氣消了以後，便賜烏特納皮施金永遠不死。

安努

蒼天神，亦為眾神之王，統籌諸神、幽靈與惡魔之事，住在九重天之上。一般認為他有權力裁判犯下罪愆的人，而他創造星辰是為了用來摧毀惡人。位列諸神之一的伊拉布萊，身兼他的隨從與國務大臣。

馬爾杜克

馬爾杜克也是巴比倫著名的保護神。公元前18世紀，這座城市變成了政治中心，馬爾杜克的地位日益崇高，最後變成眾神之首，供奉在埃薩吉拉神廟。

那布

那布是抄錄與寫作之神，同時負責保管記錄人類命運的天命泥板。有時候也以生育之神或水神身分受人膜拜。他的象徵物是寫字泥板和專用的鐵筆。

奈格爾

具有毀滅力量，因此是瘟疫、戰爭和太陽之神，分配到的角色是冥界女神依瑞綺嘉的丈夫。在文學、繪畫作品中，被描繪成戰爭與瘟疫之神，代表盛夏，是美索不達米亞一年當中最死寂的季節。他也是掌管亡靈的主神。

恩基

恩基是天神力量「密」的保管者，他的象徵是兩條交纏之蛇。畫像中的他，經常戴著鯉魚皮包覆的有角聖冠。恩基被視為形塑世界的主要神祇，也是智慧與一切魔法之神，同時掌管新鮮水源，包括大海、湖泊以及地下水。

巴烏

別名寧丁諾格，原本是掌管狗的女神，後來成為醫治女神，治療儀式中常可見到狗在一旁陪伴。那時的人相信狗的唾液能使傷口痊癒，施行醫治符咒時，也常借用狗的身體部位。在大洪水之後，巴烏吹一口氣，人類因此起死回生。

伊什塔

伊什塔司掌愛情、戰爭、繁衍與性慾，在美索不達米亞北部廣受崇仰，許多亞述帝國的城市也為其興建巍峨的神廟。巴比倫的伊什塔城門上銘刻著屬於她的兩大象徵：一頭獅子和一個八角星星。巴比倫的萬神殿中，她是金星維納斯的天神化身。

寧莉爾

寧莉爾是風之女神，有天在水邊被恩利爾出其不意地侵犯，懷孕產下未來的月亮神。恩利爾遭受處罰，被貶謫到下界，寧莉爾跟他一起同赴冥界，後來恩利爾喬裝成守門人，再次讓她懷孕，這次她生下了兒子奈格爾，就是後來的死神。

沙瑪什

沙瑪什掌理律法、正義與救贖，身分是太陽神，祂與自然界另外兩股力量：月亮與生生不息的大地，鼎足而立。一如日頭驅散黑暗，沙瑪什讓錯誤和不公義無所遁形。一般認為，他能拯救人逃離魔鬼的魔掌，不再受罪。

辛

月神「辛」被視為萬神殿的主神。在那個時代，月亮及其盈缺變化的週期對文明發展的影響既深且廣，包括農耕、季節、星象預兆等。辛是眾神之父，也是造物主，他深刻的智慧促進了巴比倫天文觀測的發展。

全知之眼

埃及；約公元前1450年

古埃及的裝飾藝術圖案，象徵保護和康復

現存於大英博物館的彩陶護身符，刻著遭賽斯刺穿的荷魯斯左眼。

數千年來，人的眼睛始終是巫術與宗教喜愛的象徵或主題，被視為一種全知力量，能喚起太陽能量、促進生命力、給予保護、幫助痊癒。最早的全知之眼發現於古埃及，荷魯斯與太陽神「拉」在神話中威名赫赫，因此當時許多護身符或墜飾都鑲上祂們的眼睛驅邪避凶。上古埃及的人相信，瓦吉特之眼最有力量，因有蛇首女神瓦吉特與另一位凶猛女神巴斯特（庇護戰士或巫術）的加持。到了帝國時期後期，瓦吉特指的是月亮或荷魯斯的左眼，因而變成泛指命運的神奇之眼。

造物神阿圖姆生下女兒瓦吉特，是祂的全知之眼，因此祂派女兒去尋找另外兩個兒子，也就是泰夫努特和舒。她上天下地，總算找到了兄弟，阿圖姆喜極而泣，淚珠滾滾而下，變成了地面上的人類。為了酬答她的辛勞，阿圖姆將瓦吉特放在頭上，等於戴上了眼鏡蛇皇冠，即俗稱的蛇形標記，眾神和人類對她既害怕又敬仰。瓦吉特被描繪成埃及眼鏡蛇，有時以女人頭蛇身出現，供奉在波瓦吉特的神廟裡，神諭靈驗至極，無人不曉。波瓦吉特是為了尊奉瓦吉特而興建的城市，後來傳遍埃及和希臘的神諭傳統，可能便源自此地。

瓦吉特是埃及天空神荷魯斯之眼的化身。嚴格說來，有兩位神祇叫作荷魯斯。眼盲的荷魯斯被混沌之神賽斯殺害，轉世後變成伊西斯與歐西里斯之子荷魯斯。稍早他在與賽斯爭奪王位時，被賽斯弄壞了一隻眼，幸賴妻子哈索爾治癒。因為這個緣故，荷魯斯之眼變成痊癒與復原的象徵。荷魯斯也是鷹頭戰士，後來歐西里斯接手統管冥界，祂就變成歐西里斯在上界的代理人。荷魯斯的身分與荷米斯頗為相似，能在兩個世界間穿梭，引導亡靈接受歐西里斯的審判。

死者之眼

自中王國時期開始，棺柩經常畫上兩隻眼睛，這種做法直到希臘羅馬統治時期仍然盛行。死者面朝左方躺著，因此畫在棺材左側的雙眼，代表允許死者

回望這個已經離開的世界，進入來世，那是他們永恆的歸宿。到了新王國時期，陪伴亡者前往另一個世界的指南手冊，《亡靈之書》的內頁都有眼睛的小插圖，其中〈阿尼手卷〉把眼睛畫成葬禮與巫術時用的護身符。埃及的眼睛護身符多以小片水晶、寶石或貴重石頭刻成，能趨吉避凶；此外，幾乎每種護身符都有各自的符咒，往往依照礦石的魔法特性縫製成不同的護身符。儘管有些精巧的護身符會隨貴族下葬，和木乃伊一起放進墳墓，但通常都是佩掛在平民身上，畫在亞麻布或紙莎草、甚至皮膚上。

殯葬用的護身符常做成荷魯斯之眼的樣式，佩在死者身上，祈求保護，安然抵達來世。備受敬愛的法老王希沙克二

世的防腐屍體上，繫著鑲滿「瓦吉特之眼」的黃金、紅瑪瑙或天青石手鐲。

「眼」有時也當作計量藥物或穀子的小單位，以幾分之幾表示。眼睛的每一區塊，都代表某種比例，據此測量物體的大小。譬如虹膜代表1/4，眉毛則是1/8。

到了晚近，神祕派巫師（如泰勒瑪祕教組織的人）開始使用荷魯斯之眼，這一派的人相信公元1904年是荷魯斯時代的開端。此一祕教由英國神祕學者亞萊斯特‧克勞利（Aleister Crowley）於20世紀初創立，中心哲學思想是「憑藉你的意志而行」。據傳是當代許多企業或政府幕後操控者的光明會，同樣以眼睛象徵知識的掌控、幻影、支配和權力，畫在一個三角形裡面，標誌著魔法力量，顯然在所有代表神聖知識力量的象徵中，「全知之眼」的威力不容小覷。

古埃及代表皇室權力、保護和健康的象徵。

在這幅出土於埃及底比斯，王后谷的壁畫裡，瓦吉特被描繪成巨大的眼鏡蛇，頭上有光暈。

青銅塑像斷片，看得出荷魯斯頭戴象徵上、下埃及的雙層皇冠。

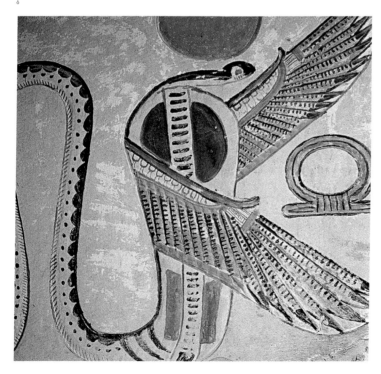

太陽神的馬車
丹麥，川姆沼澤；約公元前1400年
北歐象徵，用以形容太陽活動週期和新生

發現於丹麥某處沼澤的青銅馬車雕塑，據說代表太陽被母馬載著越過天空。

這座雕塑刻著一匹馬拉著載有太陽的馬車，不但象徵成長、陽光、生命與新生，也標誌著太陽活動週期，以及每天太陽升起又落下的規律。這座令人驚嘆的青銅雕塑於1902年在丹麥的川姆沼澤出土，居然會在北歐發現年代如此久遠、由馬匹拖曳的輻條車輪馬車雕塑，委實很不尋常；此外，目前出土的同類馬車文物中，它的年代最早。代表太陽的圓盤僅在右側黏上金箔，為太陽的發光面，據推測是象徵太陽一日之內從東到西，被牽曳過天空。而未黏金箔的陰暗面，則象徵太陽在黑夜時自西經東的旅程。

在古埃及神話中，日光船的別稱是「太陽帆船」，代表太陽神「拉」駕船橫越天空。實際高度達43.5公尺的胡夫船，在公元前2500年左右，被埋入吉薩大金字塔旁的深坑。其他文化亦有太陽神，如希臘的太陽神赫利俄斯駕著馬車，吠陀經典中的太陽神蘇利耶則是乘著由七匹馬拉動的馬車。有則神話故事說，赫利俄斯之子法厄同被其他神祇嘲笑，說不信他父親是真正的太陽神，除非他拿出證明來。赫利俄斯不知其中原由，答應兒子什麼都可以給他，於是法厄同堅持要駕一天太陽馬車。但當他拉住轡頭，卻發現自己無法駕馭，地球

因此快要著了火,此時宙斯為了避免災難,用一道雷霆劈死了法厄同。

北歐神話靠口述流傳下來,直到中世紀才有文字記載。其中提到蘇爾是太陽女神,每天駕著並轡馬車,從天空這一頭跨越到另一頭。相傳出土於川姆沼澤的青銅製馬車雕塑和渾似太陽的圓盤,就是蘇爾的象徵。中世紀時期的冰島神話故事集《埃達》,提到蘇爾和月亮女神瑪妮是一對姊妹。

學界對印歐文化的女神起源分成幾派意見。考證中亞地區的太陽神傳說,比如印度的蘇利耶,似乎是蘇爾一脈相承下來的版本,當然不見得是蘇爾親自駕著太陽馬車,越過西伯利亞大草原到中亞地區去。斯拉夫神話提到太陽神達茲伯格有兩個女兒,都叫作索亞。拂曉時分,由最早的那顆晨星打開宮殿大門,讓太陽馬車出去;夜幕低垂時,再由黃昏之星開啟殿門,讓馬車進來。

西方藝術普遍認為太陽是男神,但世界各地都能發現太陽女神的遺跡,像是阿拉伯的阿勒特、澳洲的比拉和瓦洛、斯里蘭卡的帕提尼等等。居住於安納托利亞的西台族崇拜烏如西姆,巴比倫人則尊崇沙帕舒,皆是太陽女神。原始美洲大陸上,查洛基族的太陽神是尤尼蘭努西,北極圈一帶的因紐特人敬仰馬利納,密瓦克族許多部落則崇拜希古拉斯。

公元2世紀希臘羅德島的德拉克馬銀幣,上面刻著太陽神赫利俄斯的圖像。

有翼太陽圓盤在古埃及圖像學中,象徵生命與毀滅。

亞倫的護胸甲
以色列；約公元前1400~1300年
古代猶太教祭司穿的神諭寶甲

《大祭司亞倫》是畫家威廉・埃蒂的作品，描繪亞倫穿上祭司的長袍，佩戴隆重的護胸甲，上頭嵌了12顆寶石。

亞倫是摩西的哥哥，後來成為以色列的大祭司。《出埃及記》一書記載了上帝的旨意，提到亞倫和繼任的大祭司所穿戴的神祕胸甲，是由混合金色、藍色及緋紅色的亞麻布，摺成對半，其上綴以四排珍貴寶石，每一顆寶石外圍鑲以黃金。這副胸甲是一種胸兜，有時似乎是指功能，有時候指的是形狀。部分學者認為這個詞彙源自希伯來文的hasuna，意思是「美麗的」，但也可能與sinus有關，意謂「包著某物的兜」。

胸甲與大祭司所穿類似半身兜的法衣相連，以金鍊繫住法衣肩帶上的黃金扣環，再用藍色緞帶綁好法衣下半部的黃金扣環。胸甲就像是背部鏤空的馬甲，裡頭有內袋，裝著「烏陵」和「土明」，用以卜知神的旨意。但是，沒人真的知道烏陵和土明究竟是何物。學者推測應該是把兩樣東西放進囊袋中，手伸進去觸摸，用留在袋中（或扔出來）的東西來占卜。可想而知烏陵和土明都相當細小扁平，放進囊中剛好，也許是木板或骨頭。大多數專家認為，烏陵意味著有罪，而土明代表純真，或許可以推斷兩物是用來判定是否有罪：選到了烏陵代表有罪；若選到土明，表示是無辜的。

目前伊斯蘭也有證據顯示，古代阿拉伯及波斯有類似的占卜之物。將兩根箭矢拔去箭頭或羽毛，置於器皿，其中一根寫著「可以行動」，另一寫著「禁止」，放在麥加伊斯蘭教寺院中的聖堂。無論何時，只要有人對於該不該結婚、踏上旅程，或有其他重大決定，就由負責聖堂的神職人員隨意抽出一支，箭矢上所寫文字便是神明的旨意，回答信徒求解的問題。

有時會出現第三根空白箭矢，表示神明不願回答。這種做法叫作「棍卜」，

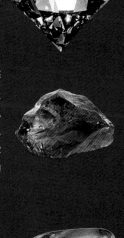

圖中聖堂位於沙烏地阿拉伯，麥加清真寺的中央，是伊斯蘭教最為神聖的所在。穆斯林無論在世界何處，祈禱時都得面朝聖堂的方向。

源自希臘字根rhabd和mancy，等於棍棒加上預言。根據《聖經》上的說法，護胸甲的珠寶必須以12種不同寶石鑲嵌，各代表以色列的某一部落，部落名稱便刻在小石頭上。

後期聖徒運動的創始人喬瑟夫·史密斯（Joseph Smith）仿效此一做法，採用類似小物詮釋《摩門經》一書的含義，相傳該書原本刻在黃金頁片上，藏於紐約某處小丘。這些金頁片的外觀像極了一副石頭眼鏡，同時固定於胸甲之上，後來史密斯逕以「烏陵」和「土明」稱之。史密斯的母親形容它們像兩枚平滑的三角鑽石，史密斯本人也說他利用兩者接收神的旨意。後期聖徒派的信眾深信，史密斯的烏陵和土明與《聖經》上所說的功能毫無分別，但目前仍無證據顯示，《聖經》曾用來解釋陌生經文。史密斯表示，「烏陵和土明」可譯成「光明與真理」。

護胸甲上的重要寶石

鑽石

鑽石象徵純真與永恆，也隱喻著天國的力量、真理與明晰。

紫水晶

這個名詞在希臘文中意味著「毫無醉意」，據說能保護人免受毒害。古埃及人用紫水晶驅逐內心負疚或害怕的感覺，許多人佩在身上，是為了認清自己或不讓巫術作祟。對基督教徒而言，紫水晶象徵虔誠、謙卑、真摯與靈性上的智慧。

血玉髓

相傳這種石頭是基督滴在大地上的鮮血變成的，希臘人稱之為血滴石，認為能帶來改變。血玉髓大多當成護身符，可免受邪惡之眼所害。

藍寶石

別名「命運之石」，讓人頭腦清晰，識見卓越，財源滾滾而來。藍寶石象徵天堂以及對上帝愉悅的奉獻。

荷米斯石碑

希臘；約公元前1300年

置於路旁的石碑具有荷米斯的神力

阿爾卡美涅斯於公元2世紀時，復刻一座公元前5世紀的石碑，刻畫古希臘的貿易與溝通往來之神荷米斯。

荷米斯石碑是一種四邊形石雕，通常放在戶外，當成邊界標誌、路標、里程碑或紀念碑。最上面刻著一個大鬍子男人的頭，有的露出半截上臂，有的沒有。石板下方刻著勃起的陽物。包括古希臘作家保薩尼亞斯在內的眾多歷史學家，均指出早期希臘人崇拜各種石塊或岩石，尤以古典希臘時代為然，喜歡把石頭鑿刻成象徵眾神的雕像。

石碑的名稱指的是希臘貿易與溝通往來之神荷米斯，但古代掌管疆界和繁衍的神明也叫荷米斯，因身為鄉間之神，專門保護牛群及牧場。象徵豐饒的荷米斯，免不了跟代表陽具的眾神，也就是戴奧尼索斯、潘恩和普里阿普斯，牽扯在一起。很可能這個風格化的大鬍子神，是從散落在鄉間各處的木雕或石雕演變而來，象徵掌管神祕婚姻之神戴奧尼索斯。根據古希臘宗教的教規，神祕的「新娘」得先加入戴奧尼索斯的神祕儀式：喝酒或服用其他迷幻藥物，使人身心解放，再引領到聖殿去，成為女祭司或廟妓。這類廟宇多藏在樹林或果樹叢生處後方，木頭刻成的戴奧尼索斯小雕像圍著果樹排成一圈，象徵保護，並賦予力量。

古典時期的雅典在藝術、建築上均有長足的進展，荷米斯石碑幾乎從鄉間絕跡，改放在家宅門口或路旁，希望能借助荷米斯的力量，荷米斯在神界便有新角色，變成過渡、貿易、道路與旅行之神，也是陽物力量的象徵。

荷米斯石碑多充作裝飾用途，常在羅馬人的豪華別墅或花園中見到，從這幅發現於義大利龐貝古城，金手釧別墅內的「有荷米斯和噴泉的花園」壁畫可窺知一二。

荷米斯最後受封為十字路口之神，和另一位神明共同保佑人們在面臨叉路時，能做出正確決定。來自地府的希臘女神赫卡特原先便是掌管道路旁和十字路口，希臘人常在路口擺幾塊小蛋糕敬獻給赫卡特。有時蛋糕上會插著一根蠟燭，以免赫卡特在黑夜中迷路，無緣享用。據說古印度教神明怖畏尊也在村莊邊界守護著每一個路口，因而路口往往豎立著石雕（有些刻成陽具形狀），表彰他身為疆界之神、引渡兩個世界的功勞。若能善加撫慰，他還能為人們指引未來的方向。非洲掌管道路方向的神明眾多，包括安蘇、雷格巴、愛勒括、恩敦巴和恩齊拉，同時指引人們獲得精神力量與智慧。

大地與地貌風景

東方傳統多以石頭象徵大地，例如瑪尼石便是指上頭刻有六字大明咒的大、小石頭或鵝卵石，是藏傳佛教的祈禱文。瑪尼石放在道旁、河邊或小徑上，有時也沿著牆邊放，堆成小塚，對某處的神靈致祭。瑪尼石不僅見於佛教傳統，也能在凱爾特人、美洲印第安人和非洲部落等泛靈論文化中找到。喜馬拉雅山脈周圍便曾發現順著岩層側緣刻成的石板，狀似瑪尼石。

許多美洲印第安部落都相信岩石是大地之母的骨頭。澳洲原住民則認為嶙崎的岩石、地貌與高山，如位於北領地的艾爾斯岩，皆是夢世紀時代的神聖之地，各自有其獨立的精神。中國人則以山谷為豐饒、庇護、女性的象徵，代表道家陰陽之說的「陰」。其他宗教如猶太教及基督教，則視山谷為死亡幽谷。

基督教與伊斯蘭傳統，以沙漠代表隱居和啟迪，但許多非正統宗教信仰，認為沙漠代表苟活、荒涼、空虛與奮力求生。美洲印第安部落相信洞穴是子宮與新生的象徵，通往宇宙的中心；對其他傳統來說，如希臘神話，洞穴是地獄大門或通往冥府的入口。

羅馬神墨丘利和荷米斯職司相同，多以戴著有翼頭盔的形象出現。

希臘神祇

宙斯

是奧林帕斯山眾神之王，在克里特島長大，懂事之後，姊姊墨提斯要祂去救出被父親克羅納斯吃掉的其他兄弟姊妹。宙斯喬裝成斟酒的人，遞給父親一杯毒酒，克羅納斯喝下後，一股腦吐出肚中的神祇，於是眾神和宙斯聯手，推翻了父親的統治。

荷米斯

荷米斯是背生雙翼的信使，在天庭和人世之間奔波，同時是冥界之神，將靈魂引渡到冥界。祂身兼詭計、賊偷、疆界、寫作、旅人和商業之神，在文學作品《伊里亞德》、《奧德賽》，以及珀修斯與普羅米修斯的神話故事中都有提及。

愛洛斯

先於宙斯存在，愛洛斯後來等同於羅馬愛神丘比特。在古代是象徵強韌生命力的神明，而在希臘化時代之前，更是最早的陽具之神，但飽受攻訐與誤解，後來在奧林帕斯眾神殿中變成了阿芙羅狄蒂之子，父親可能是宙斯、阿雷斯或荷米斯。

波塞冬

波塞冬（大海與湖泊之神）所持三叉戟的威力，絲毫不遜於宙斯的雷電。獨眼巨人把三叉戟給了波塞冬，好對付泰坦神族，於是波塞冬又起了山脊、海底暗礁、島嶼甚至大陸。這一仗結束後，三叉戟成為祂最得力的武器。

雅典娜

雅典娜從宙斯的頭裡面躍了出來，因此對宙斯忠心耿耿。祂最早是以愛國的戰士精神為人所知，其後因保衛國家廣受信徒膜拜。她因掌管右腦智能受到欽仰，但其女性智慧卻鮮少有人提及。打造特洛伊木馬的靈感便來自於祂。

戴奧尼索斯

天神宙斯與凡人施美樂所生的兒子，由一群山中仙女悉心養大，以免被宙斯善妒之妻希拉所害。祂經常跟森林之神薩提和生性狂放的侍女在一起，在世界各處遊蕩。掌管人生重大抉擇，意即在關鍵時刻，究竟是失去理智而受慾望擺佈，抑或能夠抵擋誘惑。

阿芙羅狄蒂

掌管慾念、繁衍、愛與美的女神，乃是從早期女神伊南娜和伊什塔演變而來，是火神赫菲斯托斯的妻子。身為性愛女神，祂同時垂涎俗世男子與天庭男神。祂的名字意為「生於泡沫」，象徵誕生的方式。

黑帝斯

泰坦神族遭到推翻之後，黑帝斯成為統領冥府的神，又叫作普魯托，掌管珍貴寶石、金屬，以及地底下埋藏的財寶。黑帝斯只有在色慾薰心時，才會造訪上界，曾擄走泊瑟芬，後來又愛上美麗少女敏絲。

狄米特

狄米特賜人以豐饒，也是掌管農業與豐收的女神。祂是悠久傳統的一部分，是古已有之的地母神，最為人熟知的故事是女兒泊瑟芬被黑帝斯擄去，希臘關於四季流轉的哲學就是這麼來的。

阿波羅

阿波羅是光明、箭術和藝術之神，也掌理神諭發佈之事。祂答允賜給卡珊德拉預言能力，前提是她願意接受祂的追求，但她初次與祂相遇便拒絕了祂，於是祂賜予她預言能力，卻下了詛咒，當作報復：無論她說什麼，都沒人相信。

希拉

希拉象徵理想的妻子，祂與宙斯結合，成為一夫一妻制的原型。祂庇佑世間所有的妻子，後來變成了病態嫉妒的象徵，起初是因為眾神劃分宇宙的權限時，遺漏了她，致使她心生怨恨；後來又因宙斯太多風流韻事，讓祂不斷使出凶殘手段對付那些女子。

阿蒂蜜斯

是阿波羅的孿生妹妹（一說姊姊），是希臘神話中的狩獵女神，等同於羅馬女神戴安娜。掌管野生動物、分娩、年輕女子和婦女，畫像中的祂經常攜帶弓箭，以狩獵之姿現身。鹿、熊、鷹、絲柏均為供奉祂的聖物。

約櫃

以色列，耶路撒冷；約公元前970年

其中包括刻有十誡的石板

羅倫佐·吉貝爾蒂的青銅浮雕《以色列人從天堂大門抬出約櫃》作品細部。

相傳約櫃裡藏有刻著十誡的石板，根據《聖經》記載，約櫃是在以色列人離開埃及之後一年，依照上帝在西奈山給摩西的圖樣打造出來的。約櫃沿路運送時，覆著獸皮及藍布嚴密遮掩，不使人發現，即使是祭司或扛著的利未人也看不出來。

約櫃不僅是藏有十誡石板的神奇聖龕，也妥善放著亞倫的魔杖和一罐嗎哪，是以色列兒童在荒野上行走時賴以為生的食物。《聖經》上說，約櫃以洋槐木打造，覆以金箔。腳夫舉起飾以黃金的長木桿，抬著約櫃前行。櫃身上刻著智天使和天使，保守一路運送平安。天使是上帝的信差，在西方藝術與宗教中始終是重要象徵，有守衛和保護的寓意，在現今文化中仍相當普及。

《聖經》上記載，以色列人不管走到哪裡都要抬著約櫃，因它具有神聖力量，倘若被心懷不軌的人偷走，聲稱約櫃是他們的，後果非常嚴重。耶路撒冷聖殿建成之後，這座約櫃便入殿祀奉，除了大祭司，不許任何人接近。然而某一天，櫃子突然不見了，引起後世考古

學家、歷史學家和一眾信徒諸多揣測，有人說藏在耶路撒冷的某處地道，另一派認為應該在約旦的尼博山山頂。

根據衣索比亞的官方記錄，早在所羅門王時代，約櫃便已不在耶路撒冷，而是被所羅門王與席巴女王之子梅內利克運到衣索比亞，由某一支猶太教派收藏了800年，之後被聖殿騎士團所奪，以為它是聖杯，還迫使猶太人改信基督教，後來這些猶太人將約櫃藏在教堂裡。到了1960年代，才在阿克森姆建造瑪麗亞錫安修院，作為收藏約櫃之用。直到今日仍供奉在修院旁的藏寶室。

西方藝術作品喜歡描繪智天使與熾天使，這幅雕版畫刻著天使守護約櫃。

智天使與熾天使

天使和智天使不僅保護約櫃，也守護人們的平安，從未在西方藝術中缺席，從古代拜占庭藝術的有翼天使，到19世紀浪漫派繪畫中精緻多變的天使形象。猶太教徒、基督徒和穆斯林都認為天使是神的信差，象徵無上的純潔與仁愛，但也有階級之分，不同階級各有執掌亦有各自的象徵意義。公元5世紀時，學者丟尼修（身兼亞略巴古城的法官）描述天使分成三個等級：第一級為熾天使、智天使和座天使，第二級包括主天使、力天使與能天使，第三級是權天使、天使長和天使。

熾天使跟上帝最親近，常在上帝寶座邊飛舞，唱讚美歌，象徵光明與愛。智天使曾將亞當、夏娃逐出伊甸園，因此象徵上帝的意志。《聖經》中明確列出7名天使長的名字，代表上帝在這世上的意志，也將重要訊息傳達給人類，分別叫作加百列，通常被描繪成吹奏喇叭，向童女瑪利亞預告耶穌降生一事，也

揭示《可蘭經》給穆罕默德知曉。拉斐爾象徵醫治與審判，米迦勒負責保護以色列，也能夠把撒旦逐出天堂。此外還有容易與智天使混淆的小天使，亦即「丘比特模樣的小男孩」。藝術作品經常描繪這些有翅膀的小男孩，象徵純潔無暇。早在文藝復興時期便受到歡迎，到了巴洛克時期，家具雕飾或建築的外觀經常塗上厚厚的金粉，表示與天堂有淵源。

20世紀末以降，人們又燃起對守護天使的興趣，許多書籍、網站專門討論天使心靈療法，探討療癒成效。2002年的一份問卷調查中，有350名受訪者都相信自己曾透過某種形式和天使接觸過，包括幻影、彷彿被碰觸、推擠或舉起、奇香撲鼻、或聽見有人在說話。宣稱自己看到異象的人，描述天使的容貌頗有出入：若非有翅膀，便是看來特別光燦奪目的人，或是只出現一道光。

約櫃兩旁有橫條或桿子可以扶穩前行，象徵來自神的力量。

天命石板

伊拉克，尼尼微古城；約公元前7世紀

能賦予持有人神聖力量的石板

相傳天命石板上的神諭具有不可思議的力量。1840年代，英國探險隊在今日伊拉克的尼尼微古城，亞述巴尼拔圖書館遺址周圍，發現了為數眾多、刻有楔形文字的巴比倫石板。這座圖書館是奉公元前7世紀時，最後一位統治亞述帝國的君王亞述巴尼拔之命興建，遂以其名字命名。這幾千塊石板被帶回大英博物館珍藏，許多銘文陸續於1870年代翻譯出來，當中有些是詩篇，也包含《埃努瑪埃利什》史詩，從創世神話說起，延伸到馬爾杜克的傳奇、吉爾伽美什的英雄事蹟、伊南娜被降謫到下界的寓言，以及不同的洪水傳說，這便是傳聞中的天命石板。

馬爾杜克的史詩故事描述祂的光榮事蹟，其中提到天命石板是從古早的海蛇女神迪亞瑪特手中，傳給她的得力助手金古。她和馬爾杜克打得難分難解時，先把石板牢牢繫在金古的胸前，說從他口中吐出來的話都會成真，金古從此具備神奇能力。但不久之後，馬爾杜克使出全力打敗了迪亞瑪特和支援她的盟友，從金古胸前護甲中偷走了天命石板，放在自己胸前，從此眾神對他俯首稱臣，唯命是從。

這塊石板是一組24片中的第3片。這一組石板刻著關於人類的殘疾或缺陷，以及如何看待這類殘缺。

其他版本的美索不達米亞傳說則認為天命石板結合了神諭和星象，能預言未來之事，影響事態的發展，擁有石板代表握有無上的權力。譬如閃族之一的阿卡德人流傳一則神話故事，說石板是暴風鳥「安朱」從天空神恩利爾手中盜來，只因安朱相信自己能夠決定眾生的命運。亞述神話則認為，天命石板是主神阿舒爾的寶物。

這塊石板象徵世上最早期的神諭，而神諭和星象圖象徵國王、法老王或預言家的權力，不僅僅是洞悉一己命運的權力，更重要的是，能夠預先知道他人命運，甚或國家的未來。最早的神諭是刻在板上，後來透過祭司之口宣達，變成了最重要的預言，卜知文化、政治、戰事等方面的走向，影響了後世文化，包括希臘羅馬文明。

希臘神諭

希臘最早的神諭是獻給大母神，如多多納的戴奧妮。戴奧妮是天神迪奧斯的前身，之後迪奧斯又演變成宙斯。而地母神蓋亞之子皮同原本是一條巨蟒，死於阿波羅的暗箭之下，傳達神諭的力量也在德爾斐被偷走。此一神諭傳統極可能源自古埃及，女神瓦吉特經常以蛇頭女人的模樣出現，還有女主祭在位於布托的著名神廟宣示神諭。

「神諭」（oracle）是從拉丁文中的orare而來，意思是「說」，指的是祭司或女祭司說出預言。回到古代的美索不達米亞，當時迪亞瑪特就是這麼對金古說：「把天命石板掛在胸前，你所『說』的話必然成真。」從這一點看來，迪亞瑪特、金古和馬爾杜克是最早吐露

神諭的人。傳達神諭的人不同於先知，因先知是透過鳥鳴、獸的內臟或其他跡象，解釋來自上天的徵兆。相傳阿波羅在德爾斐透過皮緹雅轉述的神諭，絕對靈驗。她只在每個月的第7天轉達上天的預言，因為7這個數字最能代表阿波羅，尤其是在一年當中較暖和的月份。當時比較有錢的人不想去德爾斐苦苦排隊，又渴望神諭能賜予正面的旨意，無不額外以獸肉拜祭，討阿波羅歡心。

德爾斐的神諭在以男性為尊的希臘文化，造成了相當的影響，無論在公民事務或宗教層面上，都算是至高權威。傳達阿波羅神諭的女祭司回答外國人、國王或哲學家提出的種種問題，舉凡政治、戰爭、責任、犯罪、法律等議題，連私人問題或家庭糾紛也有。與天命石板相似的是，神諭始終被視為神聖力量的象徵，只有少數人得以知曉。

這尊紅土陶器約製成於公元前440年，上面描繪著雅典國王埃格斯來到德爾斐請示神諭，由一旁坐著的女祭司瑟密絲加以解說。

以黃金眼鏡蛇打造的皇冠是女神瓦吉特的象徵。

風神和雷神
日本；約公元前660年
早期神道教的風神和雷神

江戶時代早期的屏風（由畫師俵屋宗達所繪）畫的是神道教的風神與雷神。

風

日本的「風」字含有分歧的意義。

神道教流傳的神話中，有幾千個「神」或「神靈」，從高等的神到較低等的魂靈都有。但風神和雷神因為與最初的創世神有淵源，始終是數一數二的重要神明，地位非比尋常。

相傳太古之初有兩位神明，伊奘冉尊與伊奘諾尊攜手創造了大地和日本，接著造出雷、電、風、雨。之後伊奘冉尊被放逐到陰間，雷神的示現也代表了兩大創世神永無止盡的爭鬥。日本的民間傳說，叮囑小孩在雷雨交加時藏好肚臍眼，因為雷神不只喜歡吃肚臍，還會躲在裡面。風神的一邊肩頭上揹著大袋子，裡頭塞滿了幾千種風，從徐徐微風到暴烈的颶風都有。他每到一處，就選擇一種想吹的風，風勢的強弱取決於袋口打開的大小。

雷神是家喻戶曉的神明，啟發了日本現代通俗文化中的角色，曾出現在角色扮演的電玩遊戲《太空戰士VIII》（1999年）；此外電視影集《魔彈戰記龍劍道》（2006年）中，變身戰士在報上姓名後，喊一聲「雷神！」，就表示「醒來！」或「站起來！」

其他天候神

所有多神信仰的文化都有掌理風、雷、閃電的神明，但大多數天候神缺乏統一描述，而是依當地氣象或文化差異而有所不同。印歐文化所及的地區往往視雷神為主神，如希臘神話的宙斯、北歐神話的索爾及印度教的因陀羅。宙斯同時掌管閃電、律法、秩序和命運，還必須打造極樂世界，好讓英雄和善人的靈魂得以安歇。

有的雷神化身成女性，像是非洲約魯巴族的鷗亞擁有多種面向，既象徵風的戰士精神，也代表繁衍、烈火、魔法和雷電霹靂，還能創造出颶風和龍捲風，保衛幽冥地府。祂是龍捲風之神（據說祂翩翩起舞時，衣裙飄動就形成了龍捲風），也象徵閃電和其他毀滅力量。除了毀滅，祂也是改變、過渡與混亂之神。有些神話說祂住在墓園的入口，與地府的大門相對，這說明了祂是過渡之神。

遍覽全世界神話，有的風神令人厭惡害怕，如巴比倫的魔神帕祖祖代表西南風，也會帶來乾旱；但也有令人喜愛的風神，像是埃及神話裡的風神「舒」，能使萬物安定。

德國畫家溫格的《索爾與巨人的戰鬥》畫作細部。北歐神話中的雷神索爾在天庭裡怒氣沖沖揮舞著鐵鎚，與巨人族鏖戰，場面混亂。

日本神道教的重要神明

天照大神
天照大神乃是太陽神，相傳亦為日本皇室的祖神。全名是「天照大御神」，意指「偉大的女神」或「照耀天庭的偉大神明」，一般認為祂是神道教的主神。

天鈿女命
根據《日本書紀》記載的故事，因為素盞嗚尊四處搗亂，讓天照大神羞愧得躲入了天岩戶，天地頓失光明。為了勸天照大神出洞，各方神明聚在天岩戶外，讓天鈿女命翩翩起舞，眾神笑鬧得好不熱鬧；天照大神聽到外頭的聲音，忍不住好奇向外張望，此時守在洞口的天手力男神順勢將天照大神拉了出來，天地才重見光明。因此，天鈿女命被視為是日本舞蹈的始祖神。

八幡神
是保護日本的戰神，原先是農耕之神。8~10世紀間，變成了手握實權、有天皇撐腰的貴族之守護神。他在神道教中頗孚眾望，經常與其母親神功皇后和姬神並列，接受信徒供奉。象徵動物是鴿子，也替他傳遞訊息。

伊奘諾尊
是眾神之父，和伊奘冉尊結成夫婦，生下了日本各島嶼。伊奘冉尊生下火神迦具土後，難產而死，伊奘諾尊追隨她到陰間，卻無法將她帶回人世。這對夫婦爭執不斷，為世間眾生帶來不盡的生死循環。

命運之矛
以色列，耶路撒冷；公元1世紀
耶穌在十字架上受刑後，側腹又遭長矛戳刺

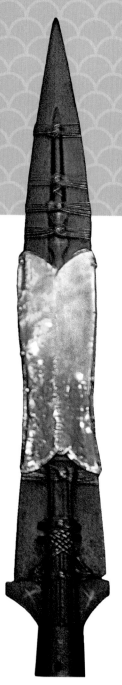

相傳命運之矛擁有強大的辟邪力量，別名聖矛、聖槍、朗基努斯之槍或朗基努斯之矛。當時耶穌被釘在十字架上，有人用矛刺進耶穌側腹，故有此名。《約翰福音》上記載，羅馬人原想打斷耶穌的腿，讓犯人死得更快，但在場的士兵都覺得耶穌已經斷氣，猶豫著是否該斷其腳脛，這時有個叫朗基努斯的士兵舉矛刺其側腹，確定耶穌已死。

至於這把命運之矛的去向，說詞莫衷一是，傳說中持有矛槍者，就能夠統御世界。最早提及這把矛槍的人，是6世紀時來自皮亞琴察的朝聖者安東尼厄斯。他在描述行經的耶路撒冷聖地時，突然看到錫安山的長方形柱廊教堂中，放著「我們的主所戴的『荊棘之冠』和曾刺中他腹部的『矛槍』」。自那時起，歷代許多君主、國王紛紛宣稱自己擁有這把矛槍。

有件收藏於奧地利維也納霍夫堡皇宮中帝國寶庫的文物，顯然頗具歷史，是神聖羅馬皇帝留下的遺物之一，在法國大革命期間被帶到維也納，以免毀於兵燹。英國冶金學者羅伯特・費若博士（Dr. Robert Feather）曾於2003年1月在維也納鑑定這把矛槍。他被賦予前所未有的權力，不但能在研究室裡檢驗矛槍，也獲准移去綁住矛槍的金、銀鑲帶。費若及其他學者專家都推斷矛槍極可能製造於公元7世紀。但上面的鐵釘（據說是十字架上的釘子，被釘進鞘上，再以小黃銅鎖撬開來），不論是長度或形狀，都與1世紀時羅馬人用的鐵釘吻合。

1938年德、奧合併，希特勒從維也納拿走這支矛槍，不過在二次大戰後，由美國喬治・巴頓將軍送回奧地利。到了近代，「命運之矛」一詞常用以形容矛槍本身的神祕力量。歷史學者崔佛・雷芬司夸夫特（Trevor Ravenscroft）於1973年出版《命運之矛》一書，聲稱希特勒發動第二次世界大戰，只為了偷走這支他日思夜想的矛。根據另外一則傳說，失去了矛的持有者必死無疑，預言的確應驗了：希特勒自殺；巴頓將軍在軍營附近出車禍喪命。

珍藏於維也納霍夫堡皇宮的矛深受歷代君主重視，相信持有它的人必將統治世界。

具象徵意義的武器

另外一些武器也具有象徵意義。古代的人用匕首宰殺人或動物，當作祭典中的牲禮，因此匕首象徵以流血方式平息神明怒火。東南亞人所使的匕首稱為「克里斯小刀」，上面刻滿了《可蘭經》經文，意味著絕對真理。劍在世界各國均象徵皇室權力、軍事力量，以及榮譽，甚至連基督教聖徒在畫像中也都佩著劍。中世紀時的歐洲法庭，騎士或武

位於佛羅倫斯的聖馬可教堂、多米尼克修道院中的壁畫，出自安基利科修士之手，描繪士兵朗基努斯以矛槍刺耶穌，察看是否已死。

士受封，由國王或統治者以劍輕碰其右肩，授以新的軍銜，象徵位階晉升。

箭矢本身不只是有力的陽具象徵，也代表狩獵追逐的男性力量。弓象徵精神力量及紀律，在印度或其他東方信仰中，也代表女性拉弓射箭的力量，暗示被男人佔有。基督徒則以銳利的箭，象徵聖女大德蘭的狂喜，那是濟安・勞倫佐・貝尼尼於1645~1652年間，為勝利聖母教堂旁的科納洛禮拜堂所刻的大理石像。此像創作於文藝復興時期，聖女見到耶穌顯靈，同時天使以箭矢刺進她心臟後再拔出來，隱含情慾象徵。

雷神索爾之鎚

索爾是北歐神話中的雷電之神，鎚子象徵暴風雨背後的威力，當地稱為「妙爾尼爾」。雷神之鎚經常擲向大地，殺死邪惡魔神。索爾扔擲鎚子從不曾失手，總能分毫不差地命中目標，之後鎚子又回到他身邊。自9世紀以來，維京人就在身上佩戴鎚形護身符。

光環

阿富汗，畢馬蘭；約公元50年
神性與聖潔的普世象徵

於畢馬蘭出土，可上溯至一世紀的黃金聖骨匣鑲有寶石，穿著長袍的佛陀頂上有光環。

這尊日本彩繪木雕佛陀是室町時代的作品，光環象徵聖潔。

英國探險家查爾斯‧曼森（Charles Masson）於1830年代在離阿富汗買拉拉巴德不遠的地方，發現了一只黃金聖骨匣，雕刻典麗精雅，只見長袍飄飄的佛陀頭上有一圈光暈，這個光暈如今已成為神性或聖潔的象徵。聖骨匣裝在盒子裡，裡頭還有錢幣，幣面刻著印度西徐亞國王的頭像，約可上溯至公元50年。然而小盒本身雕鏤精美，學者推測應是100年後所刻。

這只圓筒形的小匣是由純金打造，嵌以半透明的鐵鋁榴石。雕琢精細的盒子周圍刻著佛陀形象，是現今阿富汗地區（古代犍陀羅國西北地區）出土甚早的古物。盛裝聖物匣的皂石盒上刻有銘文，說明匣內裝的是佛陀圓寂火化後的骨頭。但曼森找到聖骨匣時，蓋子和骨頭早已不翼而飛，只有燒毀的小顆珍珠、寶石和次等寶石串成的項鍊以及四枚錢幣。

光環又稱為光暈或暈輪，常見於藝術作品中的人物，用來象徵神聖的淵源，有時也運用在統治者或英雄身上。印度教、佛教和伊斯蘭教的宗教畫作，人物的頭部甚至身體周圍，有一輪紅光或火焰跳躍著，便是光環。光環不拘任何顏色，但因為象徵光亮，多半描繪成金、黃或白色。

「光環」一詞源自希臘文，原意是「打穀場」，是微微傾斜的圓坡面，供奴隸或牛隻繞著圈子打穀，之後引申成神聖的明亮圓圈。荷馬描寫希臘神話英雄，形容他們頭部上方有光暈，而紐約大都會藝術博物館收藏了一只公元前5世

紀的希臘花瓶，描繪珀修斯斬殺美杜莎的情景，英雄身上散發出微微光芒。其他神話人物，如掌管瘋狂的女神麗莎、阿基里斯的母親忒提絲，全身有光束或光暈圍繞，太陽神赫利俄斯頭上的光輪明亮輝煌，宛如王冠。

蘇美神話裡曾提到「蜜輪」，形容它是「神明、英雄、甚至國王散發出來的、肉眼可見的燦光」。其後祆教的圖像學稱此輪是「神性的輝光」。不論在中國或日本，自有佛教藝術以來，便以光暈描繪佛陀形象。西藏藝術則以不同顏色的暈輪代表不同階級或意義：橘色代表僧侶，綠色代表佛陀。光環的起源或許已不可考，但目前已證實是神性的原型象徵。

大約公元4世紀時，光環被納入早期基督教藝術形式，配合最早的耶穌基督形象。起初許多人視其為基督神性的象徵，但天主教另有詮釋，認為光環意味著靈魂浸潤在神聖恩典的光輝中，與肉體達成統一，愉快和諧。

無論是早期拜占庭或羅馬帝國內的基督教，光環的象徵範圍甚廣，上自聖徒、聖母瑪利亞，到先知、天使，甚至拜占庭皇帝。然而16世紀文藝復興盛期，教會的文化控制力量日趨衰微，許多義大利畫家摒棄光環而不用。除了流於公式化的矯飾主義繪畫或巴洛克藝術，圓形光暈極少運用在神話人物身上。

到了19世紀，光環幾乎已從西方藝術作品中絕跡，直到象徵派畫家如居斯塔夫・莫羅，以及喬治・弗雷德里克・瓦茲崛起，泰半著墨於神話故事或靈性題材，籠罩在神祕主義的氛圍中，光環才又出現。在莫羅1854年的名作《聖殤》中，基督頭部上方有一圈暈紅的光環，象徵神性；而他另一幅飽含寓意的作品《朱比特與施美樂》（1895年），描繪上帝周身發出烈焰般的紅光。在神祕主義畫作《居住在最深處的女子》（約1885~86年）中，瓦茲重現了光暈烘托全身的象徵。上述充滿惝恍迷離氣氛的畫作，使光環重獲重視，再現古人眼中那道珍貴的「肉眼可見的燦光」。

居斯塔夫・莫羅所繪的《聖殤》畫作細部，基督和聖母瑪利亞籠罩在金色光暈之中。

從早期拜占庭藝術，直到19世紀末，光環始終是神性的象徵。

八仙過海
中國；約公元100~900年
各具神通，能長生不死，廣受民間崇仰

擷自艾德華・韋爾納（Edward T.C. Werner）所撰《中國神話故事與傳說》（1922年），這幅插圖描繪道教八仙追尋長生的故事。

翻開中國神話，神靈、仙人可謂族繁不及備載，但起源甚早的八仙當屬最受喜愛、最神通廣大的神明。八仙可能源自早期道教思想剛剛萌芽的階段，大約在公元2~10世紀左右，因象徵長生而備受尊敬。從古至今，道教信仰以追求長生為至高無上的目標，而這八位凡人得道的仙人，因各有神通，吸引信眾敬拜。八位神仙，或稱得道仙人，各擁不同的法力和寶物，經常下凡顯神通，幫助凡間的好人起死回生，或取惡人性命。

八仙的神通

一般認為鍾離權（一稱漢鍾離）是八仙之首，手搖神奇蒲扇，有時拿一顆桃子。相傳他發現了仙丹妙藥能救治病人，甚至起死回生。八仙中屬他最年長，象徵長壽。

精通祕術、看來年歲甚大的張果老手拈鳳毛、叼一根竹管，經常倒騎驢子，據說能日行千里。他象徵智慧，專門保佑膝下猶虛的夫婦懷孕。呂洞賓鑽研道家思想，學問精深，使一口斬妖除魔的寶劍。畫中的呂洞賓常手持拂塵，能治百病。學子赴考前拜呂洞賓，能金榜題名，平安順利。

八仙中衣飾最華貴的是曹國舅，畫中形象是手持玉版，有時加上一把羽扇。據說他與宋朝皇室有親戚關係，所以代表顯爵與名望。李鐵拐（有時叫鐵拐李）常以拄拐杖的乞丐形象示人，手上的葫蘆既可以枕著睡覺，還裝有仙丹靈藥。他身旁常有鹿相伴，一般認為八仙中屬他神通最大，象徵仙家智慧。他手中的鐵拐是生性快活的韓湘子給他的；

後者手持一管洞簫，有時放在嘴上吹奏，是象徵痊癒的仙人。

八仙中僅有的兩名女子是藍采和及何仙姑。藍采和穿一襲藍衣裳，手捧花籃，賜予年輕女子好運。何仙姑手持荷花，成仙時仍未婚，是宜室宜家、婚姻美滿的象徵。

八仙跟許多神仙一樣，原是古代道教的象徵，但八仙的事蹟很快流傳開來，變成膾炙人口的民間故事。直到今天，八仙依然是十分重要的神明，如同其他形塑中華文化的神仙，大型醮典賽會都少不了八仙。

八仙是家喻戶曉的民間故事，因此陶器上常鐫刻八仙圖，如圖中的梅瓶。

重要的中國神明

玉皇大帝

玉皇大帝（有時簡稱玉皇）原本就是道教神話中級別最高的神仙。是從混沌中創造宇宙的上帝，也是使萬物得以綿延永續的無上力量。玉皇慷慨智慧，無所不曉，在黎民心中就像俗世的皇帝，掌理大大小小的鬼神。

觀音

觀音心懷慈悲，最有濟世助人之心，畫像中的祂一襲白袍垂地，容顏溫雅娟秀，在道教中掌管生育之事。

伏羲

古代惡魔發可怕的洪水，打算淹沒人間，伏羲和妹妹（一說妻子）女媧乘坐在葫蘆瓢上，逃過一劫。大水消退後，兩人回到地面上，重新開創文明。女媧搏土做人，伏羲劃分四季，還教導初民農耕、漁獵、冶煉金屬等。

神農

上古神話中的帝王，也是文化英雄，據說公主和天上的龍相好之後生下了他。他能以不同的形貌出現，多半是牛頭人身。但他也能化作焚風，造成森林大火，讓百姓知道燒毀土地有益於農事。

堯

堯治理天下，讓中國從蠻荒步向文明，但他仍舊住在茅草搭建的小屋，三餐喝粥，生活非常儉樸。他曾和暴風神、水怪纏鬥多次，最為人所知的是派弓箭手后羿去消滅妖怪「封豨」和水神「河伯」。

經文匣
以色列；約公元200~500年
存放經卷的宗教用品

今日猶太教徒仍佩戴經文匣，既當作護身符，也提醒自己不忘記當初上帝引導以色列孩童走出沙漠的神蹟。

猶太人將經文匣佩掛在胸前，時時提醒自己，是上帝引領以色列的孩童離開埃及。拉比猶太教主要法典《塔木德》中明令，猶太教徒晨禱時，須將經卷佩在身上。經文匣又叫護符匣，希臘文原意是「護身符」或「咒文」，通常放在黑色方形皮革盒子裡，再用皮帶縛住頭部或繫在手臂上。猶太教徒認為佩戴經文匣是極大的榮譽。

盒子裡裝著《聖經》的四段手抄經文，經文上寫明了信徒必須將神聖話語置於手掌、手臂、或雙眼之間。這四段經文分別擷自〈出埃及記〉第13章前10節、第13章11~16節，以及〈申命記〉第6章4~9節、第11章13~21節。經文匣若佩在手上，則四篇經文抄寫在同一張羊皮紙上；但若是佩在頭上，就會分開抄寫，抄錄成四份經文。無論是製作或佩戴經文匣，均有清楚具體的規定。

經文匣必須由受過專門訓練的人製作，通常會再附上猶太拉比的證書，證明製作程序無誤。這是為了保證一件具有崇高宗教意涵的寶物，在各方面皆無可挑剔。引自猶太教《聖經》（又稱《妥拉》，意為律法或訓誨）的經文得選用合適的羊皮紙和墨水，依猶太教規定抄錄下來，過程中絲毫不得馬虎，只要犯下一丁點錯誤，經文就自動作廢。例如經文文字順序必須完全正確，倘使之後發現了某個錯字，也無法修正，因為即使重寫上去，字的順序已然混亂。羊皮紙上總共要寫3,188個字，謄寫員可能得花上15個小時才能寫完。此外，謄寫員必須先在猶太教的浸禮池沐浴淨化，

這個方盒只能由真正了解靈性意義的專家細心打造。

才能動手抄錄。《妥拉》包含了《舊約聖經》前五部書，是猶太教的律法之書，教徒在會堂集會時，攤開此一神聖經卷誦讀，字字句句充滿力量，是最神奇的護身符，普遍相信能治好孩童或孕婦的病。

經文匣必須全黑，俯視時，盒子必須方方正正，此外縫線也必須方正妥貼；依猶太律法，縫線和皮革也得符合要求。先將經文匣綁在較不常用的那隻手臂上半部，口中默唸祝禱詞，一面用皮帶纏繞手臂7圈。至於頭上的經文匣，只消先在那人的髮際線上方1公分處（顯然不考慮男人髮線後退的問題）鬆鬆地綁好，唸完禱詞後在後腦勺束緊，打一個結就可以了。而綁在手上的經文匣皮帶，在唸到〈何西阿書〉第2章21~22節時，必須繞過中指3次。

由《舊約聖經》前五部書組成的《妥拉》是教徒集會時誦讀的神聖經卷。

猶太教象徵

角笛

在猶太新年時吹奏，是由公羊角做成、富於象徵意味的樂器，典故來自《聖經》中吹垮杰里科城牆的號角，因此贖罪日也會吹奏角笛，表示贖罪日來臨。

永燃之燈

也稱為至聖所明燈，原意是「永恆之光」，用來象徵上帝無所不在。每一間猶太會堂裡都會點燃一盞明燈，火焰本身暗示上帝的精神具有火與光明的力量。

安家符

猶太人掛在門柱上的狹長小匣，裡面放有一張捲束的羊皮紙，以絕不褪色的墨水抄錄《妥拉》裡的兩首聖詩，反面寫著Shaddai（意即完全豐足），表示上帝的名號「護衛著以色列的大門」。猶太人經過門楣時，習慣輕碰一下安家符，或在上面親一下。

甘奈施

印度；公元300~400年

印度的象神，代表智慧

畫像中的象頭神甘奈施有8隻手，手握數個重要象徵，如斧頭、趕牲口的棒子和水果。

頭，靈感智慧就會增長10倍。

甘奈施身上流傳著許多傳說，有的說祂生下來就長了一顆象頭，但大部分版本都說祂原本是人頭，後來才換成象頭。最為人津津樂道的是，女神帕爾瓦蒂創造祂出來，替祂守門。帕爾瓦蒂很氣丈夫濕婆不尊重祂沐浴的隱私，決定動手解決此事，便搓下自己身上的檀香粉末捏出一個男孩，再注入生命，當成祂的孩子，得在祂洗澡時看守大門。濕婆回家時，發現竟有陌生男孩站在門口，不讓祂進門，勃然大怒之餘砍下孩子的頭。帕爾瓦蒂悲痛逾恆，濕婆為了安撫妻子，便讓孩子起死回生，但頭既已砍下，只好以象頭代替。濕婆神還讓甘奈施變成受人敬拜的幸運與成功之神。

甘奈施常以人身象頭的形貌出現，其中一顆象牙斷裂，另一顆完好。他的特徵不止一端，除了象頭之外，還有大肚腩和環繞全身、儼然如一條蛇的螺紋。印度教的圖像學規定甚是嚴格，甘奈施通常有4隻手，象徵神聖。有時候畫成6、8、10、12甚至14隻手，每隻手各持一個象徵。總共約有57個象徵。

甘奈施的頭象徵生命的本源，亦即靈魂，代表人類生命最高層次的真相，而其肉身則象徵幻象，或人的凡軀。象頭代表智慧，象身是「唵」，象徵宇宙之音。甘奈施握在手中的象徵包括：一根棒子，用來鞭策人們朝永恆之路邁進，

甘奈施在笈多王朝（4、5世紀）時期變成獨當一面的神明，甚受民間喜愛，代表了聰明智慧；若是供奉得宜，不但能夠替人排除障礙，也會特意在路上設置障礙，幫助人們面對難關、通過考驗。印尼的普蘭巴南寺廟群有一座建於9世紀的象神雕像，據說只要碰觸被人手磨得光滑的象鼻，再摸自己的額

也替他們搬走擋在路中間的障礙；一根套索，能套住所有困難；碎裂的象牙表示犧牲；玫瑰念珠代表追求知識必須持之以恒。遍繞甘奈施腰部的蛇，代表瀰漫於世間的生命力。甘奈施在大乘佛教中既是象神，有時也是印度惡魔的化身。化身為佛教象神時，多半以跳舞姿態出現。

日本的甘奈施

象神在日本變成了「歡喜天」，是一對男女象頭神以站姿交合，深擁對方。女象神頭戴冠冕，身穿補綴過的僧衣，和一襲紅色袈裟；男象神身著黑布衣，鬆鬆地披掛下來，象鼻和象牙都較長，通身呈棕紅色，而女神通體潔白，腳踝擱在男神腳上，男神的頭斜倚在女神肩上。這一對象神很可能是受到印度坦特羅佛教的影響，畫像中甘奈施身旁有眾多妻妾圍繞。

有一則關於歡喜天夫婦神的故事說，印度馬拉凱拉一地的國王只吃牛肉跟櫻桃蘿蔔，後來這兩樣食物愈變愈少，他開始大啖死屍，最後以活人為食，就這樣他變成了大魔神象神，號令一支惡魔軍隊，叫作「惡魔象神」。於是人們向觀世音菩薩祈求，祂化身成女魔神引誘象神，使祂歡喜無限，最後在與女神交合時，變成了一對象頭神，也就是歡喜天。

此畫於印度德干高原東部出土，描繪將象頭賜予甘奈施的濕婆和帕爾瓦蒂。

日本的象神歡喜天，是一對男女象頭神。

印度象徵「唵」代表宇宙間超越本體（或稱為梵）的自性本有的實相，無論是否彰顯於外。

印度神祇

梵天

梵天住在須彌山，位於天界之巔，距離塵世約幾千哩之遙。代表所有活過的生命，不受時間或空間的束縛。因為梵天是世上所有的一切，大部分時間都在冥想，好維持宇宙間的生機。梵天多半被畫成騎在天鵝或孔雀上面，或端坐在蓮花之上。

濕婆

濕婆是毀滅之神，卻也是仁慈的仲裁者，願意替惡魔和被放逐者主持公道，擁有無堅不催的武器，如令人喪膽的第三隻眼（天眼）、象徵閃電的三叉戟和一口寶劍。每當宇宙進入下一個輪迴時，濕婆就會睜開眼睛跳舞，摧毀眼前所有的事物，讓整個宇宙毀滅，直到新天地出現為止。

毗濕奴

毗濕奴是保存維護之神，象徵犧牲。其妻是拉克希米，兩人同住在遍地蓮花的天庭。毗濕奴擁有數百個化身，好下凡拯救眾生，其中特別重要的分身是摩蹉（魚）、俱利摩（陸龜）、筏羅訶（公豬）、羅摩（英雄）、奎師那，以及佛陀。

拉克希米

她是深獲婦女喜愛的幸運與財富女神，起初是吠陀神話中的昌盛女神。拉克希米能任意化身成她想要的模樣，去塵世中任何一個地方，甚至能鑽進人體內，為與那個器官有關的人生面向帶來好運。

難近母

難近母能夠驅遣全宇宙的力量，是一切戰爭能量的化身。她在某次眾神集會中驟然出現，銳不可擋，掃蕩宇宙間的惡魔，不僅剷除了魔王杜爾迦，還除去體型龐大的惡魔瑪黑薩。

奎師那

奎師那是毗濕奴的第8個化身，來到這世界主要是為了消滅魔王刊薩，但後來變成極受歡迎的神明，是教徒虔心信奉的主神之一。他既重視美感，也追求肉慾，愛上了放牛女孩拉達，是唯一與凡人墮入愛河的神明。

黛維

別名偉大的女神，是濕婆的正妻，或許出現年代早於梵天、濕婆和毗濕奴。黛維是「女神」之意，身兼多種角色，如維持和平的世界神母（乃聖母）。身為濕婆的配偶，她也是薩蒂（美德）與薩蒂後來轉世的分身帕爾瓦蒂（甜蜜）。

迦梨

迦梨是掌管時間與變化的女神，剛開始化身為降魔伏妖、剷除邪惡的女神，她飲光受害者的血，甚至想進一步毀滅世界，卻遭濕婆攔阻，她因此大為光火，踩住他胸膛。但當她意識到他躺在她腳下，怒火就平息了大半。

塔拉

印度神話中的塔拉是布里哈斯帕提（祈禱主，亦是眾神的上師）的美麗妻子，後來月亮神蘇摩垂涎她的美色，擄走了她，因而引發戰爭。梵天說服了他，把塔拉送還給祈禱主，但後者發現她已懷孕，不肯再認她為妻，但她誕下的孩子實在美麗，他竟說那是他的孩子。

因陀羅

據說有一千隻眼睛、一千個睪丸（但沒人看見過）的因陀羅，不但貪吃、好色，又愛喝蘇瑪酒，因此往往性情暴躁。藝術作品經常將他描繪成騎著披上盔甲的大象，或乘著戰車、戰功赫赫的主神。他對性與美食的胃口極大，是形象淫猥的神明，但後期傳說故事喜歡以他為主角。

旃陀羅

旃陀羅原本是吠陀時期的月神，駕著10匹白馬拉的戰車在天上馳騁。他年紀甚輕，容貌白皙美好，手持棍子和一朵蓮花。根據印度神話，他在牛奶海誕生，出生時全身光燦無比，眾神幾乎睜不開眼，便派他到天上去當月亮。

阿耆尼

阿耆尼有數千個不同化名，是層級最高的火神，不論是心中的慾望之火或天邊閃電，都歸他掌管。畫像中的他，有時是渾身閃閃發光的王子，騎在聖公羊上；有時駕駛戰車橫衝直撞。通紅的肌膚，全身被煙霧裹住，頭髮著火，阿耆尼有2張臉、金牙和14根舌頭。

烏拉卡之杯

西班牙萊昂，聖伊西德羅皇家教堂；公元1080年

相傳是耶穌在「最後的晚餐」上用過的聖杯

自12世紀起便存放在萊昂的聖伊西德羅皇家教堂，一般相信這只杯子是真正的聖杯。

中世紀歷史學者瑪格麗塔・托雷斯（Margarita Torres）與專研藝術的史學家荷西・歐蒂沙・狄里歐（José Miguel Ortega），兩人於2014年合著出版了《聖杯之王》（*The Kings of the Grail*），敘述某位西班牙歷史學家在開羅找到兩份以阿拉伯文寫成的中世紀埃及文件，說聖杯在11世紀時被帶到萊昂。兩位作者主張，自那時起一直保存於萊昂的烏拉卡之杯便是真正的聖杯。早在這套理論提出之前，神祕聖杯最早出現在12世紀未完成的羅曼史《聖杯騎士》（*Perceval*），是作者切雷蒂安（Chrétien de Troyes）摻揉凱爾特信仰與基督教知識寫成的小說。本書是亞瑟王傳奇文學的重要里程碑，敘述亞瑟王騎士四處尋訪聖杯，但只有加拉哈德因精神純潔，預先知曉聖杯的下落。這是一篇寓言故事，象徵對永生的追尋。

晚期中世紀作家還為「聖杯」（grail）一字發明假語源，說此字是sangreal一字的誤訛。古代法文的聖杯拼作San greal，而sang real意指皇家血脈，暗示傳說中的聖杯不止是個酒杯而已。

故事版本與各種理論

12世紀晚期至13世紀，切雷蒂安的小說引起了眾多評論家的注意，包括德國詩人渥夫拉姆（Wolfram von Eschenbach），他信誓旦旦說聖杯是天上掉下來的寶石。到了12世紀後期，聖杯開始和亞利馬太的約瑟、最後的晚餐，以及耶穌在十字架上被釘死連結在一起。法國詩人波隆（Robert de Boron）在詩中寫道，約瑟從已化作鬼魂的耶穌手中接過聖杯，和一眾追隨者送到英國去妥善保管。後來的作家詳述約瑟如何用聖杯承接耶穌受難時的寶血。

數百年來，聖杯在不少人手中輾轉流傳，包括自從聖杯故事盛行，便深具影

響力的聖殿騎士團，據說曾將聖杯藏在新蘇格蘭。各派學者各持己見，有的宣稱聖杯埋藏在羅斯林教堂地底，有的則說藏在英國格拉斯頓伯里丘的泉水間。

更有傳說指出，歷代保管聖杯的人選名單早已註定。較晚近的記載提到，19世紀時，德懷爾家族的愛爾蘭後裔將聖杯偷渡到美國，如今收藏在明尼蘇達州南部的小修道院裡，由其後人看管。

提倡陰謀論的數名作家發表了一系列文章，證明耶穌和抹大拉的瑪利亞便是法國王室麥洛文家族的先祖，後人直到今日仍暗中保管聖杯。從這層意義來說，聖杯其實是披露兩人身世的一系列古代文件。

上述研究啟發了好幾本現代暢銷小說，最知名的莫過於丹・布朗於2003年出版的《達文西密碼》。正如培金（Michael Baigent）、利伊（Richard Leigh）、林肯（Henry Lincoln）等人所著的暢銷書《聖血，聖杯》（*Holy Blood, Holy Grail*），都指出聖杯並非真的杯子，而是抹大拉瑪利亞的遺骨，加上一份記錄耶穌生平、教誨與子孫系譜的古代文件。

艾德華・伯恩瓊斯的系列畫作之一《尋找聖杯》，描繪加拉哈德和鮑斯、珀西瓦里一道尋訪聖杯，但只有心思純淨的加拉哈德能發現聖杯的下落。

生命樹

義大利，奧特朗托大教堂；約公元1163~1165年

拼花鑲嵌工藝，有生命的寓意

生命樹的意象在歐洲教堂並不少見，但描繪於奧特朗托教堂地板上的生命樹，不但面積最大，而且包羅萬象。著手彩繪的教士是潘達雷歐內（Pantaleone），最底下有他的簽名。1163年他奉大主教吉納塔（Archbishop Gionata d'Otranto）之命，把當地和諾曼、甚至托斯卡尼一帶的工匠都請來，到了1165年，主要樹幹連同樹枝，密密匝匝鋪滿了整面樓板。

鑲嵌圖案十分豐富，有《聖經》人物（包括亞當、夏娃）、戰功彪炳的國王（如亞歷山大大帝和亞瑟王）、最後的審判、神話巨獸、四季各自該忙的工作，以及相對應的黃道十二宮。另外建造諾亞方舟與巴別塔的情景也刻畫得栩栩如生。1990年代初期，開始了一項長期計畫，將上述鑲嵌圖案意欲表達的故事，翔實記錄下來。

奧特朗托位於義大利最南端，該鎮曾於1480年遭土耳其人攻佔，滿城劫掠一空。原本有800人抵擋土耳其大軍，但最後全遭殺頭，他們是有名的奧特朗托烈士，頭骨供奉在大教堂祭壇旁的玻璃神龕內。儘管土耳其大軍摧毀了教堂外牆，卻沒有破壞內部，不朽而珍貴的生命樹鑲嵌才得以保存下來。

奧特朗托大教堂的生命樹鑲嵌鉅作，全歐洲無出其右，約莫16公尺長。

鑲嵌圖案從教堂入口一路延伸到祭壇，宛如飾滿彩色珠寶的拼花地毯，總長約16公尺。在樹枝和葉片之間的空隙，描繪著如該隱和亞伯、參孫等聖經故事，也有非基督教的神話場景，如希臘神話中的亞特拉斯、羅馬神話的狩獵女神戴安娜。此外也有丟卡利翁與皮拉（希臘版本大洪水故事的敘事者）在一條大魚的背上獲救的畫面。

16個圓形浮雕座上刻著充滿晦澀象徵的中世紀動物寓言故事，歷歷分明，如同一組首尾相連的故事，樹枝高處則刻滿了本地生物或珍奇異獸。樹根處卻刻著兩名陌生人，顯然是一男一女，倚在大象身上休息，另有一隻穿長統靴的貓、頭上頂著西洋棋棋盤的大鬍子半人半馬動物，以及有翼的鷹頭獅旁邊寫著PASCA一字。

學術界觀點

大教堂中的鑲嵌圖案究竟所指為何，至今學者仍相持不下，但基本上應是生命的隱喻，亦即透過圖畫呈現宇宙萬有的生命形態——曾經有過、以及將來會出現的生命。有一派認為是記錄不同國家的歷史事件或想法，當時拜占庭和歐洲勢同水火，就像中世紀時的教堂運用視覺裝飾藝術，教育前來做禮拜的教眾。另一方面，生命樹鑲嵌也呈現基督教的教誨，如善惡之爭、人類處境的善與惡，以及人最終的精神歸宿。但這片鑲嵌作品究竟是人生的道德面貌、歷史事件的記錄，抑或只是反映出創作者的幻想世界，以及對文化的熱愛？

生命樹是常見的象徵，許多宗教均認可其意涵，如印度教經文以菩提樹象徵無限的宇宙；宣揚猶太教神祕觀點的卡巴拉教材也曾提及聖樹，象徵生命、智慧與天地創造；古埃及的聖樹是小無花果樹；北歐神話有白蠟樹，是世界之樹；佛教徒尊崇菩提樹；馬雅的吉貝樹張開枝葉，撐起了整片天空。

奧特朗托的鑲嵌作品是生命的普遍象徵，又具備多層意涵，包括鑑照過去及當今之事，加以記錄，與後輩子孫分享生命的意義。許多學者試圖發掘生命樹意象背後的深層意義，從卡巴拉的文義闡釋到神祕的異端之說，甚至突發奇想，認為可能是尋訪聖杯的完整地圖。或許潘達雷歐內只是單純記錄歷史事件，但各界學者及歷史學家至今仍覺得部分象徵模糊晦澀，難以索解。

帕西諾・狄・波納奎達所作的生命之樹（約1310年），描繪耶穌受十字架釘刑，隱含生與死的意涵。

許多祕教皆運用生命樹意象，象徵宇宙同出一源。

曆法石

墨西哥；約公元1427~1479年

此曆法象徵太陽紀及每一紀的神明

托納蒂烏雙手有爪，各捧住一顆人類心臟，另以一把祭祀用的石刀象徵舌頭。祭祀儀式比其他儀式更常舉行，確保太陽持續運行。

這套刻在石頭上的曆法不只有阿茲特克人使用，早在哥倫布發現美洲大陸之前，墨西哥中部的許多部落也用這套曆法。日曆主要分成兩種；以365天為一週期，叫作「太陽曆」（以年為單位），以260天為一週期，叫作「神聖曆」（以日為單位）。一個太陽年由360個有名目的日子，加上5個沒名目的日子組成，多出來的這5日被視為不吉利，最好逃回家避風頭。一年劃分成18個時期，各20天，有時被拿來跟傳略曆*相提並論。西班牙人沿用這套曆法，稱作哈布曆。

當時的人認為太陽曆（或年曆）是參考太陽運轉週期，適用於農耕；而以日為單位的神聖曆，專供宗教儀式所用。有專家表示，日曆年從遙遠過去的某一天開始算起，亦即當昴宿星團在黎明前乍現於東方時，問題出在地球自轉軸因重力作用逐漸漂移，形成歲差，這時就必須採用固定的某一點當參考點，如冬（夏）至或春（秋）分。

阿茲特克曆法石與太陽週期、太陽紀和當時統御的太陽神有關，主要用於祭祀儀典。

阿茲特克曆法石又稱「太陽曆石」，是阿茲特克最有名的雕刻作品，但從西班牙於16世紀征服中南美洲後，便深埋於墨西哥市，直到1790年因大教堂修復工程，方才重見天日。

太陽神托納蒂烏的臉在巨石中央閃閃發光。石像直徑達358公分，厚度為98公分，相當宏偉，而且四周雕滿了圖形與符號。圓周邊緣綴飾著4個先前的太陽神，以及阿茲特克曆法的21天週期。

太陽神托納蒂烏周圍的四個方塊代表過去的4個太陽紀和代表神明。每一個「紀」都因地球和人類毀滅而結束，直到下一個新紀，新生命再現。右上方塊象徵「四美洲豹紀元」，是第一個太陽紀的毀滅日，一共持續了676年，之後野獸吞噬光人類的文明。左上角方塊代表「四颶風紀元」，達364年之久，最終颶風橫掃整個世界，苟活的人變成了猴子。左下方塊代表「四暴雨紀元」，歷經312年，直到一陣火雨再度摧毀文明，倖免於難的人卻變成火雞。右下方是「四洪水紀元」的標誌，持續了676年，後因洪水氾濫，將人變成了魚。普遍相信一旦發生地震，第五太陽紀便將告終。

儘管叫作「曆法石」，考古學家認為此石主要用來充當放置祭品的祭壇，較少用於星象或天文用途。其他說法包括巨石中央的圖形是創世神話中的大地女神。另一派則認為巨石有地理上的意義，四個方形應該是指地球的四角或四大方位，而圓周傳達出時空的意義。有一派認為石頭可能有政治意涵，暗喻鐵諾克提蘭城邦是世界的中心，比其他文明更加強大。

時至今日，曆法石圖形仍常見於墨西哥人與奇卡諾人（住在美國的墨西哥人）的民間藝術，儼然是文化認同的象徵。

這塊火山石刻著太陽神托納蒂烏，拿活人獻祭給托納蒂烏，確保他不會從天上消失。

阿茲特克的重要神明

泰茲卡特里波卡
最有名的太陽神首推泰茲卡特里波卡，統管北方，夜間穿著灰色斗篷，昂然走在大地上。有時化身成美洲豹（如圖所示）。兼具善惡兩面，能使農作物成熟，但也會帶來乾旱。

呼茲洛波奇特利
掌管南方，是重要的戰士之神。阿茲特克人多半驍勇善戰，呼茲洛波奇特利象徵火和戰爭，因此最受一般人敬仰，畢竟毀滅力量如此強大，還是多加安撫比較保險。

特拉洛克
東方之神，會用四個大罐子對地面澆溉，每個罐子象徵不同的季節特色，如苗長、枯萎、霜降、毀滅。特拉洛克掌管山岳水澤，因此享用到最多的供品。

奎茲特克爾
西方之神，往往以蛇鳥的形象出現。他發明了金工，也是工藝之神，推動人類步向文明。奎茲特克爾被其他神趕出自己的疆域，於是朝東而行，到旭日東升之地，保證終有一天會回去。

拴日石

秘魯馬丘比丘；約公元1450年

印加人相信拴日石能拴住太陽，使其依時序繞行天空

印加人觀測天文，一年內擇取幾日進行象徵儀式，把日頭繫在大石上，如此世界便不致傾覆。

從馬丘比丘遺跡往上走，來到一片荒涼高地，就能看到神聖的拴日石，與太陽巧妙連成一線。每逢南半球冬至，這塊大石便會對準太陽。除此之外，大石還能準確預測春分和秋分，及其他重要的節氣。

印加人深信拴日石能拴住天上的太陽，好讓太陽按一定的路徑繞天空一匝。他們還相信自己是太陽特意揀選的子民，在過去的文明遭遇劫毀，委靡不振時，只有他們能開創新文明，因此自稱「太陽之子」。對印加人來說，太陽是極其重要的象徵，既代表被太陽揀中的子民，也是賦予生命的造物主。

馬丘比丘是一座了不起的古城，但有段時期，從山下無法望見這座城，因此他們自給自足，過著遺世獨立的生活。古城周邊圍繞著梯田，種植農作物，自然湧泉灌溉作物，能夠養活所有人。印加人似乎在此舉行祕密的祭典儀式。儘管有人說此處是上流人士的度假勝地，也有人說是牢房，但最可能是舉行宗教儀式、敬拜太陽神因蒂的地方。

拴日柱

拴日石又叫作拴日柱，好在春分或秋分時拉住太陽。每年3月21日及9月21日，正午時分的太陽直射石柱，周圍一絲陰影也無。在這一刻，太陽「用盡全身力氣坐在石柱上」，有那麼一刻，形同被繫在岩石上。印加人舉行儀式，好挽住太陽留在大地上，這樣一來，世界就永遠不會傾覆。

印加人相信，一旦拴日石遭到破壞或碎裂，神明就會離開。16世紀時，印加帝國最後一任皇帝阿塔瓦爾帕，最初以

恭迎創世神維拉科查的禮儀，迎接西班牙征服者皮澤洛將軍，相信他是神的化身，回來賜給他們榮耀。等他發現鑄下大錯時已經太遲，印加帝國已經滅亡，只有馬丘比丘不曾被西班牙人發現。

馬丘比丘俯視奔流不息的烏魯班巴河，高約6公尺餘，遺跡包括宮殿、澡堂、神廟、貯存室，還有一百多間房屋，全都保存良好。馬丘比丘僻處高山，雲封霧繞，許多遊客表示，彷彿有種與神明相見的感覺。甚至有傳說，若以額碰觸拴日石，便能看清靈界的一切。

發現於祕魯海岸的早期納斯卡棉斗篷，設計圖案形似太陽神因蒂。

印加的重要神明

因蒂
通常被雕成閃亮的圓盤，擁有巨大權勢的太陽神令人敬畏，日蝕現象代表太陽神發怒。印加人相信土裡的金屬是因蒂的汗珠，黃金因此變成珍貴的精神力量。

維拉科查
古印加時代的創世神與風暴之神，常被描繪成矮小男人，頭上有大光環。維拉科查創造出宇宙、日月和星辰，也命令太陽行過天空，因而創造了時間，最後創造文明。他隨身攜帶雷電，證明自己也是風暴之神。

瑪瑪科查
身為海洋之母，瑪瑪科查掌管大海和魚類，也是水手、漁夫的保護神。一說她和創世神太陽神維拉科查相好之後，生下了太陽神因蒂和月亮女神瑪瑪基拉兩兄妹。

A'a雕像
法屬玻里尼西亞，魯魯土島；公元18世紀
創世神的雕像

18世紀製作的雕刻木匣，如今已知上面刻的是A'a神，顯示創世神的象徵意涵對原住民來說十分重要。

完成於18世紀晚期的木雕作品A'a雕像，在法屬玻里尼西亞魯魯土島出土。雕像上的神正在創造其他神祇和人類，因此身體上覆滿了30個小型神明和人的形體。雕像本身中空，背面有一塊能移動的小木板，拉開來是個小匣，裡頭原本放著24個小像，不過皆已於1882年消失損毀。專家無法確定A'a代表的是什麼神，但祂無疑是非常重要的創世神，推測是萬物之父蘭吉。

玻里尼西亞神話裡，蘭吉與帕帕是萬物的起源，分別代表天空神和地母神，緊緊擁抱將對方籠住，僅剩一點黑暗的空間，讓生下來的兒子居住。兒子一個接一個長大了，渴望活在光明裡，因此籌畫殺死父母，解決這個困境。但有個兒子名叫泰因，不同意這麼做，提議把父母分開就好。食物之神朗哥試圖將父母推向兩邊，但沒用；海洋之神坦格羅與掌管野生植物的兄弟見狀紛紛加入，但幾個兒子費盡力氣，始終無法拆散恩愛的蘭吉和帕帕。此時，森林與鳥類之神泰因仰躺在地，竭力伸展雙腿，好不容易才將父母分開。

敵人的國土

A'a雕像或許與掌管海洋生物的坦格羅有關。坦格羅之子蓬加有兩個小孩，一個是魚類先祖，另一個是爬蟲類祖先。當時所有的魚都害怕天、地分開，溜進了大海躲藏，爬蟲動物也紛紛爬回森林裡，尋求森林之神泰因的保護，坦格羅對此深感不滿，認為泰因不該收留庇護兩個小孩。坦格羅與泰因之間的紛爭，表示毛利人相信海洋和陸地是壁壘分明的疆域。去海上捕魚或航海，等於是以泰因的「子民」身分，到敵人的領域討

生活。也因為如此，捕魚或遠航前總會獻祭給坦格羅和大海，祈求平安。

創世神話

每個文化都有關於世界創造的神話，敘述人類與宇宙成形的過程。或許因為說故事的人認為創世一事無須質疑，大部分神話並未說明「為什麼」，強調創世神從祂自身塑造了這個世界，或從太古之海或混沌之中冉冉升騰。有一則起源於公元前3500年左右的上古希臘神話，說歐律諾墨翩然起舞，跳出了整個宇宙。有的神話故事則說創世神運用念力讓世界成形，如美國西南部克雷斯族的「思想女神」。也有神話著墨於大化的往復循環，畢竟生命並非只出現一次，而是反覆重生。印度教認為我們眼見的世界只是幻影。

有些神話強調主神創造世界，有的

較多二等創世神的故事。前者是指天地從大神身軀變化而來，如中國的盤古開天，巨蛋誕生於混沌之中，孕育了盤古；又如美拉尼西亞的創世神夸特。二等創世故事指的是幾個神祇合力，或令其子孫創造人類。有時候，是大自然力量創造出這個世界，儘管根據一些神話的說法，造物神或怪物粉身碎骨以後，變成了各種生命，像是印度神明普露沙、北歐巨人尤彌爾。巨人尤彌爾象徵創造本身的殘暴，因為巨人的身體變成了大地，頭顱是天空，鮮血匯聚成海洋，全身屍骨狼籍。

埃及神話故事則說，土地從混沌之神努恩身上隆起，深淵誕生於太古之初。這片土丘形似金字塔，上有神祕的貝努鳥棲息，象徵世界的黎明曙光初露。

玻里尼西亞的創世神祇，海洋大神坦格羅與森林之神泰因，總是爭鬥不休。

（左圖）這幅19世紀的毛利人雕像刻著人類遠祖蘭吉和帕帕，總是緊緊擁抱對方，最後被泰因硬生生分開。

（右圖）巨蛋漂浮於虛空之中，置身其間的盤古努力破蛋而出，開始形塑這個世界。

魔鬼雕像

法國，雷恩堡；自公元1897年起置於教堂內

是雷恩堡亟待破解的祕密

雷恩堡神祕教堂入口通道上方的門楣刻著一句拉丁文，多半譯成「這裡很恐怖」，但其實也可以譯得較有神祕意味：「令人敬畏之地」。走進教堂，只見矗立著一尊嚇人的雕像，是個頭上生角的魔鬼。相傳神祕教堂裡另有一間天主堂，石砌的地板上有一扇活動暗門，通往烈焰熊熊、深不見底的地獄，撒旦魔鬼便是從此門進出。

除了這座雕像，據說教堂內另藏著許多祕密。正因為如此，這個座落於庇里牛斯山腳下、原本與世無爭的小村莊，近年來籠罩在神祕主義的氛圍中，充滿種種謎團，變成爭議的引爆點。

索尼耶的祕密

真相與荒誕傳說交織於雷恩堡教堂，但根據大部分記載，1897年時，索尼耶神父（François Bérenger Saunière）命人將這座可怖的雕像搬進了教堂。他曾對幾個好友說，發現了以密碼寫成的羊皮紙文獻，當中有一篇〈紅色巨龍〉闡釋了各種祕密，包括邪惡的真相。為了破解謎團，索尼耶神父前往巴黎羅浮宮，向鑽研古代文件的專家討教。奇怪的是，他回來以後開始收到大筆捐款，說要修建教堂，順便在同一區蓋新樓房，像是抹大拉之塔，這筆錢的來源引發諸

這尊嚇人的魔鬼塑像位於雷恩堡教堂，盯著走進教堂的每一個人看。

多揣測。是神父找到了遺失已久的珍寶，抑或神父手中握有不可告人的祕密向教會敲詐？索尼耶臨終前告解，但真相太過駭人，聽他告解的神父不肯赦免他的罪，也不願為他舉行臨終聖禮。他死於1917年，身後留下萬貫家財和這個祕密，託付給管家瑪麗·德納爾諾。瑪麗原本答應會在死前和盤托出，可惜後來中風癱瘓，再也不能說話。

索尼耶神父的祕密究竟為何，只能任憑猜測，但大多認為其中包括聖殿騎士團、中世紀基督教純潔派，以及所羅門王等人所擁有寶藏的下落。一派認為此事證明了抹大拉的瑪利亞是耶穌的妻子，兩人育有小孩，這對聖靈夫婦就葬在雷恩堡附近。1891年，神父底下的傳教士找到一系列羊皮紙文件，上面寫著容易破解的密碼文字。其中一句是：「寶藏屬於達戈貝爾國王和邱山隱修會所有。國王在那兒死去。」另一組密碼是詭異的字母排列：D.O.U.O.S.V.A.V.V.M.，至今仍未破解。

杰拉德·沙戴（Gérard de Sède）在1968年出版的《雷恩堡詛咒珍寶》（The Accursed Treasure of Rennes-le-Château）一書中指出，魔鬼雕像代表肉慾，亦即阿斯摩太（猶太教的魔王）。他認為阿斯摩太故事讓索尼耶神父靈機一動，惡魔代表尋覓古代珍寶的路徑。1897年他訂購了這尊雕像，單子上寫著「惡魔的浸禮」。歷史學者認為，索尼耶神父請人打造這座雕像，或許是為了表示人對上帝的信念能夠抵擋來自撒旦的所有誘惑，而墮落天使撒旦最終必須付出代價。1996年，一名尋寶專家拆解了這座雕像，也許是希望從中發現線索，找到奇珍異寶。原來的魔鬼頭就此失蹤，目

前看到的是複製品。

從古到今，教會竭盡全力迫害一切異端邪說，影響了社會的集體思維，以為邪惡能夠單獨存在，卻忘了是人在為非做歹。從中世紀早期到20世紀，成千上萬無辜的人遭受迫害，甚至處死，魔鬼的原型象徵愈發堅強，無孔不入。儘管猶太教主流思想沒有明確的魔鬼概念，基督教和伊斯蘭教均認為墮落天使是叛徒，企圖誘惑人類犯罪，做出邪惡之事。

其他文化亦有許多惡靈，族繁不及備載，如印度教的阿修羅，總是不停與帝釋天戰鬥；又如美索不達米亞神話裡7個叫作伽拉的惡魔，常在夜裡找倒楣鬼拖到陰間去。這些惡魔象徵死亡和陰暗，人見人怕，但直到祆教的阿里曼出現，才有真正邪惡的魔神出現。祆教是最早承認二元拉鋸力量的宗教，同時創造出善神與惡神，後來變成基督教的永恆主題。

位於今日伊拉克北部庫爾德斯坦的祆教墳墓。祆教曾經歷變革，因此較早的神明被換掉，改以善神和惡神代替。

祆教以阿里曼為邪惡的化身，阿里曼意即「惡靈」。

鸚鵡螺是極佳的對數螺旋
實例，大自然中還有許多
像鸚鵡螺一樣奇特的系統
和比例。

符號和系統

既然眾神歸於一神，古代典型的符號主題也會以新面貌出現：十字成為基督教的重要符號；蘇美人的楔形文字、埃及人的象形文字等古代書寫系統，也融入了宗教和文化的體系。人們認為，大自然中的圖案不僅暗藏神意，也反映人類機運。例如，生命之花就是象徵萬物歸一的有力符號；龜殼上的花紋則被道教神祕論者視為是論斷未來的符號。數字系統也有其意義與重要性：畢達哥拉斯試圖證明，數字呼應了行星運行的韻律，關乎宇宙的天人合一。聲音也有同樣的效力，像吠陀經文中的「唵」，與三相神梵天、毗濕奴和濕婆可共譜出和諧的音律。生命之輪、曼陀羅，或其他與性靈有關的常見圖案，連結了文明與天意。卜卦、預言、黃金比例、維特魯威人的比例，也為藝術、音樂、文學與個人性靈的追尋，引進了新的符號系統。

易經

中國；公元前29世紀
揭露個人命數的預言

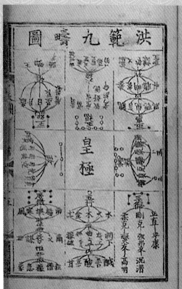
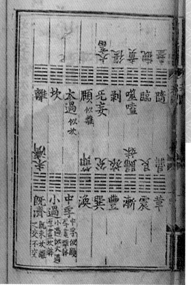

這本中國古籍以洛書神妙的方塊為基礎，說明八卦的用法。本書藏於美國華盛頓特區國會圖書館。

數千年前的中國方士，會根據自然中的圖案和符號預示個人的未來，他們會觀察龜殼上的線條和紋路，或撒落的蓍草桿或銅錢，或空中鳥群排列的圖案。這些方法最後演變成占卜經文：「易經」，意指「變易之書」。神祕難解的易經可能是早期道家哲人、傳說中華夏文明始祖伏羲氏流傳下來的，另有人認為，易經應該是出自較晚期的重要人物周文王之手。

珍稀的「八卦」一書解釋了易經中的卦象。八卦本於洛書，是用於占卜的方形圖案，上有神妙的數字。每個數字代表易經中的一卦或一個符號；方塊中間的數字，代表唯一的法則，即「道」。

「道」的概念本於陰陽，兩者互補又迥異。陰陽再加上五行，可以解釋所有現象。五行影響星辰運行、人體功能、景物與更迭的本質。陰與一切陰柔的事物相關，例如月亮、黑暗、直覺、感情、右腦思考；陽與一切陽剛的事物相關，例如太陽、噪音、光線、行動、左腦思緒運行。陰陽應被視為互補的力量，互動形成生氣蓬勃的系統，使系統中的整體比拼湊在一起的個體更為強大。整體即為道，或是道的哲學，萬物即本此相連。

陰陽相異的能量，組成易經中最基本的八種卦象。人們相信自然中的基本圖案，道盡人類所做的一切，因此這八種卦象代表的是自然的基本能量。

中文的起源

公元前29世紀中葉，伏羲氏統治上古中國。他精通文化，發明了書寫、捕魚、架設陷阱之法。他從神獸麒麟背上的花紋參悟易經的奧祕；另有一說他研究的是洛水中一隻烏龜背上的紋路，相傳書法亦源自於此。伏羲氏活了197歲，死於陳，即現今河南，當地至今仍留有陵墓供人憑弔。一派學者相信，易經的源頭可追溯至公元前11世紀的周文王。周朝統治範圍在現今山西省境內，有「中國文明的搖籃」之美稱。公元前6世紀，至聖先師孔子將易經融入中華文化，但是知道的人仍然不多，一直到19世紀，德國傳教士尉禮賢（Richard Wilhelm）翻譯易經晦澀難懂的文字後，

才廣為流傳。20世紀初期，心理學家榮格認為，易經印證他提出的共時性理論。榮格相信，當至少兩樁有意義的巧合同時發生時，表示巧合的重要性倍增。像是隨機丟出的硬幣，讓問卜者得以一窺宇宙奧祕的寶庫，或是預言的揭示，讓人得以洞悉自己的未來，都是共時性的例子。

八卦圖標明八個卦象的位置，外圍為天，中間是代表天人合一的陰陽。

神話中的英雄伏羲氏。他發現了易經的奧祕，與妹妹女媧重新創造世界。

八卦

一卦由三個爻構成。爻可為陰爻或陽爻，陰爻為兩條短線，陽爻為一條長線。這些符號構成的系統，代表了宇宙的八種力量。

震卦，表雷
古代意義：喚醒
相關顏色：黃色
關鍵字：主動、自發、洞悉、驚奇

巽卦，表風
古代意義：溫和
相關顏色：綠色
關鍵字：正義、變通、公平、妥協

乾卦，表天
古代意義：創造
相關顏色：金色
關鍵字：成就、專注、力量、強大

坎卦，表水
古代意義：深沉
相關顏色：藍色
關鍵字：慾望、感受、情緒，象徵直覺和感受

離卦，表火
古代意義：緊隨
相關顏色：橘色
關鍵字：清晰、熱情、靈感、正面行動

坤卦，表地
古代意義：接受
相關顏色：黑色
關鍵字：感受、養育、接受

艮卦，表山
古代意義：保持靜止
相關顏色：紫色
關鍵字：安靜、孤獨、抽離、省思、客觀

兌卦，表澤
古代意義：愉悅
相關顏色：紅色
關鍵字：性療癒、內在平靜、神祕力量

卍字

烏克蘭梅辛；約公元前10000年

與太陽、好運和迫害有關的強大古代符號

華貴的伊特魯里亞黃金墜飾，裝飾設計之一就是古代卍字。出土於義大利博爾塞納。

卍字在古代相當常見，常被融於古希臘或羅馬的室內裝飾，如圖中馬賽克的細部裝飾。

卍字遍見於歐洲各地的裝飾品、岩石和岩洞。烏克蘭梅辛發現的卍字，是一件舊石器時代晚期的長毛象牙雕刻，年代可能為公元前1萬年，是已知最早的卍字記號。在英國約克郡發現了帶有卍字的新石器時代石刻；保加利亞德弗塔什卡洞穴裡的陶器上，則有卍字的鏡像圖案（順時針和逆時針），年代約為公元前6000年。其他卍字形狀裝飾的早期考古證據，可以追溯至公元前6000到5000年的古歐洲溫查文化，以及公元前3300年的印度河流域文明。卍字原本的用途至今未明，但世界上許多古文明，包括突厥、印度、中國、歐洲和塞爾特文化中，都可以看到卍字的蹤影。

溫查人用的符號和記號究竟有哪些，或是這些符號的意義為何，至今尚無定論。不過，在梵文中，svastika一字意為「福祉」，向來是象徵好運或吉祥物的記號，尤其用在人身上或東西上時，意味著吉祥如意。在印度教中，卍字代表宇宙起源的法則，或是創造力。旋轉的四條線代表感官世界的四個方向，或是大神梵天的四張臉。印度教徒常在慶典時，在門上或家戶入口的地方畫卍字符號，象徵邀請吉祥天女拉克什米帶來好運。線條朝左的卍字叫做sauwastika。

常有人認為卍字與青銅器時期異教信仰中十字符號的發展相關。異教信仰中，十字起初代表太陽，是強大的早期符號。考古學家還提出許多不同的理論，說明四條線代表自然中太陽、風、水、土四個面向；另有學者認為，四條線代表的是四季、羅盤上的四方位，或

是黃道帶上對應夏至冬至、春分秋分的九十度直度。

考古天文學家瑞薩·阿沙席（Reza Assasi）認為，卐字是天空中的幾何圖案，代表以恆星上弼為中心的北黃極。阿沙席解釋，這個原始的天文符號，後來在古波斯被稱為是太陽神密特拉的四駕馬車。古伊朗神話相信，宇宙是由四匹天馬拉動，以順時針方向繞著固定的中心旋轉。這可能是以地球為中心的觀點，解釋天文現象歲差。阿沙席認為，這種觀念傳到西方後，在羅馬的密特拉教派中大為興盛，教派的圖像符號與天文標示圖案，都常見到卐字符號。

在往後的一千年中，卐字圖形見諸於全世界許多文化，包括中國、日本、印度和南歐。到了中古世紀，卐字記號即使稱不上常用，也算是廣為人知，但是卻有許多不同的叫法。中國稱為「萬」，英格蘭稱為fylfot，希臘則稱為tetraskelion或gammadion。

世界各地，從非洲的庫施到俄羅斯的高加索山，都可以看到卐字的蹤影。卐字在中古世紀的歐洲文化成為常見的幸運符號。到了1871年，卐字與雅利安人和印度人起源的關聯，在統一不久的德國大為風行。此時的德國急於證明它與古老帝國的淵源，例如吠陀文明前的雅利安文明。至19世紀末，卐字出現在德國的國家主義期刊上，還成為德國體操選手聯盟的正式徽章。20世紀初，卐字成為德國國家主義常見的代表符號。1920年代，德國納粹黨採用卐字，象徵該黨與雅利安人種的關聯。1933年，希特勒掌權後，將方向朝右、旋轉45度的卐字融入德國國旗中。從此在許多西方國家，卐字慘遭汙名化，與納粹

主義、反猶太主義、迫害、死亡營、暴力和大規模屠殺聯想在一起。

雖然卐字在西方仍受譴責，但它在印度教的象徵意義，使它再度風行，不僅因為卐字代表梵天，還代表「法」（自然的秩序）、「利」（財富）、「愛」（慾望）、「解脫」。

19世紀末，德國將卐字納入各式徽章中；至今卐字仍與納粹主義、希特勒、大屠殺聯想在一起。

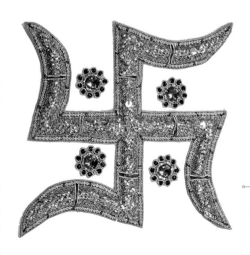

卐字在印度教中，被視為性靈的符號，也使它為人接納、再度風行。

楔形文字
美索不達米亞，蘇美；約公元前8000年
已知最早的書寫形式

瑪尼什吐蘇方尖碑是要獻給阿卡德的神祇恩利爾，碑上覆滿楔形文字

蘇美人的楔形文字可追溯至公元前8000年，是已知最早的書寫系統，從陶板上代表買賣商品、牲口的圖案或符號發展而來。蘇美人一開始先用陶土做成代表貨品的小標誌，然後裝在封口的陶土封套裡。為了標明封套的內容，商品販子會把標誌按壓在外層的陶土上，紀錄數量。

「楔形」（cuneiform）的意思就是「狀如楔子」，由拉丁文的cuneus和forma組合而成；英文的用法則是沿襲自古法文的cunéifrome。楔形文字最明顯的特徵就是狀如楔子的筆跡，通常是用蘆葦做成的筆，印壓在濕陶板上。日曬或風吹晾乾的陶板比較脆弱，這些沒有燒過的陶板，以後還可以泡在水裡、回收當成全新的陶板使用。有些陶板寫上字後會過火，讓陶板變得堅硬、耐久。把這些燒過的陶土文件蒐集起來，就成了第一座檔案室和圖書館。

公元前3000到2000年，楔形文字在蘇美蓬勃發展；但後來在新亞述帝國時期（公元前934年到609年），逐漸被腓尼基字母取代。楔形文字用某些記號來代表名稱，包括神、國家、城市、船隻、鳥、樹等的名字，還有其他重要的字。陶板上出現的蘇美君王名稱中，已知最早的君王是公元前2700年基什的恩美巴拉格西。

瑪尼什吐蘇是阿卡德國王薩爾貢大帝的兒子，出自其手的瑪尼什吐蘇方尖碑是一塊上好的石碑、紀念碑。在公元前

2270年到2255年統治阿卡德帝國期間，瑪尼什吐蘇必須鎮壓四處蜂起的叛亂。不過他也從事長途貿易，並在尼尼微建立了伊絲塔神殿。根據傳說，瑪尼什吐蘇是被自己的朝臣用滾筒印章砸死的。

瑪尼什吐蘇方尖碑是深黑色的閃長岩，各面上的方框共有1,519個，刻著成排的阿卡德楔形文字。根據記載，製作方尖碑要先從山裡採集黑色石頭，然後用船運送到阿卡德的碼頭。石頭會在阿卡德雕琢，獻給神祇恩利爾。恩利爾年輕時，因為誘惑女神寧利爾，被驅逐出眾神之地至庫爾陰間，寧利爾跟著他，在陰間產下他的第一個孩子，也就是月神——辛。在另外生下3個陰間神祇後，恩利爾獲准回到眾神的居所埃庫爾。人們相信恩利爾發明了耕田用的鋤頭和掘土的工具，也是空氣與風之神、高度與深度的主宰。

重大改變

公元前2900年起，許多楔形符號開始失去原本的意義，一個符號可能根據不同的上下文，而有多種不同的意思。符號的總量從1,500個減少到約600個。到公元前2500年，書寫方向變成從左到右的橫排。在演變的過程中，文字的圖形逆時針轉了90度，還出現了一種筆尖呈楔形的新筆，可以按壓在陶土上，製造出一系列符號。這兩項重大改變，讓寫字變得又快又容易。只要調整陶板和筆的相對位置，寫字的人就可以用一種工具印出多種符號。

公元2世紀時，雖然楔形文字系統已普及超過3000年，仍然在羅馬帝國時期被字母書寫系統完全取代。到了公元3世紀，楔形文字已經絕跡，閱讀楔形文字

最早的楔形文字字形可追溯回公元前8000年，當時的蘇美人用楔形的筆或蘆葦，在濕陶板上記錄資訊。

楔形文字已發展數世紀，後來終於發現楔形文字與其他字母的對應關係。

的知識也完全失傳。約1857年起，學者開始解讀楔形文字，至今已有約50萬至200萬塊楔形文字陶板出土，不過其中大概只有10萬塊有公開。

唵

印度；約公元前6世紀

古老的梵文符號，代表創世時聖靈之力的顫動

梵天、毗濕奴和濕婆是創世初始的三相神，與神祕之音「唵」共鳴。

唵（om），有時也稱為嗡（aum），是神祕的真言，出自吠陀的神聖經文《梨俱吠陀》。這個梵語字源自印度，在印度教、佛教和耆那教中都是神聖的。唵的音節也稱為aumkara，意思是「嗡聲」；梵文有時候稱之為pranava，意思是「大聲作響的」。

多數印度教經文都以唵開頭，因此在朗讀吠陀經文或禱告的前後，都會吟誦神聖真言。最早描述唵的文字，出現在吠陀經文合輯《奧義書》，形容唵是涵納一切的神祕實體。唵也廣見於印度藝術，是通用的印度哲學、宗教象徵。

創世初始，神聖、無所不包的意識，最初原始萌動的跡象，就是「唵」。創世之前的一片空無，稱為Shunyakasha，意思是「無天」。無天的狀態不是空無一物，而是萬物皆以隱祕潛沉的型態存

在。

印度教派中的往世書印度教，認為唵是三神合體的神祕稱呼：「a」代表梵天，「u」代表毗濕奴，「m」代表摩訶提婆，就是大家熟知的濕婆。這三個字母的聲音也象徵三部吠陀經文：《梨俱吠陀》、《娑摩吠陀》和《夜柔吠陀》。根據印度教哲理，「a」代表創世，也就是梵天的金卵孕育出存在的萬物；「u」說明毗濕奴以頭上的蓮花平衡梵天，保存世界；「m」象徵輪迴的終點，梵天在此沉睡，濕婆也在此時吸氣，讓存在的萬物分崩離析，回歸本質。唵據信也是包涵所有聲音、文字、語言、真言的原音。

有些印度教學派認為，人獲得真正的知識時，獲得知識的人和知識是沒有分別的，人就化身為知識。唵的本質就是指出最終的真相，即萬物歸一。

神聖經文《梨俱吠陀》中記載的許多詩歌，都要吟誦神祕的唵聲。

唵的真言

今天有許多西方性靈團體，經常用取自吠陀經文中的唵，當成誦詞或真言，輔助冥想、促進性靈發展。例如，發出唵聲是練習各種不同的瑜珈時常見的一環。唵是至高無上的真言、神聖字詞中最崇高者，用來冥想宇宙的本質。吟誦時，使用的呼吸技巧可以用到整個肺部。勝王瑜珈經，就是阿斯坦加瑜珈的基礎，將唵視為神的聲音。

研究吠陀哲學的吠檀多不二論學派，認為唵代表的是三相一體，也暗示人類的存在是「虛幻」。吟誦唵提醒人們，若要看破被稱為現實的面紗，必須學習了解永恆的本質，存在於現實的幻象之外。超脫生死投胎的輪迴，即「解脫」或「得三昧」，就可以見山是山，也能成為整體的一部分。當人獲得真正的知識時，獲得知識的人和知識是沒有分別的，人就化身為知識。因此，唵就是指出最終的真相，即萬物歸一的聲音或符號。

藏傳佛教中最深奧的真言，就是常常刻在瑪尼石上的「唵嘛呢叭咪吽」，意為「唵至蓮花中的珍寶吽」，常寫在經書卷軸或轉經輪上。唵在各種形式的道教或錫克教中也是活躍的符號，有時被翻譯為「如此」，類似希伯來禮拜結尾的「阿門」或是德魯伊教的awen。錫克教的Ek Onkar符號意思是「神為一」，是唵符號的不同版本，融合了代表療癒與保護的符號。

印度教唵的符號，現在成為西方流行的珠寶設計圖案。

五角星

美索不達米亞，烏魯克；公元前4000年
重生、再生、轉生的神聖符號

古代美索不達米亞烏魯克的五角星符號，象徵宇宙，其歷史可追溯至公元前4000年。

已知最早的五角星，有些是在美索不達米亞的烏魯克出土，年代可追溯至公元前4000年。在蘇美文中，五角星及其衍生的楔形文字，意為「宇宙之境」。甚至在公元前約2500年，早期的蘇美文獻中，五角星的圖案當成文字使用時，可以是角落、角度、小空間、凹洞、洞等意義。1930年代在伊朗的蘇薩發現公元前約2000年的楔形文字陶板，學者研究後深信，巴比倫人通曉至少一種大略計算五角星範圍的數學公式。

希臘文pentagram的字源來自「五」或「線」，有時會和pentacle（五芒星）、pentangle（五角形）當成同義字使用。五角星的意義，一說是五個角代表五元素的希臘文字首。五角星是最常見的幾何星形，被當作晨星或黎明使者；不論是代表聖經中的伯利恆之星，或是維納斯之星，都是重生、再生、轉生的象徵。不過，古希臘哲學家畢達哥拉斯及其追隨者，似乎還把五角星用作魔法或神祕的符號。他們會在身上比劃出五角星，就像基督徒會在身上劃拉丁十字一樣。不論何時，畢達哥拉斯只要在街上遇到人，他就會劃一個五角星，並問候「祝你健康」。

中古時期，五角星被當成基督教符

號，象徵基督身上的五道傷口。在14世紀的英國傳奇故事《高文爵士與綠騎士》中，主角高文爵士的盾牌上就有五角星的紋飾。這個作者不詳的浪漫故事，把五角星的由來歸功於所羅門王，認為五角星是了解世界的關鍵。為了進一步說明這層意義，高文爵士有靈敏的五感、靈巧的五指，堅信基督五道傷口帶來的救贖，從聖母瑪莉亞在基督身上獲致的五種喜樂得到勇氣，也身體力行騎士精神的五種美德。

文藝復興時期，記載魔法召喚與施咒之術的魔法書，描述魔法師脖子上佩掛五芒星，既是保護、也是權威的象徵。十五世紀的德國修士特里特米烏斯（Johannes Trithemius）認為，在佈魔法陣之前，應先在脖子上佩掛五芒星。他建議可以把五芒星畫在羔羊皮紙上，或是刻在方形銀板上，從脖子垂到胸口。文藝復興時期的修士阿格里帕與其他赫爾墨斯魔法師，認為新柏拉圖主義與畢達哥拉斯學派的五元素，得自五角星的五角，讓五角星是魔法符號的廣泛認知得以延續。共濟會雖然將五角星視為基督由聖靈降生為血肉之軀的象徵，仍藉由五角星說明畢達哥拉斯派的象徵主義。

至19世紀中葉，各派神祕學者對五角星的涵義，已發展出各自不同的解釋。五角星一角朝上，代表精神凌駕物質四元素，且本質「良善」。重量級的法國神祕學作家伊萊‧李維（Eliphas Levi）指出，若五角星的另一面朝上就是邪惡的。他用星芒朝下的五角星象徵與撒旦信仰有關的惡魔巴風特，從此倒置的五角星就成為黑魔法的正字標記。

五角星也常用作保護象徵。例如中世紀回教傳統中，所羅門王的印戒呈五角形；所羅門派魔法書、現代威卡巫術或其他巫術傳統中，也有各式各樣的五芒星。雖然學術圈大多認為五角星和五芒星是同義字，但威卡巫術和其他現代異教系統，卻對兩者作了區分。例如，五芒星指的是外圍有圈的五角星。這種畫在圓盤上的五芒星，可能會用在祭壇上，或是自成一個神聖空間。

中世紀法文中的「五芒星」可以指任何有法力的護身符。塔羅牌的四種花色中，一種是錢幣，有時是五芒星，花色就是圓盤上畫著五芒星。這種時候，五芒星代表的是地球元素或物質顯現出來的神性。

一角朝上的五角星，在神祕主義人士眼中，象徵「精神」凌駕物質四元素。

義大利的祕密組織燒炭黨是共濟會的支派；五角星就是他們用的象徵符號之一。

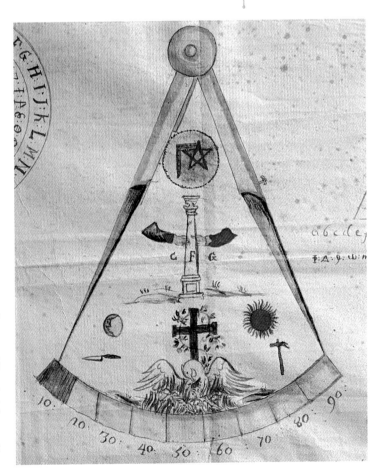

陰與陽
中國；公元前4~3世紀
古代道家二元理論的象徵

17世紀中國瓷盤上的細節，描繪賢者手持陰陽圖案占卜。

本符號中白為陽，代表陽剛能量；黑為陰，代表陰柔能量。兩者合一，和諧共存。

大家都很熟悉陰陽的符號，但是它到底象徵什麼？陰是黑底白點的部分，陽則是白底黑點。古代道家哲學認為，這兩種顯然相反但又密不可分的能量，各指山北陰處（陰）與山南陽處（陽），同屬一山。

陰陽象徵二元性，例如光明與黑暗、高與低、熱與冷、火與水、生與死、男與女、日與月。不過，這些成對的現象只是陰陽二元顯現於外的表象。雖然山有兩面，但山只有一座。陰陽是互補（而非互斥）的力量，交互作用形成萬物合一、生氣蓬勃的系統。萬物皆有陰陽兩面，陰陽調和則得和諧與健康；在古

代道家的修行中，還可以得道，即萬物存在之根源。

陰象徵陰柔的原則，包括緩慢、輕柔、順從、分散、冰冷、濕潤、被動，也與水、土、月、夜晚相關；相對地，陽是陽剛、有力、迅速、堅硬、紮實、專注、炎熱、乾燥、主動，與火、天、日和白晝相關。

中國的星相學與道家哲學密不可分，利用陰陽、五行（金、木、水、火、土）和農曆十二生肖，預測個人的星座運勢。六十年一甲子的週期，以天干地支搭配計算，天干對應五行，代表五行陰或陽的樣貌；地支對應十二生肖，即鼠、牛、虎、兔、龍、蛇、馬、羊、猴、雞、狗、豬；在越南是以貓取代兔。因此，一甲子之首是屬陽、屬木、屬鼠的甲子年，六十年後才會再輪到同樣的甲子年。

因為十二生肖的數目可以被二除盡，因此每種動物只能代表陰或陽。例如，龍為陽，蛇為陰。雙數結尾的年為陽年，單數結尾的年為陰年。

因為生肖根據農曆計算，所以不論陰年陽年，大年初一的日期，對應西曆的話，每年都不一樣，通常在一月中到二月中之間。如果是在公元1981年2月2日出生的人，應該會以為自己生肖屬雞、性屬陰、行屬金，但其實，屬陰屬金的雞年在公元1981年2月5日才算開始，當年2月2日的壽星其實屬猴、性屬陽、行屬金。

人格特質

　　陰或陽可以根據一年的五行屬性，軟化或加強人格特質。例如，若對應到的年份屬火或屬金，因為這是堅強意志和自我中心的能量，所以可以激發勇氣和韌性。陰同樣能增強能量，但會將能量內化，更內斂、更多自我省思。屬陰屬金或屬陰屬火的人，通常是極富創造力的藝術家或思想家；屬陽屬金或屬陽屬火的人，則是為自己、或為其他理由奮鬥的戰士。

　　陰陽之道也常在傳統中醫裡應用於人體。體內陰陽調和，當然就健康。

珠母鑲嵌的中式傢俱，表現雙龍護陰陽之符。藏於越南海防博物館。

西洋年分對應陰陽五行

以0結尾的年份屬陽屬金
以1結尾的年分屬陰屬金
以2結尾的年分屬陽屬水
以3結尾的年分屬陰屬水
以4結尾的年分屬陽屬木
以5結尾的年分屬陰屬木
以6結尾的年分屬陽屬火
以7結尾的年分屬陰屬火
以8結尾的年分屬陽屬土
以9結尾的年分屬陰屬土

十二生肖與五行構成的中國一甲子循環。

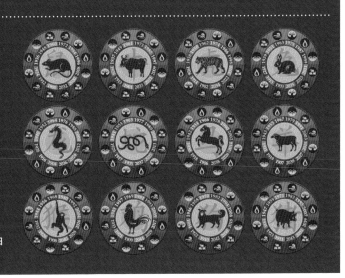

三曲腿圖

愛爾蘭，紐格萊奇墓；公元前3200年

螺旋符號組成的古老紋飾

有5000年歷史的愛爾蘭紐格萊奇墓外，有一塊入口石，上覆奇特的三曲腿圖案。

三曲腿圖的螺旋代表神聖唯一的力量，加上陽剛和陰柔法則的融合。

三曲腿圖的古希臘字源意為「三腿的」或「三次」，由三個互連的螺旋組成，塞爾特文化或歐洲鐵器時代的藝術和裝飾經常可以看到。其他許多早期文明中也可以看到三曲腿符號，如邁錫尼水瓶和水器上的裝飾、呂基亞鑄造的錢幣、希臘陶器上戰士手持有三曲腿紋飾的盾牌。基督教的出現使三曲腿圖有了新的意義，代表聖父、聖子、聖靈的三位一體。直到今天，世界各地塞爾特血統的基督徒仍常把三曲腿圖當成信仰的象徵。三曲腿圖在西西里被稱為trinacria，是西西里的象徵。

三曲腿圖是古代岩石藝術的一種圖樣。約5000年前，冬至降臨時，一大群神父、好事者、和領主擠進愛爾蘭神祕的紐格萊奇墓，鑽入通道和內室中。紐格萊奇墓可行占星、性靈、宗教、儀式諸般魔法。當太陽在深冬時節再次爬上天空時，就是舉行特殊慶典的時刻，感謝太陽在新的一年帶來勃勃生機。三曲腿圖的三螺旋圖案就刻在墓室通道、菱形入口石，還有周圍幾塊路沿石上。

「三」這個數字，在全世界都是神聖的象徵，具有魔力。希臘神話有命運三女神、美慧三女神、三蛇髮女妖、復仇三女神；阿波羅的女祭司坐的是三腳凳，地獄的看門犬是隻三頭犬。塞爾特神話和早期的印度哲學認為，三或三個一組是神奇的數字，代表除了融合陽剛

和陰柔之力外，還加上唯一，即神的本體。具有三重意義的本體以神祕的方式呈現，但仍然尊崇宇宙的法則，因此也與各種魔法或咒術有關。

　　塞爾特神話相信，三曲腿圖象徵過去、現在、未來在當下合而為一。這樣的觀念可能來自少女、母親、老嫗三女神合而為一的三體女神布莉姬，或是印度神話中早期的三相神。三曲腿圖也是當代塞爾特重建主義異教運動的主要象徵符號，用來代表該運動的宇宙觀中各種三件一組的事物。

義大利畫家拉斐爾的美慧三女神（公元1505年），描繪古代神靈信仰中重要的三位一組神明。

其他與「三」相關的符號

飲酒角器

丹麥的斯諾德萊夫石刻是一塊3公尺高的符文石，歷史可追溯至公元9世紀。石上裝飾著三個相連的飲酒角器，類似黛安・德・波狄耶（Diane de Poitiers）的三新月紋章，她是16世紀時，隨侍法王亨利二世、權傾一時的法國貴族。她只穿黑色或白色衣服，象徵月亮的陰晴，紋章是三個交錯的新月。

三野兔

中東和英國這兩個相隔遙遠的地區，都在神聖的地點發現三隻野兔被圓圈圍繞的符號。這個符號主要當作建築或宗教的圖案主題，也被視為是謎語或視覺挑戰。符號的特色是三隻野兔，有時是家兔，繞著圈圈互相追趕；視覺上，一隻兔子其中一耳和另一隻兔子共用，因此只看得見三隻耳朵。這個符號和生殖力與月亮運行週期有各種象徵性的神祕連結。

三角飾

「Triquetra」原本的意思是三角形，指稱各種有三個角的形狀。現在，三角飾專指特定一種由三個魚形橢圓構成的複雜圖案，有時中間或外圍還會有一個圓圈。三角飾又稱「三位一體結」，基督徒認為象徵聖父（天主）、聖子（基督）、和聖靈的結合；多神信仰也將其當成宗教象徵。

雙蛇杖

希臘；約公元前3000年

眾神使者攜帶的魔杖

雙蛇杖是具有神奇力量的短杖，象徵墨丘利的特質，因此進一步象徵貿易、職業或與貿易和職業相關的各種工作。古典時期晚期，雙蛇杖衍生出代表水星的符號，為占星術和煉金術使用，後來也用來代表水銀，也象徵印刷。另外，因為和單蛇、不帶翼的阿斯克勒庇俄斯之杖搞混，雙蛇杖還被誤用為健康照護和醫療的象徵。

雙蛇杖有雙蛇纏繞，有時上端還有翅膀。羅馬的圖像學中，墨丘利，也就是希臘神話中的荷米斯，常左手持雙蛇杖。墨丘利不僅是眾神的使者，也是商人、牧羊人、賭徒、騙子和小偷的指引者和守護神。據說，雙蛇杖可以喚醒沉睡的人、讓清醒的人睡去。用在將死之人身上，死者會走得很安詳；用在已逝者身上，可以起死回生。

希臘使神荷米斯是帶領靈魂到死後世界的引靈人，也是魔法、商人、邊界和旅途的守護神。荷米斯呈現的樣子多半都手持雙蛇杖。常替天后希拉傳訊到人間的彩虹女神伊里絲，也會拿同一支雙蛇杖。許多神話學者和歷史學家都認為，荷米斯是從古巴比倫神祇發展而來的，可能是陰曹地府的蛇神。根據這一派的觀點，雙蛇杖象徵的是荷米斯自己的早期形象——美索不達米亞神明寧吉什茲達。在一只約公元前2000年的祭酒瓶上，寧吉什茲達被畫成兩隻纏繞手杖的蛇。不過，許多早期希臘哲學

青銅製成的墨丘利雕像（公元1550年），出自詹波隆那之手。墨丘利手持雙蛇杖，有起死回生的法力。

雙蛇杖的權杖上有兩蛇纏繞，象徵圓滿協議、和平。

家相信，荷米斯是從埃及神祇托特發展
而來；托特掌管魔法、溝通、占星、哲
學、知識、天文與科學。後來，在祕教
或神祕傳統中，荷米斯和托特被合併為
神祕的傳奇人物——偉大的赫爾墨斯。

希臘神話說明因為瞎眼先知提瑞西阿
斯的失敗，荷米斯因此得到雙蛇杖。提
瑞西阿斯在庫勒涅山上，看到兩條蛇在
交媾，就用手杖打死了母蛇，提瑞西阿
斯立刻被天后希拉變成女人，直到七年
後殺掉公蛇才得以恢復。他那支有變形
能力的手杖後來落入荷米斯手裡。另一
則神話說，荷米斯（或墨丘利）看到兩
條蛇正纏鬥得你死我活，他用手杖把兩
蛇分開，帶來和平，因此雙蛇杖與圓滿
協議有關。

阿斯克勒庇俄斯之杖

不論荷米斯出自何處，荷馬的作品告
訴我們，荷米斯把七弦琴給了同父異母
的兄弟阿波羅，交換阿波羅的雙蛇杖。
蛇成為荷米斯與阿波羅間的關聯，後來
又與阿波羅的兒子——希臘醫療之神阿
斯克勒庇俄斯有關。阿波羅、荷米斯、
阿斯克勒庇俄斯與蛇的關聯，是從古典
時期之前、古代巨蟒皮同的傳說轉化而
來；後來興起的古典神話中，皮同被阿
波羅斬殺。

阿斯克勒庇俄斯之杖，也稱為蛇杖，
是阿斯克勒庇俄斯揮舞的單蛇杖，與療
癒和醫學有關。蛇杖的象徵沿用至今，
代表醫學和健康照護。阿斯克勒庇俄斯
從他死去的凡人母親子宮中獲救後，阿
波羅將還是嬰兒的阿斯克勒庇俄斯交給
人頭馬奇戎；奇戎撫養阿斯克勒庇俄

斯，並教導他醫術。據說，一條蛇為了
報答阿斯克勒庇俄斯的仁慈，舔淨他的
耳朵並傳授祕密知識。古希臘人認為，
蛇是神聖的生物，代表智慧、療癒、復
活。從此以後，阿斯克勒庇俄斯就帶著
一根單蛇盤繞的手杖。

18世紀的版畫，出自馬
丁·恩格爾布雷希特之
手，描繪一名醫生手持阿
斯克勒庇俄斯之杖。

安卡

埃及；約公元前3000~2500年
古埃及通往陰間的鑰匙

上好的鍍金鏡盒，狀如安卡。為開羅美術館中圖坦卡門陵墓的館藏。

安卡的形狀像一個T形十字上面加一個圓圈。

圈邊緣以及垂直的部分刻有銘文，說明圖坦卡門的名字、稱號、與特定神明的關係。盒蓋上對應的地方、帶翼甲蟲的旁邊，刻著王座的名號。兩邊各有一條蛇，蛇頭上頂日盤，尾部末端是象形文字中代表永恆的符號shen，名號下面是一朵蓮花。據信這件鑲嵌著玻璃和半寶石的作品，說明了關於太陽神誕生的神話。有趣的是，埃及象形文字中，安卡不但意指「生命」，也指「鏡子」。

由來

有的理論認為，安卡源自古時性與生殖力的象徵符號；其他學說則認為，安卡代表常見的涼鞋帶，因此能召喚活動的力量，即生命。在為埃及王朝使用前，安卡可能是個有特定宗教或神話重要性的結。確實，有些學者同意，安卡象徵空氣和水這些賜予生命的元素，水在尼羅河三角洲極為珍貴。也常看到安卡被當成「生之氣息」獻給法老。

著名的英國考古學家華勒斯・巴吉（E.A. Wallis Budge）相信，安卡源自女神伊西斯腰帶扣環的象徵符號。這發展成另一個獨立的已知符號：提耶特，或稱伊西斯之結。伊西斯之結常與歐西里斯的象徵節德柱一起出現；兩者並列，象徵生命的兩面。提耶特也稱為「伊西斯之血」，做成護身符時，材料通常是紅色的石頭，例如瑪瑙或碧玉。安卡常

安卡或稱「生命之鑰」、「尼羅河之鑰」，拉丁文是crux ansata，意為「帶把手的十字」，不僅象徵生命，在墓穴藝術中還代表永生。1922年，埃及學家兼考古學家霍華德・卡特在帝王谷發現圖坦卡門的陵墓，在其中找到一個形如安卡的鍍金鏡盒。鏡盒中原本有鏡子，但早在遺址出土前，鏡子就被盜墓者偷走了。鏡盒上部兩面的圓

被當成護身符配戴，有時單獨戴，有時
加上表示「力量」和「健康」的兩個象
形字。金屬打磨的鏡子也會做成安卡的
形狀，可能是為了好看，也可能是象徵
觀者眼睛可見之外的永恆世界。

　　神廟中有許多裝飾性圖案呈現擬人化
的安卡，手持鴕鳥羽扇站在法老身後。
相似的圖案還有水器中倒出成串的的人
形安卡，降臨到法老身邊，象徵水的重
生力量。早期宗教儀式的祭酒器，有時
會做成安卡的形狀；其他器具，例如湯
匙、樂器，也會做成安卡的形狀。

　　埃及諸神的畫像，常畫成他們手提
安卡上端的圓環，或是一手一個安卡、
手臂交叉在胸前。許多古代神明的畫像
中都有安卡，例如卜塔、沙提、泰芙
內特、歐西里斯、拉、伊西斯和阿努比

斯。也有圖畫描繪安卡符號在陰曹地府
中是生命的象徵，由日盤阿頓獻給皇后
娜芙蒂蒂。死人通常被稱為是ankhu，
石棺的字是neb-ankh，意思是生命持有
者。

　　在米諾斯和邁錫尼文明的考古遺址
中，也發現了類似安卡的符號。這個符
號結合了象徵聖潔的聖結，和象徵母系
社會的雙刃斧；雙刃斧基本上源自女神
崇拜，在米諾斯文化中極受崇敬。在克
里特島克諾索斯宮兩尊著名的陰間蛇形
女神像上，也可以看到這個符號。兩尊
蛇形女神在胸部之間，都有一個突出打
圈的結。安卡在古賽普勒斯象徵金星，
常出現在古賽普勒斯鑄造的錢幣上。

十字

塞爾特十字

塞爾特十字符號是結合一個基本十字和一個環繞交叉處的圓圈。當基督教取代歐洲古老的異教信仰時，舊式的塞爾特十字便與基督教十字結合。很多獨立式的石製十字架都是這個造型，尤其愛爾蘭特別多。

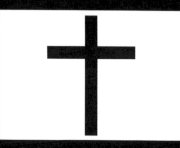

十字

基本十字，也被稱為拉丁十字，是全世界主要的基督教符號。據信十字符號在基督教出現前數千年就已經存在，象徵神聖之火，或太陽每日遵循四個主要方向運行的軌跡。也有人將它解讀為原始雅利安文明的標誌。

十架苦像

十架苦像（拉丁文cruci fixus，意為「釘在十字架上的人」）是基督在十字架上的形象。西方十架苦像通常用雕塑的人體，東方東正教則是繪製或淺浮雕的人體。十字架要變成十架苦像，一定要是立體的。

水手十字

水手十字，別名船錨十字，形狀類似加號，末端兩側像錨一樣突出，是象徵新開始或希望的符號。水手十字也稱為聖克勉十字，紀念聖克勉被綁在錨上、扔進海中殉教的故事。

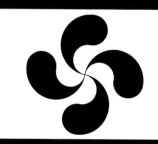

巴斯克十字

巴斯克十字又名「勞部努」，來源不詳，過去可能是用來標示動物或靈魂療癒者之墓。16世紀末，勞部努成為流行的巴斯克裝飾元素，放在木箱或墳墓上。十字的每條分支只要用圓規畫三次就可以完成。

科普特十字

科普特十字是基督諾斯底教派採用的符號，可能受埃及安卡的影響。舊式的科普特十字通常包括一個與十字呈比例的圓圈。對科普特教派而言，這個圓圈代表上帝永恆持久的愛，從基督的受難、頭戴的光暈和復活顯現出來。

聖彼得十字

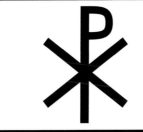

據信，聖彼得自己要求被倒釘在十字架上，因為自覺不配以與基督相同的方式赴死。因此，許多基督教教派用倒過來的拉丁十字象徵羞辱。聖彼得十字有時也被稱為撒旦的十字，異教徒用它代表北歐神話中的索爾之鎚。

凱樂十字

羅馬帝國君士坦丁大帝看到異象：天空中有一道光，光中有救世主名字的象徵，中間是代表基督名號的兩個字母，他便把異象做成軍隊的徽章。凱樂十字有許多不同版本，包括基督徒用的基督教符號，象徵不忘與邪惡的征戰。

馬爾他十字

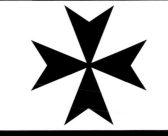

在義大利，這個符號與馬爾他的醫院騎士團有關。馬爾他十字有八個角，看起來像四個V形組成的。它的設計襲自第一次十字軍東征時用的十字架，後來也成為阿瑪菲現代的象徵符號。阿瑪菲是公元11世紀崛起的一個義大利小型共和政體。

太陽十字

太陽十字、日光十字或輪形十字，都是指被圓圈環繞的十字。史前文化、尤其是新石器時代或青銅器時期，常常可以在各種象徵系統中看到這種十字。現在，新異教信仰用它代表太陽與四個象限，或是年曆之輪。在天文學中，它是代表地球的符號。

布姬德十字

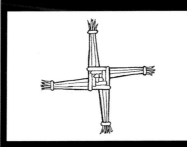

這個小十字與愛爾蘭基爾代爾的聖布姬德有關，材料通常是燈心草或稻草。十字中心是編織而成的方塊，往外是四根末端被綁住的軸輻。許多儀式都與十字的製作有關。根據習俗，布姬德十字可以保護住家不遭祝融或邪惡肆虐。

亞美尼亞十字

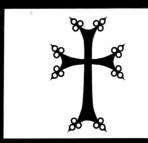

亞美尼亞十字結合十字與花形裝飾或元素。在亞美尼亞基督教中，石製的獨立十字架常採用這種設計，上面還會有富麗的裝飾，像是花環、線結、或其他圖案，例如石榴、葡萄、樹葉等植物。

洛書

中國；約公元前2200~2100年

看風水、占天命用的數字方塊

洛書是風水各元素和諧與平衡的重要符號。

4	9	2
3	5	7
8	1	6

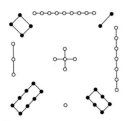

神妙的數字方塊，大量用在祕教或法術書籍中，也成為普及的數學謎題。

風水是居家或自然景觀上物品方位、理氣或宇宙能量流動的學問，而洛書是風水中重要的圖案。風與水兩種能量的平衡，可以帶來祥瑞之相。

傳說4000年前，中國發生大洪水，人們開始向河神洛獻祭，希望平息祂的怒火。每次獻祭，河裡就會浮出一隻烏龜，龜殼上有奇特的數字或圖案：不同數量的圓點分布在三乘三的九宮格中，每一橫列、直行、對角線的圓點總和都是15。東方世界認為15是具有魔力、強大的數字，原因之一是新月到滿月、滿月到新月之間正好間隔15天，一年24節氣也依此制定。人們極為重視節氣，古代傳統的卜筮之法，用節氣決定何時宜播種、翻土、蓋房。

八卦是從洛書衍生而來的古老系統，至今仍用在風水中。八卦代表任何事物外顯的能量分布，例如城區、景觀、房屋、房間或床鋪。八卦的每個方位對應到房間或景觀不同的部分，也對應到金、木、水、火、土其中一種元素。風水師可以用對應的元素加強某方位的力量，協助在辦公室或住家創造正面和諧的能量。五行代表整個環境散發出來的氣，也和陰陽屬性及八卦能量共同運作。

相生相剋

　　這套元素體系依據的是相生與相剋的循環。相生指的是木生火、火生土、土生金、金生水、水生木。相生的元素是相容的，例如火和土就相容。相剋指的是木剋土、土剋水、水剋火、火剋金、金剋木，相剋的元素是不相容的，例如金和木便不相容。

　　火呈動態，不斷活動，給予光明和意識，與紅色相關。木有神奇的能量，樹木和植物在許多文化中，都是生長與生育能力的象徵。土的能量和養分，當下、自然、和平有關。金與溝通、繁榮有關，方位為西方、西北方，深受中國古代的方士與術士喜愛；他們以最正面的方法善用金的能量，就是拿來造錢。水流動不停，象徵省思、直覺的能量，與感受、情緒、生命的黑暗面有關。

　　八卦通常有卦辭。根據各卦的方位與洛書數字，對應到九種能量或道。因此南方是火，主司功名；西南是土，主司婚配與愛情；西方是澤，主司子嗣與創造；西北是天，主司溝通、師友；北方是水，主司職涯；東北是山，主司學識；東方是雷，主司家庭與福祉；東南是風，主司利祿。八卦中央通常是太極，是宇宙間賦予生命的能量。

風水羅盤。羅盤上精細繪製星宿、五行、周天、八卦，及其他計算景觀或住房運勢的資訊。

這幅南宋畫軸上描繪人們向洛水河神獻祭。

象形文字

埃及，底比斯；公元前1275年

強大符號構成的古老書寫系統

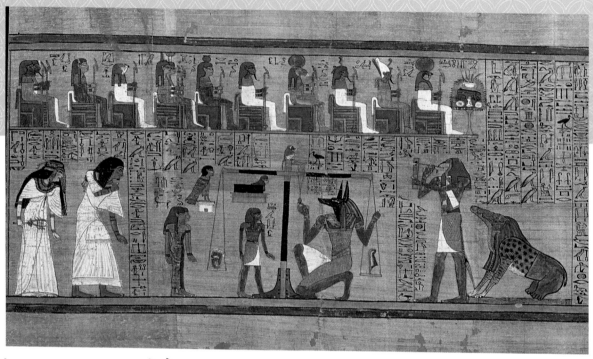

《阿尼的莎草紙》展現精細、富裝飾性的象形文字。藏於倫敦大英博物館。

埃及象形文字是世界上最古老的書寫系統之一。象形文字與蘇美楔形文字的不同之處，就是象形文字的起源更鮮為人知。人們認為象形文字是神祇托特發明的，因此每個字都是具有魔力的強大符號。「象形文字」在埃及文中，意為「神的文字或話語」。

在埃及，但凡君王、官員或書吏等社會上重要人物過世時，有人會彙整一份文件，通常稱為「死者之書」，幫助死者通過地府進入死後世界。死者之書是一種傳統喪葬文件，以象形文字和圖畫描寫魔咒、咒語、詩歌；早期寫在物品上，後來寫在莎草紙上。埃及人相信，

知道某樣物品的名稱，讓人有凌駕物品的能力。因此死者之書記載許多神祕的名字，都是在死後世界可能遇到的事物，讓死者有能力凌駕神明。

美麗的《阿尼的莎草紙》上有象形文字和圖畫，是為底比斯書吏阿尼彙整的手稿。阿尼很可能是為自己準備這份文件，因為他知道文字的魔力對死後世界而言非常重要。手稿中包括詩歌、對歐西里斯的讚美、獻給托特的頌詞、致敬之文，以及墓室裡的文字和咒語。

象形文字符號分成三大類：第一種是表意字，代表詞素（語言中無法分割的單位，例如「喝著」的「著」）；第二

種是狀聲字，代表至少一種聲音；第三種是指定字，不具備發音標示作用，只為放在字尾闡明字義。因為象形文字系統不寫出母音，所以子音相同（但母音不同）、意義不同的字，會用同樣一串字形表達。

象形文字的種類

　　埃及學者傳統上將象形文字按照外型分為聖書體、僧侶體、世俗體。聖書體一定用在大型紀念碑上；僧侶體大量使用在手稿和繪畫中，與聖書體相比較不正式；世俗體是非常潦草的字型，從公元前600年起，取代僧侶體成為日常生活用的字體。純聖書體的書寫方式，尤其在正式文件中，沒有被取代，而是與其他字體共存。

　　聖書體一直沿用到公元前5世紀的波斯王朝、亞歷山大大帝征服埃及，以及隨後的馬其頓與羅馬時期。希臘和羅馬作家認為，聖書體區分了真正的埃及人與外來征服者。另外，因為聖書體是神聖的文字，這套複雜又理性的系統具寓言性、甚至是魔力，傳達神祕的知識。

　　公元5世紀時，埃及祭司赫拉波羅寫下《象形文字集》，解釋了大約200個象形文字圖形。在這之後，雖有人試圖了解象形文字圖案，但皆一無所獲。直到16世紀的歐洲學者約翰·貝卡努、17世紀的阿塔納斯·珂雪，和18世紀的丹麥考古學家佐根·佐嘉，才將象形文字解碼。1799年，尼羅河三角洲發現以花崗閃長岩刻成的羅塞塔石碑，提供了學者缺乏的重要資訊。經過許多學者先後解讀，最後法國埃及古物學者尚·方斯華·商博良終於判讀出神祕碑文的意義。

LETTER	HIEROGLYPH	DEPICTED	MEANING OF HIEROGLYPH
A		Egyptian vulture	strong personality
B		feet	loves to travel
C K X		basket	lucky
D		hand	friendly
E		reed leaf	knightly
F V		viper	purposeful
G		jug stand	stabile
H		courtyard, flax wick	artful
I		two strokes	single-eyed
J		cobra	intelligent
L		lion	sedate

MEANING OF HIEROGLYPH	DEPICTED	HIEROGLYPH	LETTER
wise	owl		M
pure soul	Red Crown, water surface		N
optimist	lasso		O
able to create	wicker seat		P
—	hillside		Q
talkative	mouth		R
independent	folded cloth, bolt		S
loves to eat	bread		T
obstinate	quail chick		U W
equitable	two reed leaf		Y
capricious	belt		Z

埃及學者直到16世紀才開始破解埃及象形文字。

1799年發現的羅塞塔石碑，終於使學者得以破解神秘的文字。

魚形橢圓

希臘；約公元前6世紀

性靈世界與感官世界的交會

13世紀的布魯薩爾聖經抄本描繪耶穌周身環繞著杏仁形的光暈，象徵祂身處、源自瑪利亞的子宮。

在各種應用於哥德、中古世紀和文藝復興建築的神聖幾何形狀中，最普遍的是魚形橢圓，即兩圓交會重疊的形狀。在數學上，它也奇異地包含了其他幾何形狀，例如三角形、四邊形、四方形、五芒星、多邊形。「魚形橢圓」的原文是vesica piscis，直接翻譯意

為「魚的容器」。

對古埃及人而言，魚形橢圓起初是象形文字Ru，象徵女性陰道是生命之靈進入有形世界的通道。生於公元前6世紀末的畢達哥拉斯，據信長期在埃及與亞歷山大學派的神祕主義者接觸。畢達哥拉斯後來發展出的觀點，認為這個神祕符號代表性靈世界和感官世界的交會，這是兩個創世之後就存在的世界。畢達哥拉斯學派認為，魚形橢圓是「對子」或「成雙」的象徵，是「一元」演化出的宇宙表現出來的樣子。

在神話中，魚形橢圓很早就與重要的印度教女神約尼和女性生殖力連結在一起。約尼意為陰道或子宮，象徵印度教神聖的母神夏克提，祂的配偶是以林枷或陽具為象徵的濕婆。神聖母神通常和魚、貝殼、海洋和漁民聯想在一起；在古代的神話中，常以人魚或海妖之姿現身。

20世紀魚形橢圓的例子當屬聖杯井的井蓋內側裝飾。聖杯井位於英格蘭薩默塞特郡格拉斯頓伯里地區，是熱門的新異教聖地，信奉神聖女性力量的朝聖者絡繹不絕。井蓋內側的魚形橢圓由精細的鍛鐵雕花構成，並被一把劍或是矛一分為二。塞爾特神話認為井是通往性靈世界的門戶，而魚形橢圓就代表兩個世界交會相容之處。井蓋的設計者是建築師兼考古學家斐德列克・布萊・龐德。1919年，井蓋被當成禮物送給格拉

斯頓伯里修道院。

　　哥德式建築中，許多教堂的拱頂，例如法國的蘭斯主座大教堂，都以魚形橢圓為基礎。建築師採用這個形狀顯示與畢達哥拉斯理論的關聯，即數字是反映神性的的神聖體系。中古世紀共濟會用的封印、蘇格蘭長老會的旗幟，都可以看到魚形橢圓。

　　基督教藝術或描繪基督身處於容器中的早期作品，也常看到魚形橢圓。在基督教藝術中，魚形橢圓通常被稱為「mandorla」，是義大利文的「杏仁」，代表瑪利亞的子宮，也代表天堂與人世在耶穌的體內結合。同樣地，魚形橢圓在基督教中代表世界間的通道，或是天堂與人世的交會處，在拜占庭、羅馬和早期中古時期的教會，都是很受歡迎的裝飾符號，被藝術家和建築師大量使用。在東正教教會，杏仁形橢圓用於描繪超越時空的神聖時刻，例如復活、顯

魚形橢圓被當成基督徒間的祕密符號，以躲避羅馬人的迫害。

英格蘭格拉斯頓伯里的聖杯井，井蓋上的魚形橢圓設計，代表塞爾特文化中通往性靈世界的門戶。

意義和用途

魚形橢圓（包括橢圓內部及較普遍的平面版本）基本上是兩個球形交會、重疊的部分，代表意義包括：

1. 男神與女神的結合，創造後代
2. 耶穌基督的符號
3. 中古世紀雕像和繪畫中當作光暈的尖頭橢圓
4. 女神的陰道
5. 生命之花的基本圖案
6. 生命之樹的重疊圖案
7. 構成多邊形的力量
8. 平方根與和諧比例的幾何圖形
9. 強大力量與能量的來源

聖容、瑪利亞「沉睡」或死去，通常畫成數個呈同心圓狀的顏色，而非單一的光暈。

　　魚形橢圓有一個很有名的版本，即耶穌魚（ichthys），希臘文的意思是「魚」。耶穌魚由兩條交叉的弧線構成，交叉後兩線繼續延伸，狀似魚的側面。早期基督徒把它當成祕密符號，現在則被當成魚的符號或耶穌魚。當信奉基督教的貿易商開始遭到羅馬人迫害時，他們會在沙土裡畫半個魚形符號，看看他們的交易對象是否認識這個符號。如果對方是基督徒，就可以畫完魚形，交易也可以由此開始。但不久後，精明的羅馬人發現了這個祕密符號，等於發現大批可供處決的基督教殉道者。羅馬人改信基督教後直到今天，魚形符號仍常用在徽章或圖案中。耶穌魚的中間常寫著五個希臘字母，意為「耶穌基督、聖子、救主」。

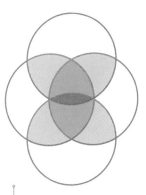

四個半徑相同的圓圈彼此相扣，形成五個魚形橢圓，也是另一個幾何符號生命之花的基本圖案。

黃金比例

希臘；約公元前500年

藝術和建築中的數學比例

義大利藝術家賈可布·德·巴巴里的畫作《盧卡·帕奇歐里修士的肖像》，展現修士對幾何學的興趣。

盧卡·帕奇歐里修士發現了以「Φ」為名、與神聖比例有關的奇特數字。

人稱黃金比例的數學魔法，古典時期就應用在神殿、教堂、主座教堂的建造上；中古世紀的建築師把黃金比例當成標準方法，應用在如法國沙特主座教堂一樣讓人驚嘆的建築上。雖然建築師對幾何學都很有興趣，但中古世紀的藝術家對黃金分割或數學這門學問都興趣缺缺。然而，15世紀末，與文藝復興時期著名畫家交好的方濟各會數學家盧卡·帕奇歐里（Luca Pacioli），重新發現黃金比例的祕密。他的著作《神聖比例》中致力於闡明數字Φ；而替這本書繪製插畫的正是不負藝術家之名的李奧納多·達文西。帕奇歐里的另一位藝術家好友是賈可布·德·巴巴里，他的畫作《盧卡·帕奇歐里修士的肖像》

證實了帕奇歐里修士對幾何學的熱愛。

畫作中，精通透視法的帕奇歐里修士正在研究幾何學，桌上放著他自己的著作和歐幾里得的書，一位身分不詳的學生隨侍在側。桌上擺滿了幾何儀器和工具，像是石板、粉筆、圓規，和一個小型12面體的模型。吊在天花板上的是水裝了一半的小斜方截半立方體，帕奇歐里以此演示歐幾里得定理。

希臘數學家歐幾里得是寫下黃金比例定義的第一人，他寫道：「當一條直線被分成兩段，且直線全長對長段的比，等於長段對短段的比，則該直線就稱為按中末比分段。」然而，希臘數學家兼神祕主義者畢達哥拉斯，是證明黃金比例為人體比例基礎的第一人：人體的每個部分都和其他部分形成絕對的黃金比例。他對人體比例的發現影響了希臘建築師，所有主要建築的構成元件，連裝飾上最小的細節，都是依照這個比例而建。

黃金比例也稱為黃金分割（拉丁文為sectio aurea）、黃金中項，或是神聖比例、神聖分割（拉丁文為sectio divina）、黃金比重、黃金切割、黃金數字。隨著文藝復興的來臨，人們重新發現黃金比例的神奇力量，多位重要藝術家都將黃金比例和矩形運用在作品中。

黃金比例不只出現在達文西的《蒙娜麗莎的微笑》，米開朗基羅和拉斐爾也以黃金比例進行創作。例如米開朗基羅

達利《最後晚餐的聖禮》展現對黃金比例的運用，使耶穌成為整幅畫的焦點。

的《大衛像》，從肚臍相對於整體身高的位置，到指關節在手指上的位置，都符合黃金比例；米開朗基羅的畫作《聖家庭與聖約翰》以主要人物的位置和五角星或黃金星相符而受到矚目；拉斐爾的《被釘在十字架的基督》中，主要人物排列成黃金三角，可用來定位出圖畫中隱藏的五角星。

黃金矩形

20世紀，柯比意或達利之輩的建築師、藝術家，使用黃金矩形讓作品在美學上符合黃金比例。黃金矩形就是長邊對短邊的比為黃金比例的矩形。達利的名作《最後晚餐的聖禮》顯然就運用了黃金比例。畫布的尺寸為黃金矩形，畫中巨大12面體是透明的，因此各邊看起來呈黃金比例；12面體懸在基督頭頂與後方，成為作品最顯眼的部分。

建築師也常常在作品中使用黃金分割。紐約的聯合國大樓寬度對10層樓的高度，恰成黃金比例。多倫多的西恩塔建成時，是當時全世界最高的獨立建築，設計上就採用黃金分割：塔的總高度為553.33公尺，瞭望台的高度為342公尺，兩者高度比恰為1.618。

雖然許多人相信，鸚鵡螺的構造是精準的黃金螺旋，但其實兩者有細微的差異。鸚鵡螺可以按照螺旋形狀分解，螺紋每轉180度，就會形成一次黃金比例。但是，標準黃金螺旋的構成方式，是一組螺紋每轉90度就按黃金比例放大的黃金矩形。鸚鵡螺螺旋的頭幾圈，已經表現出每隔180度展開一次黃金比例的規律。所以，鸚鵡螺其實不是黃金螺旋，而是對數螺旋；大自然中許多螺旋也都是對數螺旋。

米開朗基羅的《大衛像》完全符合黃金祕密的比例。

SATOR方陣

義大利龐貝；公元79年

驅邪避凶的方陣

龐貝城廢墟中發現的SATOR方陣。早在基督徒用它驅邪避凶之前，就具備魔力。

1930年代發現的SATOR方陣，上面神奇的字母難倒了許多學者、語言學家和歷史學家。刻在石頭上的神祕文字，自從公元79年維蘇威火山爆發之後，就一直和龐貝城的遺址一起埋在灰燼下。反覆推敲這些文字的意義後，現在學者一般認為這個方陣源自神祕的異教信仰。

組成方陣的神祕字母共五行，每行各有五個拉丁字母，正著讀、倒著讀、由上往下讀、由下往上讀都通。長久以來，人們相信這篇強大的迴文（指正著讀、倒著讀都一樣的句子或文字）蘊含魔力，可以驅邪避凶。整個中古世紀基督教歐洲，在護身符上、牆上或家裡，都可以看到這個保平安的方陣。但是這些奇特的字母還隱藏了更深奧、神祕的意義。

這些拉丁字母構成的組合，有許多詮釋。其中arepo這個字，學者百思不得其解，只能認定這是某人的名字，因此方陣文字最簡單的解讀是「農夫Arepo扶住、操作輪子」，常被翻譯為座右銘「一分耕耘、一分收穫」。方陣上的字母也可以看成是十字的一部分：移動字母的位置，排成pater和noster兩個字（基督教禱文開頭的兩個字），就可以形成十字。剩下的兩個「A」和兩個「O」，被當成希臘字母中的阿爾法（alpha）和俄梅戛（omega），是與《啟示錄》經文「昔在、今在、以後永在」相關的符號。

現在許多學者認為，SATOR方陣與公元1~4世紀羅馬帝國人民信奉的神祕宗教密特拉有關。密特拉教派的高階祭司被稱為pater，因此pater noster和方陣中隱藏的十字象徵較早期的密特拉教秘密儀式。另一派理論認為，第一個字sator變化自Saturn（撒頓），方陣文字因此可以翻譯成「撒頓勤奮地拉動太陽馬車的輪子」。這句話指涉的是更早期的教派，信奉土地之神撒頓。撒頓是與播種相關的神祇，統治黃金時期。

歐洲許多地方都曾發現魔法方陣，例如義大利的錫耶納大教堂內、法國呂貝隆奧帕德舊區的牆上。義大利卡佩斯

方陣與基督教神祕信仰有關。pater noster形成十字，也是基督教禱文的開頭。

特拉諾附近的聖彼得聖堂本篤修道院，有一幅精細的大理石方陣。在瓦維秀羅修道院，方陣文字以奇異的方式排列，形成五個同心圓，每個圓再分為五個扇形。13世紀時，瓦維秀羅修道院曾被聖殿騎士團佔領，而這個奇特的版本透過五個圓圈以及rotas這個字的象徵，強調宇宙的一元性。

中古時期的基督教歐洲，SATOR方陣常被寫在門廊上方或不同的物品上，驅邪避凶。人們認為，字母位置呈奇特格狀的方陣是具有強大力量的迴文，不受魔鬼影響，因為當魔鬼企圖破解迴文的咒語時，會被重複的字母搞得糊里糊塗。

法國最早運用SATOR魔法方陣的例子，記錄在公元822年的卡洛林聖經裡；聖經原是聖日耳曼德佩修道院的財產。根據一份13世紀歐里亞克的羊皮紙，方陣顯然能幫助孕婦生產；15世紀，方陣撲滅了希農城堡的大火。各種神奇事蹟中最不可思議的是一個里昂人的描述：他的瘋病得以痊癒，是因為吃了三塊寫有魔法方陣的麵包皮。

SATOR方陣隱藏了各種可能的密碼，人們試圖解讀隱藏其中的訊息，鑽研幾何公式和數字命理，只為了揭開宇宙真理的祕密。例如，字母、行數以及對應的命理數字，加起來是666，有些人認為

這是魔鬼的數字，有些人則認為這是與神相關的數字。

有一派說法指出，龐貝城中刻著SATOR方陣的牆壁原是一家店鋪。店主是貿易商，專賣袋子給疲憊的羅馬旅人。「四」象徵隱藏的祕密，所以如果從第四個字母開始讀，方陣的文字是Orare pote neto pera rotas sat，這句話不是迴文，而是加密的訊息，意思是「你可以祈求（或要求）正確數量的輪子在你的袋子上」。只看字面意思，這家店也許賣輪子給顧客加裝在袋子上；但更深一層來看，這是一則加密訊息，要傳遞給希望追求宇宙真相的人們。訊息透露，擁有正確數量的「輪子」或祕密，「扛袋子的人」，即訊息中的「你」，就會被帶上啟蒙之路。

方陣與神祕的密特拉教有關，可能是高階祭司儀式的一環，或對神祇撒頓的部分供奉。這幅公元2~3世紀的浮雕描繪的就是密特拉教。

零

印度；公元458年
表示沒有任何程度或數量的符號

公元7世紀的印度數學家婆羅摩笈多，是把零與代數概念引入負數的第一人。

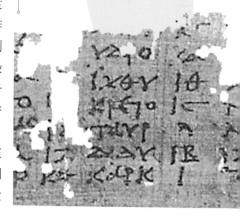

公元2世紀的希臘莎草紙，顯示早期對零的使用（右下角）。

零在古印度哲學中被當成空白。

界。

零是最後一個被發明、或說被發現的數字。學者對零深深著迷，因為它無所不包，但其實又空無一物。在佛教和早期的印度教中，零代表空。在古希臘，哲學家通常也是數學家，還常略通各種宇宙學的課題；對他們而言，把零當成數字，似乎讓人非常困惑不安，不免自問：「無怎麼能是一種東西？」這個自相矛盾的論點，在整個西歐引發更多神學和宗教的論辯，一直持續到中古時期。甚至，希臘哲學家埃利亞人芝諾提出的激進悖論，相當程度上也依賴零難以界定的本質。希臘數學家兼哲學家畢達哥拉斯相信，零代表的不是數字，而是完美的型態；回教則認為零代表神性的精髓。

在找到零的代表符號之前，公元前4世紀的印度人用空白代表零；後來也是印度人最早開始用實際的數字代表零的概念。公元約458年的印度耆那教文獻《羅克維巴伽》，使用包含零的十進位系統，用shunya或是空代表零，是已知最早的紀錄。使用零的規則首次出現在公元628年，印度數學家婆羅摩笈多以宇宙為題的著作中。婆羅摩笈多不僅想到零，還想到了負數以及計算負數的代數規則。最後，約在公元825年，波斯學者花拉子密（Muhammad al-Khawarizmi）合併印度和希臘關於零的概念，成為今日所知的零。花拉子密的算學著作，在12世紀時終於翻譯成拉丁文；他新創的阿拉伯數字系統，也進入了西方世

巴比倫的零

早在希臘人對不存在的數字提出公設理論前的幾千年，巴比倫人已經用空白標示不存在的位數。但是他們知道，這個無的概念只是缺少代表的數字。在一塊基什出土、年代約為公元前700年的石板上，書吏貝爾邦阿伯魯用三個勾代表零。公元前300年，後期的巴比倫人用兩個傾斜的楔形，代表「無」的位置。公元130年，受巴比倫人影響的希臘天文學家兼數學家托勒密，用一個小圓上面加一槓的符號代表零。因為這個符號被單獨使用，而非拿來填補空位，托勒密的零也許是歐洲最早把零當數字使用的紀錄。

更早以前，在公元前約1740年，埃及人在會計文件中，用象形文字代表零。他們用的「nfr」符號，除了指美貌，用在計劃或繪圖時，也代表墓穴或金字塔的測量基準。馬雅文明使用零的時間也比西歐早了至少1000年，公元前約36年的馬雅曆法，用蝸牛殼般的螺旋符號代表零。甚至羅馬人也有nulla這個字代表無；到了公元約720年，這個字被簡寫成「N」。

不管是外行人還是哲學家，似乎總會被零迷惑。零如同一個魔法圓圈，好像無所不包，但其實代表的是空無一物。但是，今日我們了解的零，在有代表數字之前或之後引發種種困惑，是完全合理的。它就像一顆種子，代表有零之後的潛力與可能性，以及有零之前的發展歷程。畢達哥拉斯和中國人都相信，數字是理解大小宇宙和諧的關鍵；如果沒有零這個重要的數字，數學這門科學，就不可能發展成今天的樣子。

古埃及的「nfr」符號，用以標示零以及美的事物。

數字

這個數字不僅被視為等同於基督教的上帝、許多神話和宗教中的創世者，也代表太初混沌尚未分化的一元性。

宇宙的二元，母神與父神，性靈與物質，光與暗，陰與陽，都與2有關。

3代表圓滿，和許多三件一組的事物有關，例如基督教的聖父、聖子、聖靈，印度教的梵天、毗濕奴、濕婆，佛教的佛、法、僧三寶。

4代表四方、四季，西方傳統中還代表四元素，與土地、公平、常識、信任有關。佛教中也有四聖諦。

與五角星有關，代表行動、熱情、創造力、運行。中國星相學有五行；回教有五支柱。

與神聖創造力有關，是雙重三位一體，也是聖經中創世所用的六天。六在中國代表天。具有魔力的大衛之星，也是六個角。

傳統上與魔法和宗教日期連結在一起，也是猶太習俗中從逾越節到七七節的天數計算基準。在古希臘，七是阿波羅的神聖數字。

8代表無限與完美。佛教的生命之輪有八個輪輻。遠東地區也將之視為吉利的數字。

中國的九層寶塔代表飛升至天界。印度教認為，九是梵天大神的數字。猶太教中，九代表真理與智慧。

所羅門之結
約旦；公元6~7世紀
具多種象徵意義的裝飾圖案

義大利阿奎萊亞主教教堂馬賽克地板上的圖案，是所羅門之結的絕佳例子。神祕主義人士認為所羅門之結代表永恆。

所羅門之結由兩個封閉、交錯的圈組成，看起來像鎖鏈的兩節互相垂直。如果平放所羅門之結，兩個圈上下互相交錯，會形成四個交會點。大部分以所羅門之結為靈感的藝術品中，兩個圈上下交會的部分，會成為中央方塊的四個邊；交會後形成的四個圈，則朝四個方向擴展。

所羅門之結名稱的緣由，學者尚無共識。可能在中東地區，與聖經中的所羅門王及他著名的智慧和神祕力量有關。

中東地區許多回教遺址，都可以看到所羅門之結在回教傳統中被當作裝飾的例子。最近在約旦出土的亞提爾馬賽克，和倫敦大英博物館收藏的14世紀埃及可蘭經卷首，都有所羅門之結，是同一個符號的兩種版本。加州大學洛杉磯分校的福勒藝術史博物館，有龐大的非洲館藏，包括19和20世紀的約魯巴傳統玻璃珠飾皇冠與面具，上面就有所羅門之結的裝飾。

12世紀初期，為愛爾蘭高王諾特王製作的康十字，用愛爾蘭珠寶鑲嵌遊行十字，被認為是當代最出色的鐵製裝飾藝術作品。康十字除了要擺放在長桿頂端之外，也被設計成聖物匣，這是一種特別的匣子，裡面裝的碎片來自釘死耶穌的十字架。聖物匣的功能，讓康十字成為更受重視的禮器，無疑也是十字做工精細、外型優雅的原因。康十字在十字交叉處，裝飾著兩個很小的所羅門之

結，就在石英晶體覆蓋的空槽兩側。空槽中以前曾裝著真十字架的碎片。康十字從康諾特移到梅奧郡的康修道院，其名稱也由此而來。

象徵意義

對約魯巴人而言，所羅門之結通常意味著皇室身分，是皇冠、長袍和其他儀式性物品的特色。在非洲，所羅門之結還出現在庫巴人用拉菲草編織的卡塞絲絨上；庫巴人相信所羅門之結有神祕的意義。西非阿坎族人把所羅門之結的符號用在神聖的阿丁克拉布上；阿丁克拉是一套符號系統，代表特定的字句。阿坎族人的所羅門之結，意思是「一顆老鼠屎壞了一鍋粥」。其他阿丁克拉符號的例子，還有一種黃花的符號代表當地植物fofoo（學名為鬼針草），花瓣掉落後會結出黑色多刺的種子，象徵嫉妒的人。另有一個蕨類形狀的符號，意思是「我不怕你」。

中古時期，義大利一個名為科馬西尼的石匠團體，採用所羅門之結作為保護符號。源自羅馬時期的所羅門之結，本已經充滿神祕意味與保護力量。共濟會的符號系統也吸收了所羅門之結，宣稱是承襲自科馬西尼公會。所羅門之結沒有明顯的開頭和收尾，因此在許多文化和信仰中，都代表不死和永生，類似佛教中更為複雜的無盡結。

無盡結的圖案時常出現在佛教、中國，甚至塞爾特的藝術和裝飾中。在佛教中，無盡結象徵信徒選擇的性靈之路與所有永恆事物的流動，也等同於心智的流動和輪迴——生、死、重生之苦的無盡循環。因為沒有起點或終點，無盡

結也象徵佛陀坐在菩提樹下頓悟的智慧和啟示。

塞爾特的裝飾結工藝常用在十字架或泥金裝飾手抄本上。這種斷開又重新接上的穗編法源自北義大利和南高盧，公元約7世紀時傳到愛爾蘭。學者已經辨認出八種基本編結；幾乎所有的塞爾特裝飾結圖案，包括無盡結，都以這八種編結為基礎。

所羅門之結以各式各樣的型態，出現在原住民的布料、長袍和顯貴之家的器物上。非洲魯巴人的器物就是一例。

雙所羅門之結採用複雜的雙結編織法，看起來好像只用了一條線。

紙牌
中國；約公元618~906年
貿易、娛樂、占卜皆可用的紙牌

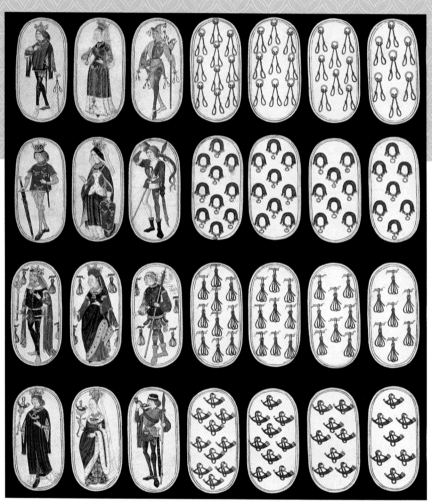

這套15世紀的佛蘭芒遊戲紙牌，證實紙牌早已用於娛樂。

中國人早在公元7世紀就已用原始圖案的紙牌賭博。圖中是公元1400年的紙牌，顯示紙牌發展的歷程。

遊戲紙牌據信是在中國唐朝（公元618~906年）時「發明」的。根據記載，唐代的同昌公主會玩「葉子戲」，可能是一種紙製的骨牌，而非真正的紙牌；但公元821~824年間唐穆宗在位時，穆宗已會洗、發真正的牌。公元960~1279年的宋代，學士歐陽修記錄，紙牌的發明正好跟紙頁的發展同時，人們用紙頁而不用卷軸。

中國古代用於遊戲的馬吊牌有四種花色：錢、索、萬、十（指十萬），花色和數字寫在牌上。學者認為，這些牌可能是真正的紙幣，被拿來賭博或交易。現代麻將方塊的設計，可能就是從這些最早的紙牌演化而來。

到了公元14世紀初期，歐洲也可以

看到遊戲紙牌，可能傳自埃及或中東。這種牌類似塔羅牌，有四組花色：劍、棍、杯、幣（也稱盤或五芒星）；至今傳統的義大利、西班牙和法國紙牌仍沿用這四種花色。早期的埃及式紙牌一副共52張，分劍、棒、杯、幣四種花色，每種花色有十張「點數」牌（點數即牌面上花色符號的數量）、三張「宮廷」牌。

14世紀末期，遊戲紙牌已經迅速傳遍歐洲，但只有富豪用得起成套的紙牌。最早的紙牌是手工製作，非常昂貴；但在接下來的50年間，用木板刻印裝飾布料的技巧，也應用到紙張印刷上。當時，遊戲紙牌甚至可以和宗教圖像媲美，成為木刻印刷最普遍的用途。約1418年起，紐倫堡和奧格斯堡的職業製牌師開始製作印刷的成套紙牌；但是1423年前的印刷紙牌，沒有一副保存下來。

有一位人稱「遊戲紙牌大師」的無名刻版師傅，是版畫印刷史上首位重量級名人，他美麗的紙牌版畫作品為他贏得指標性的地位。公元1430~1450年代，這位可能也是畫家的刻版師傅活躍於德國西南地區。為查明他究竟是何許人也，很多人努力追查，最後都無功而返。不過，他製作的五種花色成套紙牌仍然保存至今，這些獨特的版畫現藏於巴黎的法國國家圖書館，以及德勒斯登的印刷繪畫博物館。

公元15世紀中葉，紙牌花色開始變化，一副牌通常有四種花色。在德國，心、鐘、葉子、橡實成了標準花色，並在德國東部和東南部沿用至今。義大利、法國、西班牙紙牌用劍、棍、杯、幣四種花色。世界各地最常見的黑桃、

紅心、方塊、梅花花色，源自公元約1480年時的法國。遊戲紙牌很快成為大受歡迎的活動。公元1534年，法國作家拉伯雷知道35種不同的紙牌遊戲，包括西班牙的比齊克牌戲、後來發展成惠斯特牌的義大利普利麥羅牌戲、英國的克里比奇牌戲，還有阿密須的尤克牌戲。

喬治·德拉圖爾的畫作，反映出紙牌遊戲如何大行其道。德拉圖爾是17世紀的法國巴洛克派畫家，畫作力求以戲劇性燭光照明的場景，創造強烈的明暗對比。在全歐洲不分貴賤風靡紙牌的時代，他在通俗的場景中，畫出老千、江湖郎中、算命師和騙子。到他的名作《拿著梅花A的老千》問世時，遊戲紙牌和紙牌的符號在西方世界已經廣為人知。

大洋另一端的新世界，在到達新大陸後的數十年內，清教徒家庭的爸爸自己製作紙牌。美國的紙牌愛好者還創造了圓角的紙牌、小丑牌（原本是尤克牌戲中的特殊牌）、護貝程序，和多種紙牌遊戲，包括撲克牌、皮諾奇勒牌、橋牌。

《拿著梅花A的老千》畫中，喬治·德拉圖爾畫出17世紀的歐洲，是老千和賭徒大賺一筆的地方。

黑桃、紅心、方塊、梅花的紙牌花色符號，數世紀以來都維持不變。

生命之輪

西藏；公元1000年

生死輪迴的象徵

西藏的生命之輪也稱為「投生之輪」，是寺廟或僧院牆上的裝飾，例如中國青海省同仁縣的隆務寺。

生命之輪，也稱輪迴之輪，象徵世間眾生大多不得超脫的生死循環。生命之輪常畫在藏傳佛教寺廟或僧院的外牆上，將佛教哲理教給較少進行哲學思考的鄉下人。輪迴之輪有時也稱「六道輪迴圖」或「投生之輪」。

傳說，佛陀創造了第一幅生命之輪的圖畫。故事是這樣的：烏扎衍那王，又名優填王，送了一件珠寶鑲飾的長袍給摩揭陀國的頻毗娑羅王。頻毗娑羅王擔心沒有同等價值的東西可以回贈，就去向佛陀求助。在佛陀的指示下，輪迴之輪的第一幅圖畫完成了，佛陀要頻毗娑羅王將圖畫送給烏扎衍那王。據說，烏扎衍那王研究圖畫後頓悟得道。

動物圖像

輪心上三隻動物的圖像，通常是鳥、蛇、豬，代表貪、嗔、痴三不善根，或稱三毒。印度觀念認為，豬睡在最髒的地方、給什麼吃什麼，是最笨的動物，所以豬代表痴；蛇很容易就被激怒，被輕碰一下就會攻擊，因此代表嗔怒；鳥代表貪（或慾望、執念）。許多生命之輪的圖畫中，蛇和鳥是從豬的嘴裡出來的，象徵貪、嗔皆源自痴。蛇和鳥也被畫成緊抓著豬的尾巴，象徵貪、嗔會助長更多的痴。

佛教象徵符號

頂髻
多數佛像的髮型都是頂髻，或稱肉髻，代表佛陀無上的智慧。

白毫
佛陀前額中央是第三隻眼的位置。第三隻眼又稱眉間輪，是千里眼、性靈內省的中心。

吉祥八寶
八寶包括華蓋，代表佛陀出身皇室、心嚮頓悟；雙魚，象徵好運；寶瓶，代表豐足；海螺，象徵佛法之音。

生命之輪的第二層，以兩個半圓象徵因果報應。一個半圓（通常是光）是心滿意足的人，移往更高的境界或更上界。另一個半圓（通常是暗）是境遇悲慘的人，被往下帶到更低的境界或更下界。第三層是六道輪迴，生死循環。六道分別是天道、修羅道、人間道、畜生道、餓鬼道、地獄道。第四層是十二因緣，說明老死、六入、受、愛、識等因緣此生故彼生之法。

從中心往外的頭三圈，象徵貪、嗔、痴三毒，會導致正面或負面的行為。這些行為與行為招致的後果，就是因果報應。因果會引人進入六道，代表輪迴中各種不同的苦難。第四層和最外層象徵十二因緣，也說明三毒和因果報應這些苦難的源頭，如何在輪迴中製造生命。

手拿生命之輪的威猛人像代表無常，輪上方的月亮代表超脫輪迴。佛陀手指月亮，表示超脫是辦得到的。最常看到的人像是死神夜摩，代表整個輪迴都是無常；生命之輪內，無常存者。夜摩頭戴五個骷髏的冠頂，象徵五毒；經常身披虎皮，象徵無畏。夜摩的第三隻眼象徵看透無常，祂的四肢則象徵生、老、病、死的無盡苦難。

象徵生死輪迴、超脫輪迴、追求頓悟的佛教符號。

佛教的法輪有八支輪輻；八代表復興、再生。

生命之花

埃及，阿拜多斯；約公元2世紀

交疊圓圈組成的幾何圖形反映古老的信仰

《一切》是詹姆斯・懷博的壓克力顏料畫作，描繪生命之花——所有存在事物的基本圖案。

據信，生命之花是宇宙中一種極為神聖的圖案。生命之花是由至少7個交疊、半徑相等的圓構成，每個圓的圓心與其他圓的周長交會，最多可達6個圓。不過，周圍環繞的圓不需要清楚或完整畫出來；有些年代久遠的符號只有1個圓或六角形。畫了13個圓的圖形稱為生命之果，每個圓代表現實的一個面向。生命之花與生命之果讓人們知悉從人體到銀河的一切。生命之果據說是宇宙的藍圖，是一切存在事物的基礎，包含每個原子的設計、每個分子的架構、每種生命的型態。

生命之花及其後代生命種子的圖案，都與天使梅塔特隆、聖經先知以諾、宗教符號魚形橢圓，以及波羅米安之環有關。波羅米安之環是三個交錯的圓圈，通常用來象徵三位一體，不過確切的來源仍待查證。

埃及阿拜多斯的賽提一世主神廟建於公元前1290~1279年，也就是賽提一世在位期間。神廟後方有一座名為「歐西里昂」（Osirion）的奇特建築，比神廟早了至少1000年。歐西里昂的某些石塊上刻有幾個圓圈相扣的圖案，這種由多圓聚集組成的蜂窩狀設計稱為「生命之花」，遍見於幾何設計的發展歷程。

在歐西里昂發現的圖案旁邊有極難察覺的文字，或許可以說明圖案的緣由。這些文字包括希臘字母 θ、ε、λ，還有希臘文Theos Nilos，意為「尼羅河之神」。另一個字母似乎是古希臘字母，後來偶爾會當成符號用在希臘數學文件中。

考慮到建築圓柱的高度，這些圖案應該是神廟已被遺棄、歐西里昂開始被沙粒覆蓋時才畫上去的。近期研究顯示，這些符號最早可追溯至公元前535年，極可能完成於公元2~4世紀。

生命之花常與生命之樹連在一起；世界各地的神話和哲學都熟知生命之樹的意象。當代卡巴拉教派相信，生命之樹和生命種子是可以與果樹生命週期對照的幾何學。

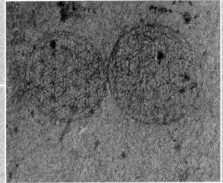

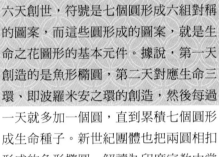

埃及阿拜多斯名為歐西里昂的建築，有好幾個生命之花的圖案，據信是隨手畫上去的。

某些新世紀團體認為，生命種子象徵六天創世，符號是七個圓形成六組對稱的圖案，而這些圓形成的圖案，就是生命之花圖形的基本元件。據說，第一天創造的是魚形橢圓，第二天對應生命三環，即波羅米安之環的創造，然後每過一天就多加一個圓，直到累積七個圓形成生命種子。新世紀團體也把兩圓相扣形成的魚形橢圓，解讀為印度宗教中常見的女性象徵——約尼符號。

像送給對方一件包含整個宇宙的珠寶。異教的觀點認為，生命之花包含了某種阿卡西紀錄，記載所有生物的基本資訊，以視覺呈現貫通萬物的生命連結。

生命之卵參考了生命之花的設計，但比較簡單，通常包含七個相扣的圓。據說生命之卵的形狀，和剛生成一小時的多細胞胚胎是一樣的。

梅塔特隆立方體

梅塔特隆立方體（猶太教經典中描述，諾亞的後裔以諾升上天堂後，便化身為大天使梅塔特隆，以諾也出現在以諾二書這類的偽經中）描繪的五個立方體，人稱柏拉圖多面體，可以由生命之花衍生而成。據說這五個幾何立方體是所有生命的源頭、模板，因為是建構有機生命的基礎，所以極為重要。礦物、生氣勃勃的有機生命型態、聲音、音樂和語言中，都可以找到這五個立方體結構。梅塔特隆立方體也被當成神聖的圖案，用來驅除惡靈。

生命之花蘊含許多數學和幾何學法則，代表宇宙的關聯性。送別人生命之花，不論是刻在珠寶上或畫成圖案，就

梅塔特隆立方體是五個柏拉圖多面體的幾何排列。有人認為，生命所有的有機結構，就是以這五個立方體為基礎。

脈輪

印度；約公元6世紀
療癒和性靈發展的體系

印度巴德崗18世紀的絲畫《濕婆往世書》，描繪梵文世界中古老的七脈輪系統。

悟之境的過程中，會引發不同的心境。多數人的細微身能量由較低的五個脈輪掌控；密續譚崔瑜珈的目的就是要鍛鍊細微身，引發能量，啟動兩個較高的脈輪。

不同經文和教導內容中提到的脈輪也有所不同。密續經文指出，人的細微身中有許多脈輪。不過大部分傳統經文都認為，人體有七個極為重要的脈輪。

七脈輪

海底輪位於脊椎骨末端，在最後一節椎間盤與前方恥骨之間，感應到紅色時會顫動，與接觸地面的感覺有關。海底輪提供堅實的基礎、安全感，也控制身體基本的運作需求。生殖輪位於肚臍下方，距肚臍約一手掌寬，主掌性慾、創造力、情緒狀態，感應到橘色時會顫動。臍輪位於肚臍和胸骨間，與黃色相關，是個人力量的主座。

心輪位於胸骨之後，脊椎之前，感應到綠色和粉紅色時會顫動。心輪是溫暖、親愛之情的中心，主掌真摯的同情、愛情與精神力量，也導引我們自愛、愛人與被愛的能力。心輪也將身體、心智與性靈連結。喉輪位於喉嚨下半部，主掌思考、溝通、音樂、言語、書寫；感應到藍色時會顫動。

眉間輪也稱第三眼，位於額頭中央，感應到靛色時會顫動，主掌靈感、想像、通靈能力。最後一輪是頂輪，位於

梵文的chakra意思是輪子。多數東方性靈傳統都將脈輪當成治癒自我、療癒他人，或性靈發展的基礎。脈輪與脈皆屬於細微身而非肉身，脈輪是脈的交會點，而脈是細微身的能量通道，生命的力量、或稱生命氣就在其間運行。

據說，不論我們有沒有察覺到脈輪，脈輪都一直維持在活動狀態。能量從海底輪運行到頭上的頂輪、也是至高頓

頭頂，是真正精神力量與啟示的中心，感應到紫色會時會顫動。智慧由頂輪進入，帶來宇宙意識賜予的珍寶。

　　奧地利哲學家史代納（Rudolf Steiner）認為，脈輪系統是動態、持續進化的，他描述由上層脈輪開始往下的一系列發展，而不是由下往上，並說明如何透過鍛鍊思想、感受、意志，發展脈輪。也有人相信，脈輪會顯現在肉體上。19世紀末，一位具影響力的通神協會成員賴必特（C. W. Leadbeater）認為頂輪與松果體有關，而更近期的作家蓋瑞‧奧斯本（Gary Osborn）形容脈輪就如同精神層面的內分泌腺；研究恐懼、愉悅等情緒背後生理成因的心理生理學，認為脈輪是生理引發情緒反應過程的一環。

每個脈輪都與天文學上的星球、神祇、藥草和特定的晶體有關，有助於各方面的療癒。

脈輪對應

頂輪
構成元素：無（超越物質）。輪瓣：1000。
星球：計都。神祇：內在靈性，與啟示和自我超越有關。

眉間輪
構成元素：一切。輪瓣：2。
星球：土曜。神祇：濕婆－夏克提，和宇宙真知有關。

喉輪
構成元素：乙太。輪瓣：16。
星球：木曜。神祇：五面濕婆，一元主神，與真理有關。

心輪
構成元素：風。輪瓣：12。
星球：金曜。神祇：樓陀羅濕婆，和平之神，與情緒成熟有關。

臍輪
構成元素：火。輪瓣：10。
星球：日曜。神祇：老濕婆，毀滅之神，與個人力量有關。

生殖輪
構成元素：水。輪瓣：6。
星球：水曜。神祇：毗濕奴，保存之神，與生殖有關。

海底輪
構成元素：土。輪瓣：4。
星球：火曜。神祇：幼時梵天，創造之神，與純粹的生存有關。

曼陀羅

印尼，爪哇；公元9世紀

印度教和佛教的宇宙象徵 通往性靈世界

公元9世紀建成的婆羅浮屠寺廟，位於印尼爪哇。從上空俯瞰寺院，就如同巨大的曼陀羅，極為獨特。

曼陀羅取自梵文，原意為「圓圈」，是宇宙的象徵符號。印度教和佛教的儀式、靈修都會用到曼陀羅。多數曼陀羅的基本結構是一個有四道門的方形，外有圓圈圍繞，或是內含圓圈，每道門的形狀大致類似字母「T」。有些性靈學派會藉由曼陀羅集中注意力，或當成精神引導工具，或用來建立神聖空間、協助冥想、轉換意識狀態。在日常生活中，「曼陀羅」一詞可以用來稱呼任何以象徵手法代表宇宙的計畫、圖表或幾何圖案。

爪哇的婆羅浮屠佛寺風格奇特，堪稱公元9世紀的建築大觀，在佛寺建築中獨樹一格。從上方俯瞰，佛寺就像一幅巨大的曼陀羅，代表佛教的宇宙觀暨心境本質。婆羅浮屠在公元19世紀被發現之前，在層層火山灰和鬱鬱叢林中隱藏了

數百年。佛寺被遺棄的原因至今仍不得而知。

婆羅浮屠佛寺有九層平台，下六層是方形，上三層是圓形。上層平台有72座小舍利塔，圍繞中央一座大舍利塔。舍利塔呈鐘型，上有許多鏤空裝飾，塔內共供奉504座佛像。最上層中央是主圓頂建築，周圍有72座佛像，都供奉在鏤空的舍利塔內。婆羅浮屠寺是世界上最大的佛寺，也是規模數一數二的佛教紀念建築。對朝聖者而言，依循特定方向繞行婆羅浮屠寺，就是一次冥想與啟示之旅。他們會按照階梯和走廊的引導，往上爬到最高層。每一層平台代表啟示的一個階段。

曼陀羅象徵宇宙，傳統上以須彌山為中心，大陸環繞周圍。外圈的火焰代表智慧，八個天葬台環繞，代表佛教告誡眾生時時莫忘死亡的訓誨。天葬台是專供人體分解腐化的地點，讓人們面對、體現生命無常的本質。圈內是曼陀羅宮殿的牆壁，據信神祇和佛陀就在宮內。

曼陀羅不一定都是圓形的，裡面可能包含三角形或方形等其他形狀，還可能有動物、花朵、和植物。然而，曼陀羅通常在美學上是賞心悅目的，結構要簡單或複雜都取決於設計者。藝術作品中，描繪印度教神祇所坐的盛開蓮花，也被當成是曼陀羅。

基督教有不少類似曼陀羅的「輪狀」象徵符號，例如光暈、荊棘冠冕、沙特主座教堂的迷宮。迷宮代表從外在世界前往內在神聖中心並尋獲神性的旅程。許多新世紀宗教信徒認為曼陀羅是神祕、具魔力的宇宙地圖，它的結構讓人先注意到中心，然後才注意到外圍。

瑞士心理學家榮格以自己的學識，探索無意識狀態。曼陀羅在心理、性靈層面上的意義使他深深著迷。他相信圖形在創造出來的那一刻，反映了他和客戶的內心狀態。榮格對印度哲學著述的熟悉，促使他用「曼陀羅」一詞描述這些圓形的圖畫。榮格在自傳《回憶・夢・省思》中寫到：「每天早上，我會在筆記本上畫一個小圓圈，彷彿我當時內心的情境就反映在這個圓圈上……後來我才慢慢發現曼陀羅到底是什麼……它是自我，是人格的全部；如果一切順利，應該是和諧的。」

公元14世紀的中國絲綢掛毯，上面曼陀羅的形式是西藏的宇宙，以須彌山為中心。

曼陀羅常由追求性靈或心理啟發的人繪製。

費波那契數列
義大利；公元1202年
自然界處處可見的數列

花朵、水果、樹枝、蜂群繁衍，都有費氏數列隱藏其中。

費波那契數列（費氏數列）首見於中世紀算學著作《計算書》，此書作者是義大利數學家比薩的李奧納多，後來以小名費波那契聞名於世。《計算書》是描述印度與阿拉伯數字合併的早期西方著作，傳統上稱此一系統為「阿拉伯數字」。該書呈現阿拉伯數字系統的價值，最終成功說服貿易商、數學家和一般大眾，阿拉伯數字是更為優異的系統。

費波那契以理想化的（即生物學上不切實際的）兔子數量成長，解釋費氏數列。假設野外有一對剛出生的兔子，一公一母，兔子出生滿一個月就可以交配，所以母兔在兩個月大的時候，就可以再生下一對兔子。這些兔子都長生不老（牠們生存在一個理想化的世界），每一對在滿一個月大時，都會交配並生下一對一公一母的小兔子。費波那契問：一年後，總共會有多少對兔子？

費波那契公式

第一個月月底，第一對兔子交配，此時仍然只有一對兔子。第二個月月底，母兔生了一對小兔子，現在野外有兩對兔子。第三個月月底，原本的母兔生下第二對兔子，野外變成有三對兔子。第四個月月底，原本的母兔又生下一對小兔，第二個月月底出生的母兔也生了第一對小兔，野外現在有五對兔子。第n個月月底，兔子的對數等於新出生兔子的對數（即第n-2個月內兔子的對數）加上上個月（n-1）存活的兔子的對數。這就是第n個費波那契數字。

費氏數列常出現在植物學或生物學領

或，例如樹木分枝的模式、樹枝上樹葉的分布、鳳梨的幼果、朝鮮薊的花、松果的排列、和蜜蜂的族譜。費氏數列的數字規則很簡單，從0開始，接著是1，然後是2、3、5、8、13，下一個數字是前兩個數字的和。依照這個規則，數列的數字如下：

0+1=1

1+1=2

2+1=3

3+2=5

5+3=8

8+5=13

費氏數列也是大眾文化的主題。在丹·布朗的小說《達文西密碼》中，費氏數列的數字是打開保險箱的密碼；一則訊息裡有次序錯亂的費氏數列，暗示訊息其實是字謎。

歷史上常可見數字與字母的連結，若

數字序列出現在貝殼螺旋、向日葵種子上，也對應到大自然中許多生物圖案。

再與神祕學結合，就稱為數字命理學。西方的數字命理學之父，是在公元前約590年出生的希臘哲學家兼數學家畢達哥拉斯，他認為數字有自己的語言，從古代巴比倫人、中國人、希臘人、埃及人和希伯來人各自發展出獨特的數字占卜系統後，人們就認為數字是蘊含宇宙能量的強大符號。

今天數字命理最常見的運用方式，是將數字系統的語言以編碼的方式與字母系統結合。每個字母都對應到一到九其中一個數字。單字、名稱或整個句子，只要把對應的編碼數字拆解成單一位數，都可以用這套編碼系統解讀、分析。

數字的語言

與數字相關的字母、數字碼、和星球

1	2	3	4	5	6	7	8	9
A	B	C	D	E	F	G	H	I
J	K	L	M	N	O	P	Q	R
S	T	U	V	W	X	Y	Z	

1	太陽	創新
2	月亮	協商
3	木星	創意思考
4	天王星	組織
5	水星	多變
6	金星	同情
7	海王星	神祕
8	土星	力量
9	火星	遠見

費氏數列與神聖幾何學中的黃金比例有關。

土占

敘利亞；公元1241~1242年

占卜、預言用的土占器具

圖中的土占器具來自敘利亞或埃及，是公元13世紀的占卜器物。

土占源自古代中東地區的薩滿巫師。他們在沙上畫出神祕的圖案，召喚地球能量。土占的名稱出自古希臘文，意為「藉土地占卜」，是一種讓環境與神聖能量和諧一致的方法。

在公元13世紀的敘利亞，金屬工匠瑪西里（Muhammad ibn Khutlukh al-Mawsili）做了一個奇特的工具，用途和許多其他中古時期發明的古怪工具一樣，是用來幫助魔法師占卜預言的。轉動盤面時，會露出原本隨機散佈的圓點，讓占卜者解釋或進行預測。這種土占方式在當時大為流行，重要性不亞於占星術或其他占卜方法。

在中古世紀的歐洲，知名的魔法師兼占星師阿格帕，從古代薩滿圖形中發展出16個神祕符號。阿格帕的土占符號和道家的易經一樣，與天文學的概念、星球，以及相關的水晶互相對應。這些符號被用在儀式中，透過水晶的振動調和來駕馭地球的正面能量。土占也使用地球針灸法，地球針灸和中醫針灸的原理相同，用來校準地球的子午線，為環境創造平衡。

在中古時期和文藝復興時期，土占是非洲和歐洲最流行的占卜形式。和土占相關的書籍著述持續出版，直到17世紀，多數神祕學派式微或轉為暗地進行後才稍停。這種轉變不僅是因為基督教蓄意剷除各種形式的魔法，也因為理性時期的到來，人們喜愛理智和科學勝過異教信仰與神祕方術。文藝復興時期，土占和通靈術、手相、水占等，同列七大「禁術」。

土占的緣起，一般相信是貿易商帶入中東地區的東亞祕術知識。土占16個符

號原本的名稱傳統上以阿拉伯文命名；但是，赫爾墨斯文獻中提到神話故事君王坦坦阿辛地（Tumtum al-Hindi），則暗示來源可能是印度。

阿拉伯文獻記載，古代先知易德立斯在夢中見到天使哲伯拉依，並請求天使給予啟示；哲伯拉依便在地上畫了一個土占圖案。先知詢問圖畫的意義，哲伯拉依便將土占之術傳授給易德立斯。易德立斯身懷土占奧祕，求見坦坦阿辛地；後來坦坦阿辛地以土占為題完成的著作，流傳於神祕學派的圈子中，最後落到卡拉法‧包伯利（Khalaf al-Barbari）手上。他旅行至麥地那並皈依回教。包伯利承認他了解卜筮之術，並說明回教出現前的先知也通曉土占。只要學習土占，就可以知道先知所知的一切。

土占之法

傳統上，土占是用手或棍棒在沙地上繪製圖案，不過用蠟版和尖筆，或是一般的紙筆也可以，占卜時不一定需要儀式性的物品。現代土占的方法包括電腦化的隨機數字產生器、數牆磚、丟一把數量不明的石頭到平面上、數馬鈴薯的芽眼、從袋中抓一把豆子，或是其他創意十足的數字編排機制。有些土占者會用特製的紙牌，每張牌代表一個土占圖案，洗牌之後抽四張牌。也有人用專門的機器產生完整的土占圖表，類似流傳自埃及或敘利亞的土占器具。

傳統的阿拉伯土占會在沙地上畫16條隨機的虛線；非洲的另一種土占則是朝空中丟一把泥土，觀察泥土落下的樣子。源自西非的伊發，是一種古老的土占術，所用的16個圖形和在阿拉伯與西方世界用的一樣，但是意義與名稱不同。

雖然土占和中國的風水源自不同的傳統，但現在「土占」通常也包括風水，甚至包括印度堪輿——印度堪輿術類似中國風水，是一套講究物品擺放或房屋建築須與當地能量調和的系統。土占的定義隨時代而有所變化，因此今天所稱的土占，可以指任何與土地有關的精神及心靈儀式，或偽科學的實踐。

阿格帕的符號

Via 改變	Cauda Draconis 圓滿	Puer 熱情	Fortuna Minor 決心
Puella 生育力	Amissio 失去	Carcer 保護	Laetitia 歡愉
Caput Draconis 利益	Conjunctio 關係	Acquisito 財運	Rubeus 權力
Fortuna Major 成功	Albus 協商	Tristitia 力量	Populus 人民

公元15世紀末，魔法師兼占星師阿格帕設計了魔法符號，以駕馭星球的力量。

玫瑰十字

德國；公元14世紀

與玫瑰十字會有關的符號

公元17世紀丹尼耶‧默葛林的版畫《玫瑰十字聖殿》，充滿隱晦難解的象徵性圖案。

玫瑰十字與半虛構的人物克里斯欽‧羅斯克魯茲（Christian Rosenkreuz）有關。羅斯克魯茲是卡巴拉教信徒、煉金術士，據信是玫瑰十字會的創立者。傳說他在公元14世紀，挑選一群神祕智者組成了這個祕密社團，打算「準備新階段的基督信仰，用於即將來臨的時代」。

玫瑰十字通常是中心有一朵白玫瑰的十字，源自拉丁文rosae和crux。現代玫瑰十字會一類的團體，認為玫瑰十字出現的時間早於基督教。其他教派認為，玫瑰代表沉默魔法，十字象徵上帝之愛與兄弟之情。其他自稱承襲玫瑰十字會的神祕教派則認為，玫瑰十字是精神性欲的象徵。還有一些教派相信這是賢者之石──煉金術士的終極目標。

1618年，玫瑰十字會成員、煉金術士丹尼耶‧默葛林（Daniel Mögling）寫下《玫瑰十字智慧之鏡》（*The Mirror of the Wisdom of the Rosy Cross*）一書，書中一幅版畫極為奇特，成為了解玫瑰十字會神祕符號系統的基本圖案。畫中最顯眼的是一棟奇特的帶翼聖殿和其他古怪的圖案。這幅版畫也和其他煉金術版畫一樣，充滿神祕難解的象徵，例如停泊在山上的船、天鵝和流星。聖殿下有輪子，表示它可以去任何地方；一條繩子將聖殿從天堂懸掛下來，因為是由上帝的旨意移動。左邊窗戶上有精細繪製的玫瑰，右邊窗戶上則是十字。

這幅版畫是當時神祕教派運動的表徵之一。在基督教看起來堅不可摧的表面下，玫瑰十字會或煉金術一類的神祕流派仍蠢蠢欲動。許多現代玫瑰十字會成員相信，玫瑰十字會起初是赫爾墨斯團體，從文藝復興伊始就相當活躍。其實，玫瑰十字會成員只不過是延續存在已久的神祕傳統，源自歷來文學、政治、藝術、宗教和科學領域的天才、賢

者與飽學之士。

赫爾墨斯運動

赫爾墨斯主義源自傳奇先知赫爾墨斯（Hermes Trismegistus）的著作，對新柏拉圖主義和文藝復興思想有極大的影響。赫爾墨斯運動在公元1300至1600年間興起，主要信條為萬物之間互相連結、魔法師如何召喚超自然力量以控制或操弄自然；人可以自己成事，不再仰賴上帝垂憐。這種思維對新「科學家」有很大的影響，他們亟欲得知魔法、煉金術、占星術或相關法術的祕密。玫瑰十字正代表了這群追隨者，即基督教神祕主義者與赫爾墨斯魔法師。

19世紀，美國共濟會成員亞伯特‧派克（Albert Pike）認為，玫瑰十字教導人們三件事情：第一是上帝恆久不變，第二是靈魂永恆不滅，第三是一旦救主降臨、邪惡定將絕跡。他相信十字符號原本與安卡有關；安卡是古埃及象徵生命的符號。玫瑰對羅馬的黎明女神奧羅拉而言是神聖的，因此也象徵光明回歸、生命復甦，是創世首日的黎明，也是死而復活。十字和玫瑰的結合，代表永恆生命的降臨、救世主的到來。

19世紀的皮圍裙，屬於玫瑰十字會的一位大師，藏於法國勒皮的克羅沙提耶美術館。

黃金黎明會

赫爾墨斯派的黃金黎明會，通稱黃金黎明，是19世紀末期於英國一項致力於研究、實施魔法與祕術的運動。黃金黎明在精神保護或冥想準備的儀式中，會使用玫瑰十字。以紅玫瑰與黃金十字的象徵意義為基礎，玫瑰十字是黃金黎明第二支派的重要符號。黃金黎明的玫瑰十字，在設計上採用多種符號，包含元素、星球、黃道、希伯來字母、煉金術法則、重要幾何象徵如六角星和五角星、生命之樹、拉丁文縮寫INRI等。INRI意為「猶太人的王，拿撒勒人耶穌」。

黃金黎明玫瑰十字上的符號，依據元素而排列。風是黃底的紫色五角星和其他符號，火是紅底的翡翠綠五角星和其他符號，水是藍底的橘色五角星，地是茶色、橄欖綠、黑色的底上一個白色五角星。

圖中的玫瑰十字出自詩人葉慈的儀式筆記本。葉慈是赫爾墨斯派的黃金黎明會成員。

伏尼契手稿
義大利；公元1404~1438年
尚未破解的符號

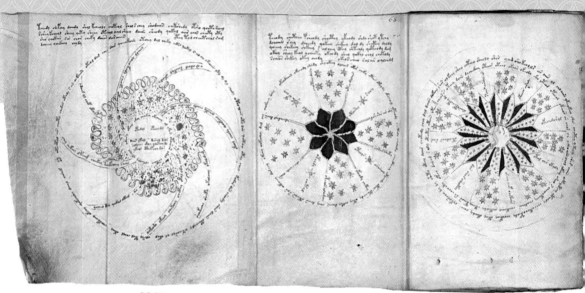

帶有插畫的伏尼契手稿，是用一套無人知曉的文字系統書寫而成。根據碳定年法，這份手稿的年代是公元15世紀初期，據信是在文藝復興時期的義大利完成的。手稿似乎有幾頁已遺失，剩下現存的手稿中包含古怪、甚至富喜劇性的插畫，例如裸女在澡缸中嬉戲或是奇幻的花草與植物。

1912年，波蘭書商威爾佛・伏尼契（Wilfrid Voynich）買下這份手稿。其後，密碼專家和業餘愛好者徹底研究了這份手稿，包括打過兩次大戰的美國與英國解碼員。雖然神祕主義者宣稱了解它，翻譯專家和語言學家企圖解讀它的語言，但至今仍無人破解手稿的文字，成了密碼史上不光彩的案例。伏尼契手稿十分神祕、隱晦難解，因為無從理解其中意義，導致產生許多猜測，但過去幾百年中提出的各種假設都未獲得證實。因此也有許多人懷疑，伏尼契手稿可能只是一個瘋子所寫的胡說八道。

每張手稿右頁的右上角都有編號，從1到116，可能是後來持有手稿的人寫上去的。雖然有好幾處頁碼缺漏，但過去手稿很可能至少有272頁。手稿中有超過17萬個圖形狀文字，圖形與圖形間有狹窄的間隔，大部分圖形都只有一劃或兩劃。文件中除了少數只出現一兩次的字之外，大部分字母都由20到30個圖形組成。人們發展各種轉錄字母，企圖找出伏尼契手稿的圖形狀文字與拉丁字母間的對應，以利分析。然而，所有的努力都宣告失敗。語言學家體認到，手稿的語言不同於任何歐洲語言。字母在單字中的分布也相當奇特：有些字母只出現在字首，有些只在字尾，有些只在中

間。

　伏尼契手稿古怪的特色，例如重複兩次或三次的字、奇幻的插畫、缺乏歷史文獻參照，在在顯示它可能只是惡作劇。如果無人能解開手稿的謎團，那麼也許它一開始就沒有意義；也許它是反其道而行的騙術，假裝要用各種障眼法蒙騙讀者。然而，另有一些理論認為，手稿仍有些許意義。

編碼理論

　根據以字母為基礎的編碼理論，伏尼契手稿的內容是以歐洲語言寫成、有意義的文字，但被故意弄得隱晦難懂。大部分20世紀解碼計畫的工作都以這種觀點來做假設，包括1950年代初期，由美國國家安全局解碼專家組成的非正式解碼團隊，亦以此為假設。相對地，以編碼手冊為基礎的編碼理論認為，伏尼契手稿的「文字」也許可以從像字典一樣的手冊中查閱。這種理論的主要證據，是手稿中有許多字的內部結構和長度分布類似羅馬數字系統；在當時要編碼的話，參考羅馬數字系統是很合理的選擇。但是以手冊為基礎的編碼系統非常笨重、不靈活，只適用於簡短的訊息。

　1499年，日耳曼僧侶兼神祕主義者特里特米烏斯描述的隱寫術，是在一則訊息中隱藏另一個訊息的技術。以隱寫術為出發點的理論認為，伏尼契手稿的文字本身大多沒有意義，但在不起眼的細節中，例如字與字之間或插圖中，隱藏了有意義的訊息，但至今尚無人發現。較晚近的理論中，有的認為伏尼契手稿是藏寶圖，有的說是青春永駐的祕方，或是魔法手冊，還有人相信這是威爾

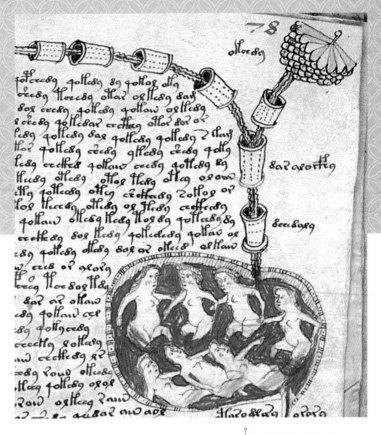

尚未被解讀的手稿，似乎是描繪澡缸的場景。手稿現存於美國耶魯大學古籍善本圖書館。

佛·伏尼契自己偽造的文本。

　偽造說一派懷疑，伏尼契購買大量古代羊皮紙典籍，並運用他在莫斯科大學習得的化學知識，複製中古世紀的墨水和顏料。甚至有紀錄顯示，伏尼契在倫敦大英博物館，研究一本名為《古代墨水略觀》（*Some Observations On Ancient Inks*）的書。但是伏尼契宣稱，他是在羅馬城外一所耶穌會神學院中偶然發現這份手稿。手稿附有一封信，據稱是神聖羅馬帝國皇帝的前御醫馬爾奇（Johannes Marcus Marci）在1665年寫的，信上說明，手稿原本屬於魯道夫二世，即1576~1612年統治神聖羅馬帝國的皇帝，作者可能是伊莉莎白時代的煉金師羅傑·培根（Roger Bacon）。伏尼契將手稿稱為「羅傑·培根的密碼手稿」。

伏尼契相信手稿出自羅傑·培根（上圖）之手。

維特魯威人

義大利；公元1490年

人體與宇宙整體對稱的象徵

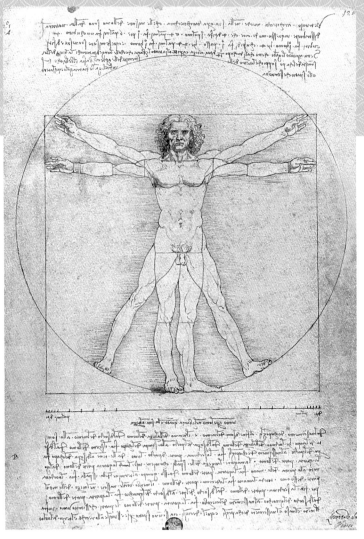

達文西的《維特魯威人》是宇宙反映古典人體比例的最佳範例。

達文西驚豔四座的《維特魯威人》圖畫旁邊附有文字說明，是源自羅馬建築師維特魯威的著作。維特魯威描述，古典建築法則中，人體是比例的主要依據，並透過研究發現，從數學上而言，理想的身形應該是八頭身。他把這些發現寫在著作《建築十書》（De Architectura，公元前15年）的第三冊中。

達文西以筆和墨水繪製的著名圖畫中描繪了同一個人的兩個身形：兩身形重疊，手腳展開，被一個圓圈、一個方塊環繞。這幅圖畫和附註文字也被稱為「比例準則」或「人的比例」，不同的手腳位置組成共16種姿勢，雙臂水平展開、兩腳併攏的姿勢，被認為是重疊在方塊上的圖畫；而手腳呈大字型展開的姿勢，則重疊在圓圈之上。

達文西是極致的文藝復興人，他也和同時代的許多人物一樣，作品奠基於藝術、神祕主義、魔法和科學的結合。《維特魯威人》不只成為文藝復興時期的文化標誌，也完美呈現達文西對比例的深刻認識。它凸顯了赫爾墨斯派的信條：「一花一世界」，即人就如同宇宙的鏡子。達文西也相信，人體的運作就是宇宙運行的縮影。

達文西的附註文字是鏡像文字。雖然可能是某種形式的編碼，但達文西本人是左撇子，所以也可能只是因為寫鏡像文字對他而言比較容易。當他用墨水由

左往右寫時，字跡可能被手弄糊，鏡像書寫就可以避免產生髒兮兮的墨跡。附註文字的第一段中，達文西重申維特魯威的原文，說明測量人體比例的方法。維特魯威解釋，一掌有4指寬、一足有4掌長、一前臂有6掌長、一人則有4前臂高；一步有4前臂長，一人有24掌高。第二段文字記載：「如果你打開雙腿，直到你的身高減少1/14，並把雙手舉到手指和頭頂在同一水平線的位置，此時張開的四肢以肚臍為中心，且兩腿間的空間會形成一個正三角形。」

　　達文西在第二部分的文字中，載明維特魯威提出的各種比例，例如手的長度是身高的1/10、陰莖的起始點是身高一半之處、腳的長度是身高的1/7，以及「下頷到鼻子的距離、眉毛到髮線的距離，都與耳朵相等，為臉長的1/3」，為後世的肖像畫家奉為金科玉律。

1684年的畫作，描繪維特魯威（右）向奧古斯都大帝展示《建築十書》。

解剖學

　　達文西的繪畫是仔細鑽研前人文獻，加上他自己實際觀察人體的成果。在畫圓圈和方塊時，達文西的觀察正確——雖然圓圈的中心是肚臍，但方塊的中心和圓圈的中心不同；以解剖學而言，位置應該更低。中心位置的調整，是《維特魯威人》的創新，也是同一主題的其他繪畫所不能及的獨到之處。另一個達文西不同於維特魯威的地方，就是他把手臂畫在使指尖與頭頂齊平的位置，不像維特魯威畫的角度較低，手臂形成通過肚臍的線條。

　　在維特魯威之前，世界各地就已有許多運用幾何比例的古代建築，包括埃及和希臘的建築。後來中世紀歐洲的教堂也融合了象徵性的幾何學，而印度與喜馬拉雅地區的性靈團體，以曼陀羅和神聖數字為設計概念建造寺廟。

　　在神聖幾何學中，好些幾何形狀和比例被認為具有象徵性和神聖性意義，用以創造宗教符號和架構的複雜系統，牽涉空間、時間和形式，成為舉世皆知的圖案。維特魯威在人體中看到這個比例，然而《維特魯威人》這幅畫，或說它的作者，進一步深究神聖幾何的比例，使人自身成為一個微形宇宙。《維特魯威人》是人體對稱的指標性象徵，也可以進一步推及宇宙的對稱。

　　不論神聖幾何比例對建築和藝術的影響為何，人們仍然好奇，畫中的男子究竟是誰？有人認為是畫家本人，有人認為是耶穌被釘在十字架上的樣子。另有學者和藝術史學家相信，《維特魯威人》其實影射的是施洗者約翰。據說達文西深信施洗者約翰比耶穌更為崇高，但他對自己這種不同於主流的宗教觀嚴加保密。在達文西的時代，他絕不可能宣揚這種主張，也許因此他才決定把異端信仰偷偷藏在畫作中。

達文西的自畫像。達文西相信，微觀世界和宏觀世界、人與宇宙，都是相同的，都是一體。

無限

義大利；公元1584年

無限度、無止盡的代表符號

上圖的銜尾蛇源自中古時期末葉，拜占庭希臘煉金術士的手稿。

無限符號首次出現在1584年義大利哲學家、占星術士、與神祕主義者焦耳達諾·布魯諾（Giordano Bruno）的護身符畫作中。布魯諾提出無限宇宙的概念，即「有無數個太陽，無數個地球繞著這些太陽旋轉，如同七大行星繞著我們的太陽旋轉。星球上有生命棲息。」在布魯諾的時代，認為地球和其他星球繞著太陽旋轉，就已算是異端，更何況是認為宇宙中尚有其他太陽，而且無限大。

布魯諾的好幾件畫作中都有這個奇特的符號，像是平放的8，又稱雙扭線，如同一條蛇盤過自己身體。這個8的符號，源自埃及人對大蛇的崇拜；許多文化中，或是波斯、米諾斯、希臘的裝飾藝術，都可以看到它。無限的概念有時以8的符號代表，來表現交錯、相反的無盡循環其實是一體的、相同的。就像道家的陰陽，陰中有陽、陽中有陰，代表萬物永恆的融合。

約翰·華勒斯（John Wallis）在1655年為無限符號賦予數學意義，立下大功。他沒有解釋符號選擇的理由，但數學圈相信，華勒斯選擇的符號是羅馬數字1000的變體；這個符號有時會被當成「許多」的意思。也有人認為它衍生自希臘文最後一個字母ω。在數學上，無限符號代表潛在的無限性，而非無限的數量。另外，書籍裝訂時如果用了無限符號，表示這本書是用無酸紙印刷，可以保存很久。

銜尾蛇

神祕主義把各式各樣的銜尾蛇當成無限的符號，銜尾蛇這種古老的圖案就是一條蛇咬住自己的尾巴。人們認為它象徵宇宙永恆的循環、凌駕一切的二元性、與相反事物的融合。銜尾蛇在古埃及出現後，就成為宗教和神話象徵系統中的重要符號，常常出現在煉金術著作中，代表煉金術成品的循環本質。已知

最早的銜尾蛇圖案出現在公元前14世紀的《陰間謎之書》（*Enigmatic Book of the Netherworld*），這是一份在圖坦卡門墓穴中發現的古埃及喪葬文件，說明太陽神拉的作為和祂在陰曹地府與歐西里斯的結合。文件中的一幅插圖畫著兩條蛇，嘴裡叼著尾巴，盤在一尊大神的頭部和腳邊，大神名為「隱藏時間者」，可能代表拉與歐西里斯的合體，銜尾蛇此處呈現的形象是「圍繞者」護衛蛇神邁罕。這幅插畫和文字，指明時間的起點和終點，和時間循環不斷的本質。圖中間有七名崇敬之神高舉繩索，顯然是要把圓盤從位在中央的大神體內拿出。

銜尾蛇也出現在埃及文化的其他面向。如同許多其他的埃及蛇神，銜尾蛇可以是代表毀滅的蛇神阿佩普，或是守護之神瓦吉特。銜尾蛇符號一直存在於埃及王朝，之後也常出現在希臘羅馬時期的魔法護身符上。公元2世紀的莎草紙手稿《克麗奧佩脫拉煉金書》（*The Chrysopoeia of Cleopatra*）中，有一幅著名的銜尾蛇圖畫，這位克麗奧佩脫拉是當時少數的女性煉金術士。她繪製了一幅著名的圖畫，描繪銜尾蛇環繞hen to pan 幾個字，意為「一即一切」。克麗奧佩脫拉是少數能製作賢者之石，或稱萬靈丹的煉金術士，並因此遠近聞名。

無限符號也出現在騎士偉特塔羅牌組中的幾張牌上，包括魔法師牌和力量牌。

世界的和諧
德國；約公元1599年
以音樂和幾何和諧為基礎的宇宙理論

約翰尼斯·克卜勒以《世界的和諧》進一步闡釋象徵性顫動與神祕的天體音樂。

德國天文學家、占星術士約翰尼斯·克卜勒的肖像。

大約在公元1599年時，德國天文學家、占星術士約翰尼斯·克卜勒（Johannes Kepler）很想出版著作，闡明他以哥白尼系統為基礎發展的新理論：地球和其他行星，以橢圓軌道繞著太陽旋轉。在當時，這種理論被視為離經叛道、妖言惑眾。克卜勒明白，如果書中提到關於天體和諧關係的理論，可能會讓跟天主教會同一陣線的學者起疑，或群起撻伐。雖然克卜勒的理論和畢達哥拉斯的神祕和諧大不相同，但克卜勒關於幾何支持音樂比例的論述，讓他得以建立音樂和聲與星球角速度的關係。他的天體運行模型也睿智地提出合理證據，證明上帝的作為如同一位幾何設計大師。

畢達哥拉斯認為，太陽、月亮和行星都會根據軌道運行，產生獨特的顫動，而這並非出自上帝的原意。他還說明，地球的生命狀態反映出了人耳聽不見的天體之聲，因此生命的狀態並非由上帝決定——這是徹頭徹尾的異端邪說。所以克卜勒在自己的實驗室裡低調發展理論，也就不足為奇了。幸好克卜勒後來搬到了布拉格，成為神聖羅馬帝國皇帝魯道夫二世的謀臣。名聲不佳的魯道夫二世經常資助神祕方術研究。

1619年出版的《世界的和諧》

（*Harmonices Mundi*）是克卜勒畢生的心血；天文學最重要的法則「三大行星運動定律」也由此發展而成，改變了天文學與科學的走向。

行星具有音樂性的和諧，是中古時期哲學中就已存在的概念；大學傳授的「天體音樂」（*musica universalis*），是一種傳統的哲學比喻，認為太陽、月亮和行星運行的比例是一種音樂；雖然聽不見，但這是一種象徵性的顫動，也可以當成數學或宗教概念。

和諧運行

畢達哥拉斯是第一個發現音符頻率高低與發音琴絃長短成比例的人，他也發現和諧音之間的音程會形成簡單的數字比例。

畢達哥拉斯的發現使克卜勒深深著迷，並試圖尋找合理的解釋。特別要注意的是，當他提到「和諧」時，指的不是音樂上的和諧，而是定義更為廣泛的和諧，包含天體與地球萬物運行。克卜勒把《世界的和諧》分為五個篇幅較長的章節：第一章是一般多邊形，第二章是形體的相容，第三章是音樂和諧比例的緣由，第四章是天文學的和諧機制，第五章是行星運動的和諧。

克卜勒發現了行星運動的物理性和諧：行星在軌道上運行時，最大角速度與最小角速度間的差距大約是和諧比例。例如，以太陽為測量定點的話，地球的最大角速度在橢圓形軌道離太陽最遠的和最近的點，有如「mi」到「fa」一個半音（比例為16:15）的差距。克卜勒解釋為何地球的和諧有微小的差異範圍：「地球唱mi、fa、mi，你甚至從音

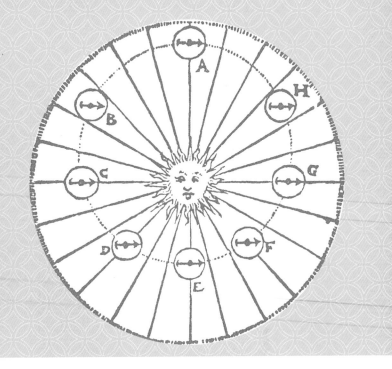

節就可以聽出，苦難（misery）和飢荒（famine）在我們的家園肆虐。」

克卜勒的天體合唱團是由火星擔任男高音、土星和木星擔任男低音、水星擔任女高音、金星和地球擔任女中音。水星有很大的橢圓形軌道，能夠製造最多音符；金星只能發出一個音，因為它的軌道接近圓形，而非橢圓形。根據克卜勒的理論，這些星球只有極少數的時候可以唱出完美的和聲；史上唯一出現過完美合聲的時刻，也許只有創世伊始。克卜勒建構在音樂與幾何和諧之上的宇宙理論，成為行星運動法則的開端，為後來牛頓的萬有引力理論奠下基礎。

克卜勒發現了行星間角速度的和諧比例，並由此發展出極為重要的行星運動法則。

一筆劃六角星
英國；公元20世紀
與生命關鍵相關的神祕符號

公元19世紀赫爾墨斯派黃金黎明會的玫瑰十字符號，啟發了亞萊斯特·克勞利發展出自己的符號。

1904年，克勞利在埃及獲得深度性靈經驗後，相信自己是先知。

筆劃六角星就是一筆能畫完的六芒星或六角星。標準的六角星無法一筆不斷畫完，而是必須分成兩次，以兩個三角形相疊而成。一筆劃六角星可能是赫爾墨斯派黃金黎明會設計的，但祕教人士亞萊斯特·克勞利（Aleister Crowley）宣稱，一筆劃六角星是他的發明，他的精神哲學泰勒瑪（Thelema）也以一筆劃六角星為象徵。

赫爾墨斯派黃金黎明會的一筆劃六角星，將太陽放在上面的角，月亮放在下面的角，四種元素放在其他四個角。它也和一般的六角星一樣，代表大宇宙與小宇宙的結合。不過，因為它是一筆劃成的，同時創造了神性世界與物質世界，並進一步凸顯了兩者最終的結合。一筆劃六角星對黃金黎明會成員執行儀式而言也很方便，只要用魔法器具在空氣中劃出六角星符號即可。

泰勒瑪哲學的符號中，一筆劃六角星中間通常會有一個五瓣的花朵，象徵五角星。克勞利活躍於20世紀初期，1904年，克勞利與妻子蘿絲·伊迪絲（Rose Edith）在埃及經歷了一次性靈體驗，讓他相信自己是新世紀的先知。「泰勒瑪」在希臘文中是「意志」的意思，特別指

人類天性中的渴望。克勞利的泰勒瑪法則是「遵從汝之意志而行，即為法則。愛為法則，遵從意志而愛」。克勞利為發展教派，大量著書立論闡明法則，這些著作合稱為「泰勒瑪的神聖之書」。他也採用了瑜珈、東方與西方的神祕主義，與卡巴拉教的思想。一筆劃六角星仍然是泰勒瑪系統的象徵，也出現在某些版本的托特塔羅牌組中。

一般的六角星是強大的符號，代表大宇宙（上帝、宇宙、至高能量）和大小宇宙（人類、地球、物質能量）間的關係。通常六角星的形狀是兩個交疊的正三角形，一般人稱為猶太教的大衛之星。

卡巴拉教的六角星

卡巴拉教中，朝上的三角形（象徵火元素）代表物質渴望企及、回歸神性；朝下的三角形（象徵水元素）表示神性降格為物質。兩者在六角形的中央相會時，達到平衡與美，對應到卡巴拉生命之樹的華美輪。天文卡巴拉的六角星尤其強大，因為一個角不僅代表一個卡巴拉質點、這個質點與其他質點的關係，還代表擁有同界力量的行星。例如，六角星的紅點，對應的是激進、批判的質點權能輪，與暴力、任性的火星。

有些流派認為，朝上的正三角形象徵男性陽具。馬雅人認為它代表太陽與生殖力，西台人則認為它是健康的象徵；在普韋布洛藝術中，它被當成聖山。朝下的正三角形，在許多傳統中都象徵女性或女性性慾。在古印地安、希臘和羅馬，它代表女性陰部，也代表水元素。

在煉金術中，六角星代表完成，表示結合所有煉製賢者之石的必要元素。

朝上的正三角形象徵火，朝下的正三角形象徵水。穿過水平線朝上的三角形代表風，穿過水平線朝下的三角形代表地球。

印度教中，六角星代表男女的結合；猶太教中，它則是眾所周知的大衛之星。共濟會的三角形符號，底部象徵時間長短，兩邊代表光明與黑暗。整個三角形代表各種特質，包括信仰、希望、慈愛，還有性靈發展。在某些流派中，角對角擺放的正三角形代表地球與天的交會，或男女的結合。在印度，它代表濕婆的沙漏型手鼓達馬魯；達馬魯的聲音，拉開創造世界的序幕。

一般的六角星，由兩個正三角形構成，反映精神與物質世界的結合。

泰勒瑪哲學思想中，一筆劃六角星中間通常有一朵花，象徵五角星。

中國的甲骨文是刻在獸骨上的訊息，為古代帝王用以占卜命數吉凶的系統。

神祕世界

人們為了更了解神明世界所發揮的創造力，形成了神祕世界。古代的人們發展出具魔力的符號，召喚神祇或守護神，祈求多子多孫、四季豐收。但隨著文明發展，人們開始利用這些符號操弄超自然和自然世界，企圖與神力合而為一。這些豐富的符號象徵系統，通常都被當成祕密一樣小心保守著。因為星辰和星球似乎能影響人類，古代的文明就企圖駕馭這種影響力。占卜師或預言者觀察天空或自然中的圖形，認為它們是未來事件的預兆。占星術、塔羅牌、魔法、占卜或其他祕教法術，各自發展出一套象徵符號的語言。文藝復興時期的知名人物約翰·迪伊和焦耳達諾·布魯諾，也各自發展出祕密符號。這股祕教勢力遭到教會迫害，被迫轉為地下活動；直到20世紀初期，人們才重燃對神祕主義的興趣。

閃電人納瑪岡

澳洲卡卡度國家公園；約公元前20000年

早期原住民崇拜的創世神靈

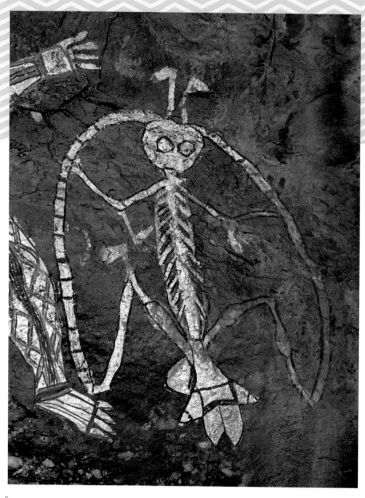

在主要畫作中，閃電人納瑪岡被自己的白色閃電包圍。

閃電、風雨等神靈與神明的崇拜。

主要畫作中央的形體是創世始祖納蒙捷克，祂與自己的妹妹私通，因此被放逐到天上，人們只能在黑夜裡看到祂化身為銀河中的一個黑點。納蒙捷克右邊是閃電人納瑪岡，在創世神話中也佔有重要地位。包圍祂的白色帶狀物是閃電，連接腳踝、頭和手。根據古代的夢世紀故事，納瑪岡與家人來自海洋，旅行橫越澳洲達數百年，沿途把祂的力量留在許多地方。在最後一趟旅程中，納瑪岡向西來到諾蘭基岩附近的懸崖。祂從崖上俯視，然後拿出一隻眼睛放在崖邊，靜候暴風雨季。據說，從岡瓦登哈迪觀景點可以看到的一塊大圓石就是納瑪岡的眼睛。

閃電人狀如祈禱的螳螂，用帶電的棍棒劃開季風時節風雨交加的天空，並以斧頭擊打雲層造成雷鳴。當祂降臨人間時，會用斧頭劈開樹木、削去屋頂。納瑪岡每年都在十月下旬到來，雷鳴電閃整個雨季後，在隔年三月離去。原住民聽到最後一聲響雷，就知道是納瑪岡在說：「該走了，但我明年會帶著更多回來。」

納瑪岡和妻子巴金產下了一支長相怪異的後代種族，就是名為阿如的蚱蜢。每年11月閃電人降臨時，這些蚱蜢就會四處亂跳。原住民非常崇敬阿如，因為據信阿如在夢世紀，賜予他們語言、信仰和文化架構。

澳洲卡卡度國家公園諾蘭基岩的安班班岩棚上，有古代的岩石壁畫，畫中最顯眼的就是創世神靈納瑪岡。祂預告危險暴風雨季的到來，被人們尊崇為創世始祖之一。原住民早在公元前2萬年，就已經佔據北領地這片遙遠的砂岩懸崖。安班班岩棚上有極佳的原住民神話圖案，反映早期社會對自然、

諾蘭基岩附近有三處主要遺址。根據傳說，兩個創世始祖化身為短耳岩袋鼠，從東部旅行至西部時，創造了這個地方。兩隻袋鼠通過諾蘭基岩，穿過安班班沼澤，並往上鑽入岩石，留下兩道裂縫。據說像彌彌（Mimi）一類的神靈會棲息、停留在岩石的裂縫中，避免被強風擊毀。安班班岩棚上詳實、精美的岩石壁畫，描繪了彌彌神靈細瘦、脆弱、拉長的身體。據說，彌彌教導澳洲原住民如何狩獵、處理袋鼠肉、升火。現在，清晨和傍晚時分，常可以看到岩袋鼠在諾蘭基岩出沒。

夢世紀

　　夢世紀既是創世初始，也是神靈開始賦予大地形體的時期。考古學家認為，以狩獵採集維生的人，在公元前5萬年冰河時期，就已經定居在澳洲，形成小型聚落。當西方的開墾者在18世紀末期抵達時，澳洲可能有超過300個小型聚落，各有自己的語言。

　　超越時空的夢世紀中，神靈在世界上塞滿動植物，以及未來將誕生的一切，為日常生活注入神祕色彩。夢世紀和土地的關係極為親密，其中所有東西都被賦予了夢世紀自己的元靈。例如，就算是一塊石頭、一處凹窪，都有神靈注入；看起來空空如也的沙漠，地貌上也被賦予了名為djang的神靈。最知名、神聖的djang地點，就是北領地的艾爾斯岩。

諾蘭基岩上的大圓石，據說是閃電人的眼睛，提醒人們祂每年都會回到此地。

彌彌神靈是精靈，身形細瘦，可以躲在岩縫間避開強風。

薩滿

法國拉斯科洞穴；約公元前15300年
與占卜、治癒、精神世界有關的形體

拉斯科洞穴中的鳥人場景，據信描繪的是彷彿處於恍惚狀態的薩滿，在異界遇到了動物靈。

在許多原住民文化中，薩滿巫師是受人敬重的魔法師、聰明的醫生，能夠超越有形世界。薩滿教信仰認為，所謂的「現實」充滿看不見的力量，包括神靈和惡靈，為萬物帶來正面或負面的影響。這些神靈在各個文化或社會中，扮演重要的角色。薩滿巫師可以脫離肉身，進入精神世界，也可以治癒疾病，與精神引導者溝通；精神引導者通常是動物。一旦入教者成為薩滿，會拿到與文化需求有關的特定魔法護身符。薩滿要穿梭精神世界，首先必須進入恍惚般的狀態，方法包括自我催眠、使用死藤水一類的藥物、快速擊鼓、汗屋、視覺探索，或其他儀式。

法國拉斯科洞窟群的主要洞窟內，在不顯眼的地方有一座高達6公尺的豎井，豎井底部有一幅驚人的圖畫，畫在只能容納一人觀賞的空間中。圖中描繪的顯然是血淋淋的狩獵成果：閃閃發光的方解石晶體岩壁上，一頭碩大的黑色野牛身負重傷，似乎擺出攻擊的姿勢，尾巴憤怒地四處甩動。一支帶鉤長矛穿過野牛的身體，刺得牠肚破腸流。野牛面前有一個棍型的人體，臉上帶著鳥頭，看起來似乎跌倒在地。有些學者將這幅圖畫解讀為單純的狩獵意外；不過，現在有許多人相信，圖畫描繪的是陷入狂喜

恍惚狀態的薩滿。勃起的陽具代表他意識狀態的改變。按照這一派的詮釋，畫中的鳥頭杖可能是某種儀式禮器；肚破腸流的野牛，可能是薩滿在異界遇到或殺死的動物靈。在歐洲100多個有壁畫的洞穴中，只有一些有類似的神祕圖畫，描繪人與動物的合成體，可能就是變形者或薩滿。

　　法國學者相信，拉斯科岩洞公牛大廳中的象徵性圖案代表巨幅的星象圖。岩壁群像中，主要形體上關鍵的圓點對應星辰在舊石器時代的位置。有人認為，公牛、鳥和鳥人的眼睛，代表織女星、牛郎星和天津四，就是現代天文學家所稱的夏季大三角。考古天文學家認為，星辰的排列顯示時節是夏至。但是否還有其他神祕故事隱藏其中？

　　鳥人倒在地上，陽具勃起，一隻手爪指向野牛，另一隻手爪指向鳥頭杖，或是坐在手杖末端的一隻鳥。這個鳥形薩滿是在接觸野牛的靈魂、學習死亡的奧祕嗎？或者這是薩滿儀式的一環，是部落呈現死亡的手法？有些人類學家已經發展理論，認為這些圖畫可能代表某種神祕儀式，舉行儀式之後可以改善未來狩獵的成果。這派理論的佐證，就是洞穴中同樣的位置，還有一群動物的重疊圖案，暗示洞穴的這一區，在祈求狩獵出擊能滿載而歸上，比較成功。

巫師圖畫

　　另一幅著名的薩滿圖畫是名副其實的「巫師」岩洞壁畫，年代為公元前13000年，岩洞名為「庇護所」，位於法國阿列日省三兄弟鎮。一般認為畫中人物是變化形體的薩滿，或是主要神靈，無法

判斷是否重要。因為庇護所的岩壁上還有其他裝飾圖案，所以魔法儀式可能是在穴室中舉行。法國考古學家步日耶（Henri Breuil）畫工了得，畫了許多岩洞壁畫的素描。他在1920年代描繪的巫師，有帶角的人形軀體和勃起的陽具，影響了後來許多與巫師有關的理論。步日耶宣稱，這幅岩洞壁畫畫的是薩滿或魔法師；英國考古學家瑪格莉特・莫瑞（Margaret Murray）則認為它是「首幅對地球神明的描繪」，步日耶和其他學者後來也採用此說。步日耶圖畫最常見的詮釋，是認為它呈現了薩滿執行確保狩獵滿載而歸的儀式。

步日耶所繪的巫師。一般相信這是穿著儀式服裝的薩滿，祈求狩獵豐收。

迷宮

克里特島克諾索斯；約公元前1860~1814年

迷宮般的通道圖案，以囚禁、迷惑為目的

義大利布雷西亞代森札諾莊園的地板，有公元4世紀的羅馬馬賽克花紋，可見迷宮圖案十分流行。

迷宮最初問世，是在克里特島的克諾索斯宮，即米諾斯文明的中心。克諾索斯宮是政治與儀式的中心，以房間、起居空間、室內外的精美壁畫，以及具高度裝飾性的陶器組成的迷宮聞名。宮殿建於法老王阿蒙涅姆赫特三世（公元前1860年~1814年）在位期間，後來在公元前1380~1100年間的青銅器時代晚期遭到遺棄。

希臘神話中，統治克里特島的米諾斯國王就住在克諾索斯宮。國王下令要手藝精妙的工匠戴達勒斯建造一座迷宮，監禁他的怪物兒子彌諾陶洛斯。根據荷馬描寫的彌諾陶洛斯神話，雅典王子鐵修斯航行至克里特島，被迫與牛頭人身的彌諾陶洛斯對戰。國王的女兒亞莉阿德妮愛上了鐵修斯，在鐵修斯進入迷宮前，亞莉阿德妮給了他一個線球，線的一端綁在入口處的大石上。鐵修斯一邊進入迷宮一邊鬆開線球；殺了牛頭人身獸後，他就可以循線回到迷宮入口處。後世作家如歐維（Ovid），描述戴達勒斯建造的迷宮佈滿機關，連工匠本人都找不到出路。

有些迷宮的路線是一筆一氣呵成，有些迷宮是由好幾條路線、許多讓人迷惑的通道組成，如克諾索斯的迷宮。新石器時期或青銅器時期留下來的岩石，有些刻著迷宮般的圖案，一些陶器上也有迷宮般的圖案或刮痕。出自義大利特利亞塔、公元前7世紀晚期的一只愛屈利亞酒壺，畫著一個全副武裝的士兵，騎馬遠離一座迷宮，圖畫外圈環繞著TRVIA（意為特洛伊）的字樣。較近代的中古世紀晚期，威爾斯和康瓦爾的牧羊人會在草地上建造一筆劃迷宮，迷宮路徑最終通到中央。牧羊人稱這種迷宮為Caer Droia，意思是特洛伊城，或是轉彎之城，可能象徵苦修之旅，與異教神話和傷亡慘重的特洛伊圍城有關。

迷宮風行整個羅馬帝國，被認為是保護的象徵；市政廳或別墅地板的馬賽克常以迷宮為花紋。迷宮也會建在戶外，給兒童作為遊戲之用，或是測試士兵的馬術技巧。不過，在中古時期，迷宮符

邁錫尼酒杯，又稱基里克斯杯。酒杯上的細部花紋，描繪鐵修斯在迷宮中心殺掉牛頭人身獸。現藏倫敦大英博物館。

克諾索斯發現的古克里特錢幣，上有迷宮。

號逐漸等同於神祕經驗。

中古時期，教堂或主座教堂的神職人員常利用迷宮練習舞蹈；他們沿著迷宮的通道，輕踮腳尖、兩步踏併或旋轉。迷宮以巧妙的形式，反映中古時期知識分子精神信仰、生活與哲學的複雜性。迷宮是以彩色大理石和磁磚鋪設而成，建在教堂和主座教堂的地板上，最有名的是法國沙特主座大教堂的迷宮。這座一筆劃迷宮在公元13世紀早期建成，一直保存到今天。朝聖者造訪教堂，「走過迷宮」，如同走過一條性靈之路、直達象徵耶路撒冷的迷宮中心。透過這種方法，信徒經歷了一趟象徵性的聖城朝拜之旅，或是對神性有了個人的體驗。

在英國和德國，從中世紀晚期起，人們就以切割草皮的方式，將迷宮建造在村子的綠地、郊區山坡上，或是城鎮的公共草地上，像是埃塞克斯的薩佛倫沃爾登，迷宮一度遍布各地，常用作鄉村節慶的跳舞場地；莎士比亞在《仲夏夜之夢》，也對迷宮有所著墨。但是留存至今的遺跡，英國只有八處，德國只有三處。歐洲其他地方，例如斯堪地納維亞偏僻的島嶼上，有可容人行走的岩石迷宮，與漁民的迷信有關。瑞典南部和俄國北極地區的史前墓地，也發現了迷宮。

法國沙特主座教堂舉世聞名的鋪石迷宮，於13世紀建成。

費斯托斯圓盤
克里特島；約公元前1700年
精美象徵符號的意義仍為未解的謎

費斯托斯圓盤的兩面都有圖案狀的文字和符號。雖然人們已經辨識出某些符號，但至今仍無法確認其中意義。

費斯托斯圓盤是一個奇特的圓型陶盤，兩面都刻有符號，大致呈螺旋狀排列；這些符號與已知書寫系統的任何符號都不相似。1908年，人們在克里特島南部的古城費斯托斯發現圓盤，其年代約為公元前1700年。克里特島其他地方都沒有發現類似的工藝品，因此推測費斯托斯圓盤可能來自外地。

米諾斯人是嫻熟的航海貿易商，他們在克里特島建立的米諾斯文明從公元前2700年延續到公元前1500年。不過，米諾斯文明的文化觸角伸展範圍遠超過克里特島，遍及古埃及帝國、賽普勒斯、迦南、黎凡特沿岸和小亞細亞。2009年，以色列特爾卡布里的迦南宮殿在進行考古挖掘時，發現了米諾斯風格的壁畫和許多其他工藝品。

費斯托斯圓盤上刻畫的某些符號也許可以提供重要線索，說明圖形化文字的意義和來源。一個符號描繪了一頂帶有羽飾的頭盔，後來為非利士人所用；還有一個符號描繪的形狀，類似小亞細亞呂基亞人所用的石棺。比較精細的圖案是用事先做好的圖形狀文字印章，按順時鐘方向印壓在軟陶土上，呈螺旋狀排列到中心，然後再以高溫燒製圓盤。

圓盤上有241個圖案，共45個不同的圖形狀文字，其中許多都代表顯而易懂的日常生活用品，例如船、盾牌、短棍，還有人形、鳥、昆蟲、魚和植物。此外，還有一條出現了18次的短對角線，每次都出現在字組最後一個字的下面。

圓盤有幾處顯出書吏修改的痕跡，好像他必須重印文字，或把新的符號插入其他文字間。

圓盤上的文字分為61組，至今仍未發現明顯的解讀或詮釋方法。有人猜測這些圖形化文字可能是音標，或是類似埃及的象形文字。另一派理論認為，圓盤是具儀式禮器或宗教法器功能的工藝品，因此並不代表發展成熟的書寫系統。印章的使用，暗示大量製作的能力，因此可能有其他尚未被發現的圓盤。

有些考古學家聲稱，圓盤是領受宗教福澤的證明。另一派學者則認為，圓盤是永久性的紀錄，或是具貿易功能：船隻行駛在克里特島周圍時，船長必須攜帶圓盤，並在每個港口把貿易或供貨需求紀錄在圓盤上。

至於圖形化文字的意義，可能是祕密訊息、禱文、敘述、冒險故事、動員令，或幾何定理。較普遍的想像是，費斯托斯圓盤是用於療癒儀式的口訣、魔法祭典的咒語、農夫的農民曆，或某種形式的日曆。也有人相信，這些符號是某種桌上遊戲標記，描繪太陽神與月亮女神的旅程，具有天文學與神話學意義。

米諾斯的符號

興起於公元前3500年的米諾斯文明，除了是貿易強國也是崇拜女神的國度。米諾斯符號，例如蛇、公牛、罌粟，都與母神有關；母神也稱萬獸女神。米諾斯藝術常描繪的跳牛，很可能是某種儀式的一環。其他常見的符號包括米諾斯靈獸和雙刃斧，米諾斯靈獸是虛構的神話生物，有時被描繪成獅首或河馬首，在各種宗教儀式中佔有一席之地。牠常以奠酒者的形象，與水罐一同出現在圖畫中。宰殺獻祭公牛的雙刃斧，或稱雙頭斧，是強大的符號，用來裝飾克諾索斯宮的牆面或陶器。

雙刃斧，又稱雙頭斧，是米諾斯女神的象徵；女神掌管克諾索斯與其中的迷宮。

米諾斯公牛

公牛是代表力量的強大符號，在古代的克里特島被當成圖騰般的皇家神獸。據信跳牛儀式或公牛，在米諾斯文化中占有重要地位。克諾索斯考古遺址中，發現了幾幅描繪跳牛運動的壁畫，身形誇大的公牛與跳牛選手的對比，顯示米諾斯人崇敬動物的力量。跳牛是以體操動作越過一頭公牛。當公牛的角被抓住時，牠會用力往上甩動脖頸，讓跳牛選手可以借力翻筋斗，或施展其他體操技巧。

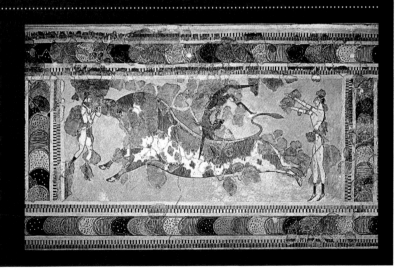

甲骨文

中國；約公元前1500年~1000年

占卜用的刻字獸骨

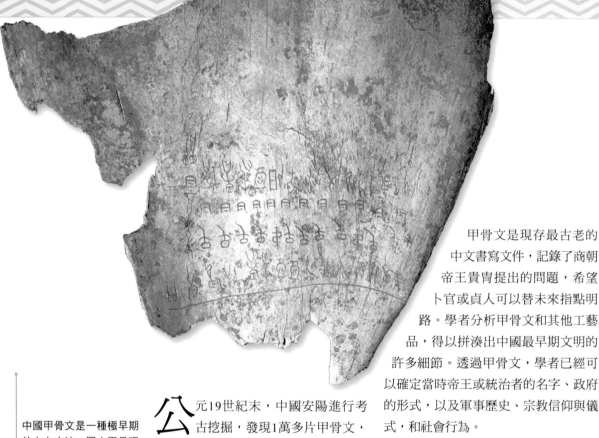

中國甲骨文是一種極早期的占卜方法。圖中甲骨現為英國劍橋大學圖書館金璋館藏之一。

甲骨文是現存最古老的中文書寫文件，記錄了商朝帝王貴冑提出的問題，希望卜官或貞人可以替未來指點明路。學者分析甲骨文和其他工藝品，得以拼湊出中國最早期文明的許多細節。透過甲骨文，學者已經可以確定當時帝王或統治者的名字、政府的形式，以及軍事歷史、宗教信仰與儀式，和社會行為。

公元19世紀末，中國安陽進行考古挖掘，發現1萬多片甲骨文，主要是牛肩骨和龜殼，刻有中文古字。這些骨片在公元前1500年~1000年用於占卜，但其後數世紀以來，其祕密都藏在城市街道之下。根據當地傳說，1899年，一位醫師在尋找「龍骨」時，發現了這些骨片。這位大夫本想將骨片磨碎，調製靈丹妙藥，以救治病入膏肓的患者。

祖先崇拜和祖靈是多數中國古代信仰的核心。因此，第一個建立朝代的商朝皇室，相信他們的權力來自與祖先的精神聯繫，並透過甲骨文交流，也就不足為奇了。戰爭勝利、狩獵豐收、農畜興旺，都仰賴皇室祖先的庇蔭。疾病、橫死、謀殺、天災，都是無法進入冥府的亡靈在作祟。崇拜祖先，可以確保祂們

賜福人間,而非為害蒼生。

甲骨文的內容,顯示御前卜官要回答的問題五花八門:「王會有王子嗎?」、「明天會下雨嗎?」、「若派兵千人征戰,是否能凱旋而歸?」甚至「久旱不雨,是某祖先害的嗎?」書吏或卜官把問題刻在獸骨上,並在獸骨的另一面鑿幾個小洞,然後把燒熱的鐵棍戳進這些小洞中,直到獸骨裂開。卜官解讀這些裂縫形成的圖案後,把答案和最後的結果,刻在另外一面。

考古學家發現,在獸骨過火前,有時會被人蓄意鑽洞,確保獸骨會以特定方式裂開,卜官就可以修改問卜者想知道的結果。因此,若卜官想拉攏統治者或皇室,這種方法保證占卜的結果可以讓卜官和問卜者都滿意。

商朝的甲骨文回答帝王的許多問題,預示帝王的未來。

占卜

丟擲符文石

丟擲符文石的歷史,可以追溯到中古時期。符文石占卜的方法,是丟一把符文石到地上或桌上,然後根據石頭排列的樣子、求卜者的問題或尋求的結果,解讀符號面朝上的石頭。

解讀圖案

許多預言未來的方法,都和解讀自然中的圖案有關。這些圖案可能是飛過的鳥群、水面的漣漪、煙霧、蠟滴、星辰,或觀察動物內臟或鏡中與水面的倒影。

預言占卜

探測鐘擺可以用來占卜未來。問題的解答,取決於鐘擺移動的方向;四個可能的方向,通常對應到四種可能的回答:是、否、不知道、再試一次。

其他先知

在古印度,先知被稱為Akashvani,泰米爾語稱Asariri,意思是「來自天上的聲音」,傳遞神明的訊息。先知在許多史詩故事的重大事件中,扮演關鍵角色。例如在《羅摩衍那》中,黑天邪惡的舅舅康薩從先知那裡得知,他妹妹提婆吉的第八個兒子將殺死他。現在印度仍有幾位先知讓一般人問卜。

猶加敦馬雅人的預言祭司,馬雅語稱chilanes,直接翻譯就是神祇的「喉舌」。傳統知識大全《預言祭司巴倫之書》的作者就是一位預言祭司,他準確地預測西班牙人的到來,以及相繼而來的災難。

解讀獸骨上的圖案或裂縫,詮釋據說來自神明的訊息。

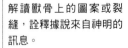

天文曆
美索不達米亞，巴比倫；約公元前1500年
呈現巴比倫人對星體運行的理解

亞述星象盤（公元前650年）據信具有天文魔力，也可能是一種早期的占卜形式。現為倫敦大英博物館庫雲吉克館藏的一部分。

一欄三星石板上，記錄著每個月破曉前升起、出現的三顆星；在之前的「偕日升」時期，並無法看到這三顆星。圓形圖表或是圓盤被軸線分成12等分（有點像現代的星座圖），代表一年的12個月；同時，圓盤也被水平地分為三區，代表天空的北、中、南方位。北半球由神祇恩利爾掌管，赤道屬於安努，南半球是恩基掌管。周長各在南北17度的地方，因此太陽在每一區正好會停留三個月。

一欄三星石板的基本功能是連結月份和特定的天文現象，例如特定星辰的偕日升。在公元前1000年前，這些星辰圖並不包括太陽每年通過黃道星座的路徑。當時人們還無法辨識黃道星座，也尚未替它們命名，但已經可以認出一些星群，例如昴宿星團、獵戶座和大熊座。雖然一些巴比倫工藝品上的獅子和蠍子，指的可能是星座，但對黃道的理解以及黃道在天文學和占星學上的功能，都是後來才發展出來的。

金星石板和一欄三星石板，顯示巴比倫人在公元前1000年就已經認出好幾十顆星星，並畫出它們在天空運行的路徑。人們開始把天空分區，並體認行星路徑的複雜。雖然巴比倫人缺乏幾何路徑、曲線、圓圈相關描述，但他們的系統仍在希臘天文學問世的數世紀前，畫定並預測許多天體的位置。

巴比倫人認為，星球是「夜之眾神」，並由此發展出星球運行與人類行為之

公元前約1500年，巴比倫開始出現一種早期的天文曆，刻在陶板或石板上。這些早期的石板，根據數十載孜孜不倦的觀察，提供了金星的運行和可見時間。觀察地點通常是神廟的塔樓或階梯形金字塔，例如巴比倫的瑪爾杜克神廟。在金星石板之後稍晚，約在公元前1300年，另有一批紀錄星辰位置的文獻製作完成。這些文字有個讓人困惑的名稱，叫星盤，但更廣為人知的名稱是「一欄三星」石板。

間的關聯。星球代表的不是無可轉圜的命運，而是徵兆：只要詮釋得宜，就能避凶。巴比倫人相信，這是神明向人類傳達訊息的方式；而研究行星的語言，就是古代天文學的基礎。公元前9世紀的沙瑪什石板上，描繪日神坐在王座上，手握神聖公義的指環與短棒。陪伴國王的是兩個ummanu（徵兆侍臣），王座下有兩個apkallu（神靈），向人類揭示神聖的智慧。

公元前5世紀前後，巴比倫天文文獻開始以黃道12宮描述太陽、月亮、行星的位置。現在這些文獻成了必要的定位參考，描述星星或行星的位置，可以用在白羊座5度、獅子座20度之類的說法。各星座宮描述的是天空30度這塊想像出來的固定範圍，它們的名稱是哪裡來的呢？許多人提出不同理論加以解釋，最有可能的是，這些星座宮的名字取自古代神明，是重要的教派或儀式的化身；或是來自美索不達米亞神話中的象徵：在這些神話中，神都以半人半獸的擬人化形象出現。獅子、山羊、魚等星座宮，可能代表這些古代神話動物的原型。

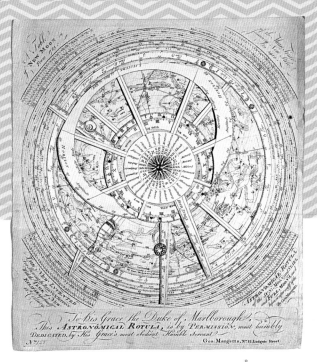

公元1799年的天文曆，由喬治・馬蓋茨（George Margetts）設計，可以預測前後6000年的事件。

這塊石板紀錄了一位巴比倫國王可喜可賀的時刻。當金星和月亮升到天空中有利的位置時，國王由兩位徵兆侍臣陪伴，敬拜日神沙瑪什。

黃道十二宮

白羊

白羊座以羊為代表，是四個火象星座之首，與衝動的能量、男性雄風和勇氣相關，守護星為火星。白羊座的人較自我中心、獨立、固執己見。白羊座常先做再說，一向被認為是衝動任性的象徵。

金牛

土象星座金牛，代表堅韌與力量。金牛座的人佔有慾強，被激怒時反應粗暴，但同時也有懶惰、慢吞吞、易受感官刺激等特質。金牛座可能非常在意物質安全，隨時都在設法獲得財富。

雙子

黃道星座中的雙胞胎，代表生命的二元性：光與暗、上與下、黑與白等等。雙子座善於適應環境、擅長溝通，但情緒通常變幻莫測，精神時好時壞。雙子座身邊的人都會覺得好像在跟至少兩個不同的人相處。

天秤

風象星座，也是12星座中唯一以無生命的東西作為象徵的星座。平衡與和諧的天秤和正義、妥協有關。不過，因為天秤座想衡量每件事情，做出完美、面面俱到的判斷，所以也以優柔寡斷聞名。

天蠍

天蠍的符號長得像「M」帶著一條箭頭狀的尾巴，代表蠍子和牠致命的刺。天蠍座的人情緒強烈、憂鬱、愛記仇、絕不讓人好過。天蠍是黃道12宮的第8宮，是水象星座中最神祕的星座，與色慾、性慾、死亡和其他禁忌有關。

射手

射手座以人頭馬（半人半馬）為代表，好動、急於大步邁進，探索新領域。箭代表以野心、夢想和希望，向異想天開的目標進發。射手座的人通常以哲學的態度、極為宏觀的視野看待人生。

巨蟹

螃蟹狀的符號代表轉換角度，以及極為堅忍不拔的特質。一般而言，巨蟹座的人常有堅硬的外殼，以保護內心脆弱的一面；非常情緒化、很黏人，不過一旦找到另一半，就會對伴侶完全忠誠。

獅子

獅子座的符號很明顯就是一隻獅子。這個暴躁的火象星座也可以跟貓咪一樣乖順。獅子座的人通常驕傲、優雅，重視感官，喜歡享樂。獅子座就像貓中之王，想要成為注意力的中心、眾人目光的焦點；如果不能如願，就可能鬧脾氣逼別人就範。

處女

處女座的符號是黃道12宮中唯一的女性形象。土象星座的處女座，傳統上和健康、衛生，以及各式各樣的服務和治療有關。處女座的人常常極為在意自己的健康，擅長發掘真相，過濾細節和資訊。

摩羯

土象星座摩羯的主星是土星，代表符號是山羊。傳統上，摩羯座的行為可能會像家裡養的山羊，或是像野生的山羊。如果像家裡的山羊，就是永遠綁在繩子上，絕不冒險跨出自己的領土範圍；如果像野生的山羊，就是能看到機會、愈爬愈高。因此，摩羯座的人可能野心勃勃，或害怕改變。

水瓶

水瓶座會思考、談論、分析所有的事情。他們可能感情淡漠，但對正義和人權有強烈感受。水瓶座是理智的風象星座，從瓶中倒出的水，象徵溝通，表示水瓶座從人格特質中，源源不絕倒出心智能量和原創想法。

雙魚

兩條魚朝著相反的方向游動，代表雙魚座內心的掙扎：一方面渴望精神救贖，一方面需要個人成就。雙魚是黃道12宮的最後一個星座，常被認為包含了其他所有的星座。雙魚座就像一座海洋，充滿其他星座的人格特質。

厄琉西斯祕密儀式

希臘；約公元前1500年

著名的神聖宗教禮拜與儀式程序

公元1819年的法國版畫，採古希臘花瓶風格；描繪的場景和儀節，為厄琉西斯祕密儀式神祕的入教式。

古希臘的祕密宗教儀式中最有名的就是厄琉西斯祕密儀式，這是狄米特與泊瑟芬祕教的入教式，每年在愛柳西斯舉行。這些儀式可能源自以狄米特為主神的古老農業社會祕教，在公元前1600~1100年的邁錫尼時期就已經有人奉行。

比較近期的神祕儀式，象徵泊瑟芬被冥神黑帝斯綁架，狄米特尋找女兒，最後終於團圓的神話故事。儀式遵循三階段的程序：沉淪（失落）、尋找，最後泊瑟芬從地底世界超升，得以與母親團圓。三耳麥束是儀式的主要的象徵，代表生殖力、成長、豐收，也代表沉淪、尋找和超升。

這些儀節、儀式與厄琉西斯祕教信仰都被當成祕密；入教者相信，他們會像奧菲斯祕教的信徒一樣，在死後獲得獎賞。祕密儀式包括意識狀態的改變，進入恍惚狀態。女祭司會看到異象，入教者會被要求與死後世界的靈體交流。有些學者相信，厄琉西斯祕密儀式的力量和長久流傳，是因為使用了能引發幻覺的迷幻物質；儀式的本意是要提升人類超越人的境界，成為神或神性本體，並因此獲得永生做為報酬。

狄米特與泊瑟芬的關係，是古希臘哲學中關於死亡、重生、生命與季節循環更迭的關鍵。狄米特在哀悼女兒的失蹤時，讓大地停止孕育生命，萬物都必須

與她同哀。眾神插手，決定泊瑟芬在地底世界與黑帝斯共處六個月後，可以回到地面與母親團聚六個月，聊慰母親。狄米特在這個故事中，代表了被動攻擊的力量。

這個神話故事在公元前650年，首度由荷馬的詩歌傳誦。詩中描述，狄米特的女兒泊瑟芬在與朋友摘花時，被黑帝斯強擄，帶到祂統治的地府。狄米特悲痛萬分，四處尋找女兒。因為她太過悲傷，不再看顧作物，造成大飢荒，無人獻祭敬拜眾神。因此宙斯准許泊瑟芬在指定的時間裡回到地面。

小儀式和大儀式

一年一度的小厄琉西斯祕密儀式，舉行時間是早春時節的花月，又稱安特斯月。參加小厄琉西斯祕密儀式的人有四種：祭司、女祭司、傳諭者（詮釋神聖祕密的人通常是高等祭司），與入教者。只有已入教的人才知道，名為kiste的神聖木箱中和名為kalathos的帶蓋籃子中裝了什麼。如同厄琉西斯祕密儀式的許多面向一樣，箱中和籃中到底裝了什麼，至今無從得知。不過，一位研究學者寫道，kiste裡面是一條金色的神祕蟒蛇、一顆蛋、一根陽具，以及對狄米特而言神聖的種子。

為了要具備入教資格，參與者要宰殺小豬獻給狄米特與泊瑟芬，然後在伊利索斯河中儀式性地淨化自身。完成小厄琉西斯祕密儀式後，參與者才有資格目睹一年一度的大厄琉西斯祕密儀式；每隔四年，會舉辦一次特別盛大的大厄琉西斯祕密儀式。

公元170年，愛柳西斯的狄米特神廟被薩爾瑪提亞人摧毀。後來奧理略皇帝重建神廟，成為唯一獲准進入神廟的世俗之人。隨著基督教在公元4、5世紀漸成主流，厄琉西斯祕密儀式的地位不再崇高。羅馬最後一位異教皇帝尤利安在皈依厄琉西斯祕密儀式後，企圖重振儀式，但最後，狄奧多西一世在公元392年禁絕祕密儀式，也使尤利安成為最後一位入教的羅馬皇帝。公元396年，哥特國王亞拉里克進攻希臘、在聖地殺燒擄掠時，也將厄琉西斯祕密儀式剩餘的參與者和神廟消滅殆盡。到公元19世紀時，祕密儀式成為浪漫派藝術家重要的靈感來源；例如伊芙琳・迪・摩根（Evelyn de Morgan）就深深著迷於狄米特與泊瑟芬母女的困境。

斐德列克・雷頓的《泊瑟芬的回歸》，描繪荷米斯把泊瑟芬帶回地面，與母親團圓。

麥束不只象徵生殖力、生長與豐收，還代表沉淪、尋找和超升。

邪眼

希臘；約公元前7世紀

帶來傷害與厄運的不祥圖案

這幅羅馬馬賽克圖位於安提阿的邪眼之屋，描繪一只邪眼被強大的護身符攻擊，包括陰莖、蛇、蠍子、狗、三叉戟和寶劍。

邪眼是他人惡意的眼神或臉色。在許多文化中，人們相信挨了邪眼的人會遭致傷害、厄運、不幸，因此世界各地都有抵擋邪眼的護身符。不過，這種抵擋邪眼的護身符被取了個容易混淆的名字，也叫邪眼。邪眼一詞，也用來稱呼某些人具備的能力，意圖傷害或詛咒他人。

邪眼的信仰可追溯到公元前7世紀的古希臘，海希歐德、柏拉圖、普魯塔克、老普林尼等人，都在著作中提到邪眼。各地的人們都害怕斜視或瞇眼的人，希臘漁夫則認為眼睛有缺陷的人都很可疑。許多地中海或亞洲部落及文化，也有邪眼的信仰；中東多數地區，還有愛琴海與埃及部分地區，仍然常可以看到

以眼睛為主題的符咒或裝飾；它們也是觀光客買紀念品時的首選。

羅馬帝國時期，人們認為不只個人能擁有邪眼的能力。整個部落的人，尤其是本都人和西徐亞人，據信全都能發送邪惡力量。一幅在安提阿發現的公元2世紀馬賽克中，邪眼被三叉戟和劍刺穿、被烏鴉啄食、被狗吠叫，被蜈蚣、蠍子、貓和蛇攻擊，其中的矮人頭上長著角，有巨大陽具，手持兩根交叉的棍子。圖中的希臘文KAI SU，意思是「還有你（也一樣）」，暗示這幅馬賽克是用來防範邪眼詛咒的。

陽具護符

陽具護符通常帶翼，在羅馬文化中非常普及，遍見於珠寶、鐘、風鈴或燈飾。這種符咒名為「法西納」（fascinum），源自拉丁文fascinare，意思是「施咒」，用來抵擋邪眼。有一幅羅馬馬賽克圖描繪一根陽具朝脫離身體的眼睛射精，表現法西納驅除邪眼的力量。位於今日利比亞的大萊普提斯也有多件浮雕作品以此為主題，其中一件公元前1世紀的紅陶雕像，是兩個狀如陽具的小人正在把一顆眼珠鋸成兩半。人們認為法西納專門替兒童，主要是男童驅邪；普林尼記錄了在嬰兒脖子上佩掛陽具護符的習俗。另外，也有發現以陽具做裝飾的戒指，尺寸較小，一看就知道是給兒童配戴的。

帶有藍色與白色同心圓（通常從裡到外依序是深藍、淺藍、白色、深藍）的圓盤或圓球代表邪眼，是中東常見的驅邪護身符，也常見於地中海地區船隻的船首。在多數傳統中，護身用的邪眼應該要能把歹毒的凝視反射、引導回心懷惡意的人身上。似乎只有近東地區的人們會用反制邪眼力量的護身符納札爾，保護自己不被帶有毀滅力量的嫉妒目光傷害。在北印度，邪眼被稱為buri nazar，護身手鏈、刺青或其他物件，都可以抵擋邪眼。

墨西哥和中美洲人認為，嬰兒因為遭他人嫉妒，特別容易受到邪眼威脅，因此嬰兒常常會佩掛手鏈作為保護；典型的手鏈上繪有眼睛般的圓點。另一個預防性的做法，就是讓仰慕者觸碰嬰兒或兒童，減少嫉妒的心思。同樣地，某人如果穿了一件可能招致嫉妒的衣服，可以邀請其他人碰碰衣服，以去除嫉妒。

墨西哥鄉下的傳統辦法是由治療者拿一顆生雞蛋，在受害者身上劃過，吸收邪眼的能力。然後把蛋打在一杯清水裡，放在受害者的床底下；檢查時，如果發現蛋好像被煮熟了，表示受害者已經獲得治癒。多虧治療者的超自然力量，邪眼轉移到了蛋上，受害者因此能馬上好轉。

在近東，保護、驅邪的護身眼，名為納札爾，常被當成墜飾佩掛。

邪眼符號是世界各地廣為人知的驅邪護身符。

護身符

法蒂瑪之手

法蒂瑪之手別稱漢撒，是中東和非洲很常見的掌狀護身符。在回教中，它的名稱取自穆罕默德的女兒法蒂瑪。法蒂瑪之手是一隻張開的右手，為廣泛流傳的保護象徵；在伊絲塔神殿的美索不達米亞工藝品中，首次以護身符的形式出現。

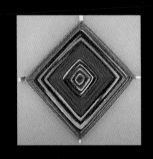

上帝之眼

在墨西哥，這個護身符的製作方式是用彩色紗線，纏繞在兩根垂直交疊的棍子上。具有魔力的上帝之眼象徵特殊能力，可以看見、理解肉眼察覺不到的東西，也可以用來驅退邪眼帶來的詛咒或威脅。

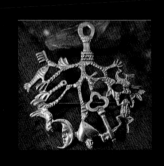

席瑪露塔

席瑪露塔是一種義大利民間的護身符，通常佩掛在脖子上。它結合了多種護身符，掛在本應是芸香枝的環上，因為人們認為芸香具有魔力。這些魔法護身符通常包括玫瑰、持杖或劍的手、燃燒的心、魚和新月。

小角

小角是一種義大利的幸運護身符，可以保護配戴者不受邪眼影響。這種彎曲、角狀的護身符通常是用金、銀或獸骨製成，形似羚羊角；在義大利南部某些地區，則形似當地出產的辣椒。

御守

御守是傳統的神道護身符，通常是一個錦緞小袋，裡面裝有精選的紙片或木頭，上面寫著禱文或宗教性的召靈文。一旦打開小袋，御守就會喪失保護能力。御守一年一換，以祛除前一年的霉運。

兔腳

兔腳在全球的文化中都相當常見，被當成護身符或幸運符佩掛、攜帶。歐洲人從公元前7世紀起，就開始使用兔腳。塞爾特人相信，兔子必須要在特定地點、由身負斜視或獨腿等異狀的男人宰殺，取得的兔腳才有效用。

門框經文盒

門框經文盒是一個小匣子，裡面裝著寫了兩段妥拉經文的紙，所有猶太建築的入口都必須要掛經文盒。經文盒是一種強大的保護符號，猶太人習慣在經過時，親吻或撫摸經文盒。盒內經文的背面，寫著Shaddai（伊勒沙代）是猶太教中上帝的代稱。

哈奴曼

東南亞各地的人們，都會把印度猴臉神哈奴曼做成護身符，當成墜飾配戴在身上。據信，哈奴曼神廟可以保護周圍區域不受惡魔邪靈騷擾；危險的山路上，也常可以看到哈奴曼的雕像，保護旅人免於意外。

始祖人像

這種毛利墜飾是掛在脖子上的，通常用綠玉刻成，有時候也用其他綠色的石頭作原料，例如玉。墜飾刻的通常是毛利傳說中的第一個人類提基（Tiki）。人們把始祖人像當成護身符，藉它召喚始祖的力量。

紅繩

紅繩與神祕的卡巴拉教有關，猶太人常佩掛鮮紅或深紅的細繩，驅除不幸和邪眼。紅繩的原料通常是簡單的羊毛線，做成手鏈或腕帶戴在左手。繩上打了七個結固定，然後以希伯來文賜福，讓它具有神聖力量。

法西納

古羅馬時期的魔法中，法西納代表神聖的陽具，常與咒語一起使用，以召喚神明法瑟勒斯的神聖保護力量。它能平撫嫉妒、抵擋邪眼。陽具護符通常帶翼，在羅馬文化中非常普及，遍見於珠寶、風鈴或燈飾。

驅魔聖牌

驅魔聖牌也稱聖本篤聖牌，據信有強大的驅邪功能，因此天主教徒會配戴聖牌當護身符。公元15世紀起，聖牌背面刻了拉丁文Vade retro santana，意為「撒旦退散」，和其他驅邪的咒文。

巴爾斯曼杖

塔吉克；公元前5~4世紀
舉行儀式、詮釋預兆、施法的魔杖

古波斯巴爾斯曼杖用的棍棒或樹枝既有實際功能，也有深層的象徵意義。魔杖與古代祆教的治療行醫有關，許多已知信奉祆教的地區都有古典文獻、岩石雕刻和工藝品，描繪賢者手持巴爾斯曼杖，極具指標性。因此，從中亞到帕米爾高原，巴爾斯曼杖都是辨識賢者與祆教信仰的主要象徵。

起初，巴爾斯曼杖的樹枝是取自具有療效的重要植物，例如石榴、桃金孃、月桂、檉柳、柳樹，和杜松。在宗教儀式中，巴爾斯曼杖會放在瑪瑞依架（Mah-rui，意思是月亮臉）上，瑪瑞依架是一對鐵架，約23公分高，形狀像新月。

祆教中用的枝條數量，會依據儀式而變化。耶斯那的慶典要用23根枝條，其中21根綁成一束，然後一根放在瑪瑞依架的底座上，稱為「佐諾太」（zorno tae），是盛水碟的枝條；最後一根枝條放在盛了吉芳的碟子上，吉芳是水和牛奶的混和液。凡迪達德儀式需要35根枝條，其中33根綁成一束，另外兩根的功能和上述一樣。巴吉慶典是用來向離開的靈魂致敬，要用5根枝條。在晉身祭司的儀式中，要誦唸敏諾納瓦巴吉（Mino Nâvar baj），需要7根枝條。

今天，巴爾斯曼杖由鐵棍而非樹枝組成，在祆教儀式和儀節中，代表蔬菜的創造與阿梅沙斯班納－阿莫塔（Amesha Spena Amertat），意為永恆的生命與不

巴爾斯曼杖常由不同數量的樹枝構成，代表在祆教正式的慶典中，需要多種不同的特質。

巴爾斯曼杖的原文為baresman，又稱barsom，是古代祆教儀式中所用的神聖樹枝束，人們認為它建立了肉體世界和精神領域間的連結。把巴爾斯曼杖當成魔杖使用時，原始法則得以藉其展現自身；它也可以接收精神力量，並將精神力量引導向外。它是最早的魔杖，後來用在詮釋預兆、施法抵禦詛咒。

死的精神。巴爾斯曼杖象徵的特質，包括力量、良好的健康，與戰勝疾病。

　　中古世紀的魔法文獻指出，若要加強魔杖的力量，就要使用與所施咒語對應的強化物質。魔杖所用的木頭以及相關植物的能量，可以用半寶石或藥草引導出來。據信榛樹、橡樹、月桂、楊樹、柳樹等植物，都是擁有強大魔力的樹木。例如，根據文藝復興時期的密教信徒哥尼流‧阿格帕，楊樹對木星而言是神聖的，進一步延伸適用於藍寶石、翡翠、綠碧玉等寶石；而木星的植物包括羅勒、薄荷、莨菪。起初，巴爾斯曼杖只會被儀式性地拿在右手，因此同樣地，中古時期的魔法施行方式，也是右

手持杖召喚神靈；如果要屏退神靈，就會用左手拿杖。

　　威卡教也使用魔杖，通常代表風元素；還有像黃金黎明或卡巴拉教派等神祕團體，施行儀式性魔法時也會使用魔杖。魔杖通常用來引導宇宙或性靈能量，功能類似儀式匕首（athame），但是用在截然不同的地方：儀式匕首通常用來下令，魔杖則是邀請或召喚的器具。魔杖傳統上都由木頭製成，例如榛木或橡木，也可以用金屬或水晶製作。

　　使用魔杖的大多是現代的異教徒、女巫、薩滿，或是要進行儀式、治癒、施法的人。有些學者相信，魔杖可能源自陽具象徵，或是中亞薩滿用的鼓棒；薩滿在治癒或魔法儀式中，會用鼓棒點鼓。

這座淺浮雕出自伊朗的塔克布斯坦，描繪公元3世紀薩珊王朝的皇帝阿爾達希爾（Ardashir）的登基儀式。隨侍在阿爾達希爾身邊的祭司手持巴爾斯曼杖，讓整個儀式變得神聖。

聖座瑪瑞依架。巴爾斯曼杖在儀式中和儀式後，都放在這上面。

佩塔利亞板

義大利；公元前3~2世紀

被當成護身符的小金板

金色的奧菲斯佩塔利亞板，引領靈魂安全通過陰曹地府，找到祕密泉水，獲得與眾神一樣的永生。現藏於倫敦大英博物館。

公元19世紀，人們在義大利南部的古城佩塔利亞附近，發現這塊精緻的小金板。這種板子是進入死後世界的通行證，類似古埃及的死者之書，放在死者的身上或附近；有時會捲起放在小匣中，置於死者頸部，作為引導護身符。佩塔利亞板寫有神祕的奧菲斯經文，指點入教者如何穿過希臘的地府，確保死者可以得到人人企盼的回報，在極樂世界享清福。經文如下：

汝將在黑帝斯之屋左側見一湧泉，旁有柏樹。勿近此泉。臨記憶之湖，汝將發現另一湧泉，冷水汩汩而出，前有守衛，言：『汝必已知，吾乃土地與繁星穹蒼之子，然吾族乃烏拉諾斯。啊，飢渴焚燒吾身，吾將萎敗。速取記憶之湖流出之冷泉予吾。』守衛將允汝飲用神聖湧泉之水。繼而，汝將躋身英雄之列，同登尊貴之堂。

奧菲斯教是希臘的神祕宗教，由來是神話詩人奧菲斯為挽救情人尤麗黛勇闖地底世界的故事。奧菲斯的音樂可以打動任何東西，包括石頭，傳奇之名不脛而走。人們相信奧菲斯創作了奧菲斯詩歌，還把供奉據稱是奧菲斯遺骸的神龕，當成神諭之所。奧菲斯能施法、預見未來，甚至被認為以豎琴手的身分，與傑森和眾勇士同登阿哥號。

在奧菲斯教的宇宙觀中，時間，別名艾雍，創造了宇宙的銀卵。破卵而出的法涅斯，產下了宇宙。有些傳說提到，宙斯後來吞下法涅斯，奪取原始宇宙的力量，重新分配給新一代的奧林帕斯眾神。法涅斯的形象是一個俊美、帶金色雙翼、雌雄同體的神祇，身上有蟒蛇盤繞。詩人說法涅斯不具有實體，甚至連眾神的眼睛都看不見祂。

奧菲斯歸來

奧菲斯從地底世界歸來的故事，是奧菲斯祕教的核心。奧菲斯的情人尤麗黛掉進毒蛇窩，致命的毒牙一口咬在她的腳跟。奧菲斯難過得不能自己，奏出悲傷、哀悼的旋律，讓仙女和眾神都同聲一哭。奧菲斯啟程前往地底世界，用音樂說服了冥神黑帝斯，同意讓尤麗黛跟著奧菲斯回到人間，但是有個條件：奧菲斯必須走在前面，而且在兩人都到達地面前，不可以回頭；如果他回頭了，尤麗黛就會永遠消失。奧菲斯開始往回走，尤麗黛跟在後面。為了確定尤麗黛是否跟著他，奧菲斯回頭一看，尤麗黛從此消失無蹤。

從此以後，除了阿波羅，奧菲斯唾棄對所有神明的崇拜。一天清晨，奧菲斯來到酒神戴奧尼索斯的神諭殿堂敬拜太陽，卻因為沒有向酒神致敬，而被瘋狂的酒神女祭司撕成碎片。奧菲斯的頭顱順著河流漂到地中海沿岸，被風和海浪帶到萊斯博斯島。島民埋葬他的頭顱，為他建了神廟以茲紀念。

有人猜測，奧菲斯祕教認為奧菲斯是與戴奧尼索斯一樣的人物，甚至是酒神的化身，因為兩者有諸多相似之處，包括都曾經一遊陰間，喪命的方式也相同。奧菲斯教信徒相信，人的靈魂是神聖不朽的，但註定要活在投胎轉世的循環中。若能在生活中遵循美學意識，舉行祕密入教儀式，就保證不僅最終能從「苦難的循環」中超脫，還可以與眾神交流。

奧菲斯的故事遍及西方文化，許多藝術表現形式都採用奧菲斯故事為主題。在音樂領域中，有海頓、李斯特、史特拉文斯基等作曲家；在藝術領域中，有前拉斐爾畫派的約翰·威廉·沃特豪斯（John William Waterhouse），和象徵主義畫家古斯塔夫·莫羅（Gustave Moreau）。

《奧菲斯之淚》是象徵主義畫家古斯塔夫·莫羅的作品，除此幅畫外，他還以奧菲斯為主題畫了許多作品。

法涅斯從宇宙之卵中誕生，創造大千世界，並以蟒蛇纏繞自己。

神聖器具
印度；公元1世紀
在印度宗教譚崔中給予性靈和魔法的益處

首度提到神聖器具的是一幅公元7世紀的印尼題字。此圖在傳到印尼之前，可能已經在印度流傳了很長的時間。

神聖器具（Sri yantra，聖器）也稱為神聖脈輪（sri chakra，聖輪），上面有三角形互相交錯、環繞中心，並由中心發散出去。中心稱為賓度（bhindu），代表實體宇宙和超自然源頭的交會處。這個美麗、複雜的神聖圖案，數千年來都被用作敬拜、冥想的神秘物品。

聖器的幾何圖形由九個三角形組成，每個三角形和另一個三角形共用一點。要正確繪製聖器的難度很高，因為若改變一個三角形的大小或位置，就必須連帶改變其他許多三角形的位置。

4個朝上的等腰三角形代表濕婆，或是男性；5個頂點朝下的等腰三角形代表夏克提，或是女性。因此聖器也代表神聖男女性的結合。三角形被2個圓圈環繞，一圈有8片花瓣、另一圈有16片花瓣，代表創造之蓮與重要的生產之力。外框不連貫的線條，說明這個圖案是庇護之處，四周的開口通往宇宙四界。9個三角形相連，總共產生43個小三角形，形成一張網，象徵整個宇宙，或是象徵創造的子宮。整個圖案傳達的是「不二」，即「非二元」性。

聖器原文的字首sri，說明向這個神聖圖案致上的敬意，表示yantra是吉利的、慈悲的、有益的、良善的，可以促進繁榮。聖器常被稱為chakra raja，意思是「脈輪之王」，讓它成為精進性靈修行的最佳器具。

印度教譚崔門派認為，穿著、描繪聖器，或專注於聖器，能帶來性靈或魔力上的益處。立體的聖器圖樣稱為彌如脈輪（meru chakra），由岩石晶體或金屬製成；如果用金屬做原料，傳統上通常是銀、銻、銅、鋅、錫的合金。立體的彌如脈輪可以增進有益能量的流動，常常上覆金箔。

以夏克提為中心的宗教須里彌迪亞（Shri Vidya）認為女神至高無上、超越宇宙，宇宙不過是女神外顯的樣貌而已。她以聖器的神秘型態受到人們敬拜，而聖器代表的是呈現提普拉桑達麗

揚崔的中心是賓度，代表所有形體樣貌的核心，即濕婆；由核心併發而生的宇宙萬物，即夏克提。圖案中的形狀，離中心愈遠、靠邊緣愈近，就愈大，象徵進化的過程，也代表個人意識的成長。朝向裡面，代表靠近性靈中心的過程。

在譚崔哲學中，一旦進化圓滿完成，就必須反轉整個過程、回歸整體。揚崔因此代表進化，和與之相反的退化，或說回歸原初。譚崔也融合了古老的信仰，認為大宇宙反映在小宇宙中，表示每個個人中都可以找到宇宙；同樣地，適用於宇宙的法則，也適用於個人。

譚崔哲學認為，身體是最完美強大的揚崔，也是內在覺醒的工具。也就是說，每個揚崔包含的意義不只象徵個人的性靈之路，也是普世的性靈之路：向外發展的成長，與向內和神性結合。多數揚崔現在也被當成心理符號，對應人類意識的內在狀態。

揚崔可以具有多種不同的進化版本和幾何型態，包括三角形和蓮葉，形成神聖的輪狀。

（Tripurasundari）的樣貌，這個名字的意思是「三城的美麗女神」，也稱為修達悉（意思是「16」）、拉賈拉潔瓦麗（意思是「后中之后」），還有拉麗塔（意思是「彈奏的女性」）。

譚崔瑜珈

譚崔瑜珈中用到多種不同的揚崔，認為揚崔等同於佛教的曼陀羅。譚崔哲學認為，宇宙是純粹意識呈現出來的樣貌，主要的面向是男性法則濕婆，祂有能力存在，但沒有能力改變。第二個面向是夏克提，是女性，朝氣蓬勃、精力充沛。夏克提是宇宙的母神，一切形體皆創造自夏克提。濕婆是純粹的整體，而爆炸性的夏克提能量，從整體中創造宇宙的一切；宇宙持續開展並受女性法則形塑。

公元19世紀的《提普拉桑達麗女神》，描繪印度的「三城女神」以聖器的型態受到敬拜。

密特拉祕教
義大利；公元1世紀
有七級入教儀式的神祕宗教

密特拉祕教最具代表性的圖畫，就是密特拉宰殺公牛的場景，如本圖所繪。壁畫位於義大利馬里諾。

獅頭像被認為是宇宙之鑰的守護者。

希臘人信奉如厄琉西斯祕密儀式一類的祕教，但他們不是唯一有祕教的民族。羅馬人的祕教稱為密特拉，在公元1~4世紀時達到鼎盛。密特拉（Mithra）原本是古波斯神祇；羅馬人稱祂為密特拉斯（Mithras），也賦予祂全新、獨特的形象。

雖然羅馬人認為祕教來自波斯，但當代學者無法證明波斯的密特拉崇拜，和羅馬的密特拉祕教有相似之處。現在一般相信，密特拉斯的祕教是羅馬帝國宗教世界獨特的產物，也是早期基督教的競爭對手。

密特拉斯信徒的主要聚點在羅馬。他們有一套複雜的七級入會系統，包括儀式聖餐、祕密問候方式，以及在名為密特拉亞（mithraea）的地下神廟碰面。羅馬帝國幅員所及的歐洲地區還有許多神廟保存至今。大量的考古發現，包括紀念碑和藝術品，都有助於現代學者了解羅馬帝國時期的密特拉教。描繪密特拉斯的著名場景，包括從石中誕生、宰殺公牛、與日神共宴。

密特拉祕教最具代表性的象徵，就是密特拉神廟中常見的赤裸獅頭像（leontocephaline）。獅頭像被一條蛇（有時兩條）纏繞，蛇的下頜常放在獅頭上。據信蛇代表生命的循環、行星和太陽的週期。獅子的嘴巴大張，因此表情有點猙獰。獅頭像通常有兩對翅膀，手

持兩把鑰匙（有時只有一把）和一支權杖。鑰匙可通往黃道之門，靈魂透過黃道之門，自無垠的時間飛升或降臨。這隻奇特兇惡的野獸，似乎其實是通往宇宙永恆之門的鑰匙掌管人。

獅頭像有時會站在畫了對角線十字的圓球上，四隻翅膀上偶爾會有代表四季的符號，胸前刻了一道閃電。雕像的底座圍繞著幾樣特殊的東西，包括兀兒肯的鐵鎚和火鉗，公雞，和墨丘利之杖。

有些學者認為，獅頭像象徵入會者經過「火」的洗禮。事實上，洗禮時用的不是水而是蜂蜜蔥酒，並在附近焚香象徵火。人們認為，獅頭像鎮守神廟，獅子代表太陽，是所有生命的源頭。

入會儀式的等級

聖耶柔米記載了密特拉祕教的七級入會儀式。羅馬奧斯提亞區菲立西斯穆斯的密特拉神廟中，有一幅馬賽克描繪了這些等級，上有與各等級相關的象徵符號或行星符號。每一等級旁邊有字，將各等級交給不同的行星之神守護。

等級愈往上升，重要性愈高。初級是烏鴉或渡鴉，象徵符號為雙蛇杖或燒杯，由水星、墨丘利守護。接著是男儐，象徵符號是燈、鐘或面紗，由金星保護。第三級是士兵，象徵符號是頭盔、長矛、胸甲，由火星守護。第四級是獅子，由木星守護，象徵符號為花環、月桂、雷電。

第五級是波斯人，由月亮守護，象徵符號為懸掛的小袋、鐮刀、月亮、星辰，和弗里吉亞帽。第六級名為日跑者，象徵符號為赫利俄斯之鞭、火炬，以及太陽的圖案，由太陽守護。最後一級為父親，身著珠寶鑲邊、金絲繡線的精緻長袍，象徵符號包括斗篷、石榴石、紅寶石戒指、主教法冠，和牧羊人手杖。

要進入更高一級的入教者，都必須承受特定的磨難或試煉，可能包括暴露在高溫、低溫環境或遭威脅。英格蘭諾森伯蘭郡卡洛堡的密特拉亞中，發現了一個3世紀初期的「試煉窟」。

目前為止，人們已經發現400處密特拉神廟。這些考古地點發現的證據，顯示儀式離不開宴飲，包括餐具和獸骨等殘餘食物。從櫻桃核可以確認，宴飲慶祝的季節應是仲夏（六月底~七月初）。密特拉神廟都建在地下，通常是挖開羅馬別墅下面的地底，再在上面搭建拱頂，或改建天然的洞穴。密特拉神廟在羅馬帝國境內相當普遍，羅馬、伊斯特拉、達爾馬提亞、英國，以及萊茵河、多瑙河沿岸，有為數眾多的密特拉神廟。

羅馬附近菲立西斯穆斯的密特拉地板上的馬賽克，描繪入教的不同階段以及相關符號。信徒會逐漸進階到最高的等級。

密斯拉斯常見諸雕像的形象是從石中誕生。此雕像中，祂已長為成人，一手持匕首，一手持火炬。

抹大拉的馬利亞
以色列，耶路撒冷；公元1世紀
成為複雜女性象徵的聖經人物

古多・雷尼的《抹大拉馬利亞的懺悔》呈現馬利亞較為聖潔的一面。現藏於美國巴爾的摩華特斯美術館。

聖經中關於抹大拉馬利亞的故事不僅讓人困惑、零碎不全，也非常模糊，因此教會神父很輕易就可以把她塑造成懺悔的罪人。但抹大拉馬利亞的神祕傳奇，絕不僅是一種崇拜，因為她對耶穌教誨與追隨造成的影響，似乎比一般認為的程度還高。確實，許多學者企圖證明馬利亞是耶穌的妻子或情人，也是祂王座背後的力量。

貝濟耶的厄曼高（Ermengaud of Bezier）寫了〈反異端論〉（*Treastise against Heretics*），文末所附的一份文件，雖然沒有署名和日期，但據信應該出自厄曼高之手。這份文件批評卡特里教徒在宗教上替馬利亞與基督的關係背書。「他們在祕密聚會上教導信徒，說抹大拉馬利亞是基督的妻子，基督曾對這個撒馬利亞女人說：『你去叫你丈夫也到這裡來。』她就是犯下通姦罪的女人，基督解救了她，以免她被猶太人投石。她與基督在神廟、井邊和花園三處碰面。基督復活之後，首先對她現身。」近期，從她和耶穌真正的關係、兩人是否有孩子等問題，發展出許多陰謀論；也有一派相信，耶穌和抹大拉馬利亞確實有留下血脈，他們的後代也一直存活至今。

聖馬克西曼－拉－桑特博墨（*Saint-Maximin-la-Sainte-Baume*）這個小鎮在公元13世紀末成為朝聖中心，因為在大教堂的地下穴室中，發現了抹大拉馬利亞的石棺。這些據稱是馬利亞的遺骸依然保存至今。大教堂每年吸引上千朝聖者，許多朝聖者也會造訪深山裡的洞穴，據說是抹大拉馬利亞的隱居之處。

公元16世紀初期，日耳曼雕刻家葛雷格・厄哈（Gregor Erhart）用椴木刻了一座馬利亞的雕像。這尊中世紀晚期的雕像訴諸感官，神祕而具衝擊性，不僅呈現馬利亞精神上的優雅與神祕感，哥德晚期的風格也較接近文藝復興初期

理想的感官性女體。這一點在馬利亞頭髮的呈現上特別明顯：長髮豐潤，金光閃閃，還有遮蓋身體的方式恰到好處，讓她不至於全裸。雕像刻畫的馬利亞是自我否定的神祕主義者，住在桑特博墨深山一處孤獨的洞穴中。傳說她在山中時，只以頭髮蔽體。

傳說還提到，馬利亞在聖地遭受迫害後，帶領兄弟拉撒路以及耶穌的幾位門徒，乘小船穿過地中海。一行人奇蹟般地到達法國海岸一個小漁村，名為海邊的聖瑪莉，然後一路行至馬西利亞（馬賽），並在此傳教，讓整個普羅旺斯大部分人民都皈依基督教。根據基督教傳說，馬利亞生命中最後30年都像隱士一般地過著隱居生活，懺悔她的罪過。她在洞穴中，每天都會被天使帶升至天空，聆聽天堂的歌聲。

厄哈的雕像現藏於巴黎羅浮宮美術館。這座雕像是精緻的象徵，代表抹大拉馬利亞身為女人的一切特質，是情人、母親、妓女、聖女等女性角色的原型。古往今來的藝術家企圖捕捉的就是這種複雜的女性象徵。

確實，人類將各種特質，不論好壞，投注在女性身上，包括抹大拉的馬利

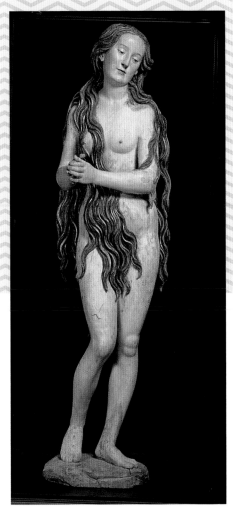

公元16世紀，葛雷格·厄哈的馬利亞木製雕像，結合赤裸的虔誠與女性的感官之美。現藏於巴黎羅浮宮。

亞、阿芙羅狄蒂和莉莉絲等女神。她們都具備捉摸不定的特質，前一刻很乖，下一刻就變壞；有時是聖女，有時是情人，有時是母親。瑞士心理學家榮格，稱這種女性原型為「阿尼瑪」（anima），男性原型則為「阿尼姆斯」（animus）。榮格從歷史與神話中，看到女人可以是聖女或妓女，或兩者兼備。這種蛇蠍美人常見於藝術、文學、電影與人際關係，根深柢固；直到今天，群體無意識的直覺中，仍認為女性既能滋養、也能毀滅。

抹大拉馬利亞的遺骸據說存放在這座4或5世紀的石棺中。石棺位於法國聖馬克西曼－拉－桑特博墨的抹大拉馬利亞大教堂。

伊斯塔比符文石
瑞典，布萊金厄；公元550~790年
占卜用的早期符文雕刻

伊斯塔比符文石是瑞典最好的立石遺跡之一，上覆符文雕刻，可能是為彰顯某位戰士與其後裔。

符文是一種密碼。「符文」（rune）這個字其實源自古哥德字runa，意思是祕密。首先使用符文的是最早期的日耳曼部落，他們用符文加強魔力、召喚神明，後來維京人也開始使用符文。這些兇猛的北國戰士，又稱「狂戰士」，在上沙場之前，會把符文刻在劍上，認為神的文字會讓他們所向無敵。符文也常刻在人稱立石的大型石柱上，警告旅人提防該地的力量。許多人會把符文刻在私人物品上，例如梳子、盒子、珠寶、房屋，把符文當成護身符。許多在北歐發現的大型立石上，都刻有符文的謎語、愛情魔咒或咒語，以袪除邪惡或保佑旅人。

伊斯塔比符文石是現存最古老的丹麥符文石，位於布萊金厄，在今天的瑞典境內。石上符文寫著：「緬懷哈利沃法佛。哈如沃法佛之子哈蘇沃法佛謹刻此文。」布萊金厄是重要的符文遺址，有四塊符文石提到符文魔法和咒語的使用。一塊石頭上的符文寫：「毀石者將承受隱藏的符文魔法之力。」

羅馬歷史學家塔西陀記載，日耳曼民族非常看重隨機算掛與占卜未來。他寫道，日耳曼民族砍下結著堅果的樹枝，削成木片，畫上不同的記號，然後把木片隨機丟在白布上。祭司或占卜者會向神明祝禱，看向天堂，然後依次撿起三塊木片，根據木片上的記號做出解釋。每個符文的名字都具有意義，表示早在它們被用做記錄或傳訊的字母之前，就

已經有魔法上的重要性。

符文記號共24個，可以分為3組，每組各有特定的力量，以北歐神明福瑞、海姆達爾和泰亞為名。福瑞是豐饒女神，海姆達爾是眾神的守護神，泰亞是戰爭之神。根據北歐傳說，戰士之神奧丁為了尋求智慧、探究生死，禁絕食慾、不吃不喝，在知識之樹尤克特拉希爾上倒吊了九天九夜，獲得了符文的知識。此後，符文知識隨著維京人闖蕩四海，傳遍了全世界。

今天使用的符文一般源自古弗薩克文，由北歐最常用的象徵符號構成。一般相信符文的名字取自原始印歐語，是住在東歐草原、印度次大陸邊緣的部落發展出的語言。現在符文仍是一種常見的占卜形式。符文石通常會放在小囊或袋中，然後丟在一個圓圈裡；有時會直接從袋中拿出特定數量的符文石，一次一個，然後以特定方式排列，形成自我發展的預言。

公元12世紀的掛毯上描繪以符文作為象徵的重要北歐神祇奧丁、索爾和福瑞。掛毯來自瑞典海爾辛蘭斯科格教堂。

符文圖形化文字的意義

ᚠ Fehu 豐足	ᚼ Hagall 延遲	↑ Tir 競爭
ᚢ Uruz 力量	ᚾ Nied 需求	ᛒ Beorc 新開始
ᚦ Thurisaz 挑戰	ᛁ Isa 僵局	ᛖ Ehwaz 進度
ᚨ Ansuz 訊息	ᛃ Jera 豐收	ᛗ Mannaz 自我接受
ᚱ Raidho 旅程	ᛇ Eihwaz 果斷行動	ᛚ Lagaz 直覺
ᚲ Kenaz 清晰	ᛈ Perth 秘密	ᛜ Ing 成就
ᚷ Gebo 關係	ᛉ Elhaz 自我控制	ᛞ Daeg 光
ᚹ Wunjo 成功	ᛋ Sigel 活力	ᛟ Othel 擁有

象徵奧丁、索爾和福瑞三神一體的北歐符號，外圈環繞符文。

翡翠板

東地中海；公元6~8世紀

揭開永生的關鍵

TABULA SMARAGDINA HERMETIS.

VERBA SECRETORUM HERMETIS.

翡翠板是極為重要的文件，影響多數西方的高深魔法、占星學與神祕主義。

傳奇先知赫爾默斯的名字結合了希臘神明荷米斯（Hermes）和埃及掌管書寫、魔法、知識的神明托特（Thoth）。據赫爾默斯所言，翡翠板不僅揭開了煉鉛成金的祕訣，更進一步透露靈魂轉生與永生關鍵的奧祕。這份神祕文獻也稱為祖母綠板（拉丁文為Tabula Smaragdina）。重量級的物理學家如牛頓、弗錄德，還有赫爾默斯派的學者、占星師、玫瑰十字會成員，都遵從翡翠板的中心哲學「一花一世界」。翡翠板被歐洲煉金術士奉為煉金術之濫觴，也被赫爾默斯派視為聖經。

儘管有人聲稱翡翠板的歷史可追溯到上古時期之前，但一般相信它來自阿拉伯世界，在公元6~8世紀間書寫而成。板上文字最早的文獻紀錄是Kitab Sirr al-Khaliqa，意為「創世奧祕與自然藝術之書」，是一部早期作品的合輯。該書作者為8世紀的神祕主義者波利納斯（Balinas），別名台納的阿波羅尼亞（Apollonius of Tyana）。他形容翡翠板為古代赫爾默斯智慧的美好作品，也描述他如何在台納一尊荷米斯雕像下的地洞中找到翡翠板：地洞中有一具陳舊的屍體坐在黃金寶座上，手裡拿著翡翠板。

公元12世紀，翡翠板首度由雨果·馮·聖塔拉（Hugo von Santalla）翻譯成拉丁文，板上文字也出現在13世紀一本放大版的《謎之謎之書》（*Secretum Secretorum*）。人們在牛頓的煉金術文件中，發現另一個由牛頓翻譯的著名版本，現藏於英格蘭劍橋的國王學院圖書館。其後雖有無數的翻譯、詮釋、評論，但原始翡翠板或文件的位置和來源，始終不得而知。

翡翠板上象徵性的文字表達了多重意義。人們認為這些文字與煉製賢者之石有關，是煉金術士的偉大工作；也和大宇宙及小宇宙的交流有關。翡翠板成為中古世紀和文藝復興時期煉金術的支柱。發表評論和翻譯的人，除了牛頓，還有特里特米烏斯、羅傑·培根、大阿爾伯等人。特里特米烏斯把赫爾默斯的「一物」，和世界靈魂畫上等號。約翰·迪伊、阿格帕、

牛頓的翻譯

此為千真萬確，絕無矯飾之言：

在下者猶如在上者
在上者猶如在下者
皆為創造世間一物之奇蹟
萬物皆出自一物之沉思
萬物皆生自一物之轉化
日為父，月為母
自風中生出，自土中育成
世間一切完美之父在此
若化為土，則無損其力
小心翼翼
分離土與火，纖細與粗糙
自土地飛升至天堂
再由天堂下墜至土地
高尚與低賤之物，其力皆歸汝所有
汝將坐擁全世之榮光
幽澀晦暗皆避汝而行
一物之力，凌駕萬物之力
皆因其化簡為零，無堅不摧
由此創世
轉化由此而生，方法盡在其中
吾名曰赫爾默斯
手握全世三域哲學
日之運行，吾言盡於此

爾默斯派的主要文獻——赫爾默斯文集的一部分。赫爾默斯文集是一套神祕的文獻，揭示「三倍偉大」的赫爾默斯祕不外傳的智慧，還有控制、操弄自然與星辰的祕術，像是魔咒和召喚咒。文集編排的方式，是由赫爾默斯將神祕的智慧傳授給迷惑的學徒。翡翠板文字最後也有提到，赫爾默斯所謂的智慧或哲學，分成三個領域，即煉金術、占星術、神通術；神通術就是能召喚神力的儀式。

雖然赫爾默斯主義被宗教裁判所驅趕到地下活動，但多數的西方神祕傳統都源自赫爾默斯哲學。公元19世紀，因為人們對精神主義產生興趣，赫爾默斯魔法得以復興。赫爾默斯派黃金黎明會等團體會施行赫爾默斯魔法；玫瑰十字會和共濟會也深受影響。

義大利的錫耶納大教堂地板上的馬賽克，描繪赫爾默斯穿著魔法師袍，向學生揭示他三倍偉大智慧的奧祕。

傑哈德・冬恩（Gerhard Dorn）等煉金術士，都採納了這種對赫爾默斯文獻的詮釋。翡翠板流行了很長一段時間，使它成為唯一在西方廣受矚目的非希臘文赫爾默斯智慧語錄。

許多人相信原來的文本仍然藏在某處，等著「人類做好準備」發現它的所在位置；其中的文字應該是寫在一大塊平整的翡翠或綠色碧玉上。翡翠板是赫

古代煉金術符號

銻

這個符號代表與銻具備相同外表和物理性質的金屬，但化學反應不一定相同。符號進一步衍生出其他涵義，代表人性中的獸性傾向，或人人都有的狂野本性。傳統上，煉金術士用這個符號提醒自己身上潛藏的直覺性動物力量。

砷

砷是一種有毒的化學類金屬，其複合物可製成農藥、除草劑、殺蟲劑或其他合金。醫學或魔法藥劑都會使用砷的符號。據說，某種砷和硫的合成物，能夠誘發啟示帶來的恍惚狀態，或是哲學思維。

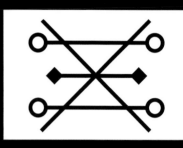

銅

銅是一種帶紅色的金屬，公元前8700年的工藝品中就可以看到它的蹤影。在盛產銅礦的賽普勒斯，人們把銅和女神阿芙羅狄蒂連在一起；銅的符號也是金星的行星符號。煉金術中，銅可以引發愛、平衡、女性之美與藝術創造力。

鎂

鎂是一種堅硬、輕盈的銀白色元素（重量比鋁輕1/3），暴露在空氣中會輕微氧化。鎂一旦著火就很難熄滅，這種性質也使鎂與永恆、靈魂不滅、精神提升連結在一起。

磷

這種非金屬物質在黑暗中能從自身內部發光，一接觸到空氣就會自燃。磷在公元17世紀首度被發現時，讓煉金術士迸發各種想像。這種神祕、具有魔力、充滿神奇可能性的元素，被視為是「生命不可或缺之火」。

銀

在煉金術中，銀和鉛常被當成工作起頭時的初始物質。銀的煉金術符號與月亮有關，也代表女性特質、直覺、內在智慧與冥思。人們相信，如果把這個符號做成護身符，就可以駕馭深厚的藝術表現力。

金

金是全世界最昂貴的一種元素，閃亮、沉重、具延展性又非常柔軟，代表面面俱到、毫無破綻的完美，也象徵人類的目標：獲得心智與精神的圓熟。對中古時期的煉金術士而言，煉「鉛」成「金」不僅是物理的變化，也是精神的轉化。

鐵

據信，鐵是宇宙中第十多的物質；鐵的符號在占星術中代表火星。因此，鐵主司生理力量，主要象徵男性能量。在神祕教派的圈子中，鐵代表控制動物性衝動的必要，同時擁抱內在的火焰。

鉛

鉛是一種密實、柔軟、具高度延展性、白中帶藍的金屬，抗蝕性極佳。以煉金術符號而言，鉛是最強大的黑暗初始物質，也是煉金工作中首先使用的基本物質。鉛的符號與土星和煉鉛成金的挑戰有關。

硫

硫是生命的基本元素，也被當作是超越的煉金術符號，代表人類本性的多面性，以及對於頓悟的永恆追求。這個符號也代表神聖的三位一體，硫、鹽、水銀是三種天堂物質。

錫

主星是木星，象徵生命的氣息。單獨使用這個符號的話，效力會比與其他煉金術符號合用時弱，象徵個別的煉金術士必須召喚許多不同的力量，幫助自己達成目標、獲得啟示；一個人單打獨鬥是做不到的。

火酒

又稱「生命之水」，通常由酒提煉出的酒精製成，也可以說是「有生命」或「有精神」的水。這個符號暗指人類，因為人體大部分由水構成，但充滿了精神，也代表人人都必須找到的、內心最深處的自我。

空行母

印度；約公元9世紀

正向面貌帶來歡愉與靈性的女性神靈

19世紀的神廟旗幟，上有舞蹈中的空行母，身掛頭骨項鍊。

領悟和堅持。

公元9~12世紀，空行母神廟在印度相當興盛。神廟位於偏僻的地點，大多在山頂，呈密閉環形，上無遮簷、正對天空，沿著內圈有64個神龕，供奉精緻的石雕，代表母神能量的各種面向。神龕排成圓形的曼陀羅，中間是濕婆的神像，象徵宇宙的意識、瑜珈戒律的核心。

空行母的形象大多為具有年輕、光裸、呈舞蹈姿勢的身軀，一手拿裝了經血或仙丹的頭蓋骨杯，一手拿彎刀。祂經常身戴頭蓋骨做成的長鏈，肩扛三叉戟，頭髮不加整飾、從背上披散下來。空行母在屍體上舞蹈，象徵完全掌控自我與無知。修行者經常聲稱，聽到空行母舞動時頭骨項鍊撞擊的聲音。

頭骨項鍊刻畫空行母的黑暗面，蓮花複葉則代表空行母和平的一面。空行母不僅是慾望的對象，也是宇宙能量的持有者，帶來歡愉和靈性。祂們是靈感的使者，被派去誘導譚崔入教者放棄自我中心的生活，立志追求性靈之路。如果門徒能向空行母證明自己的價值，就可以成為譚崔大師，飛升到空行母的天堂、啟示至福之地。空行母美麗、裸體的形象，考驗瑜珈大師控制自己性慾的能力。譚崔性交涉及象徵性的、想像的或是真人的空行母；真人空行母通常是受過譚崔瑜珈訓練的女性。

譚崔的性有三重目的：繁衍、歡愉和

空行母的梵文為Dakini，意思是「天空舞者」。空行母原本是古印度的女性神靈，負責帶死者的靈魂到天上。根據傳說，空行母能用眼神瞬間擄獲凡人的心。空行母的面相多變，可以是神靈、引靈人，也可以是天使，透過誘惑和勾引，考驗修行者對佛教譚崔的

解放。追求解放的人會超越高潮，尋求更高等形式的狂喜。譚崔引入、實行性交儀軌，包括縝密的準備和淨化儀式。性行為可以平衡參與雙方體內的宇宙能量，在個人人格與認知沉浸在神性中時，達到高潮。譚崔信徒從多種不同的層面理解這些行為。男女參與者身體的結合代表濕婆與夏克提（男性與女性法則）的融合，帶來調和一致的力場。在個人的層面上，每個參與者也都經歷了自身濕婆與夏克提能量的結合。

房事之道

古代道教信徒是所謂房中術的專家，這些技巧稱為「合氣」或「合精」，修行者用以強身健體、延年益壽。道教著作《房中補益》說明，某些時間特別適合交合，某些時間應避免交合。弦月、滿月、大風、大雨、大霧、大寒、大暑、雷電霹靂、天地晦冥、日月薄蝕、虹、地動等日，都不適合交合。如果在這些時間交合，則損男之精，傷女之神；若懷上孩子，則必顛癡頑愚、喑啞聾聵、攣跛、不壽不仁。

性交地點也很重要。日月星辰火光之下、神廟佛寺之中、井灶圊廁之側、塚墓屍柩之傍，皆所不可。

道教鼓勵修行者，不要只與一女交合，且應挑選美麗的女伴。儘管男性必須要讓女性盡享魚水之歡，但女性仍然被視為物品。因為女性會導致修行者散精損壽，所以古代文獻常將女性當成「敵人」。

18世紀末、19世紀初的專輯畫作，描繪濕婆與夏克提水乳交融，行譚崔性儀式。

名為「眾佛之空行母」的駭人陶像，手持匕首與盛滿血的頭蓋骨杯，象徵空行母摧毀邪惡和無知的力量。現藏倫敦大英博物館。

零點

法國巴黎；公元12世紀
神祕的灰先生雕像曾佇立於此

巴黎羅浮宮旁邊的零點石板。人們認為站在這裡許願，可以帶來好運。零點也曾是一座神祕雕像佇立的地方。

巴黎聖母院大教堂前的廣場、教堂左邊出口往西5公尺的地上有一塊銅牌，寫著「法國道路零點」。1924年，老巴黎委員會在廣場鋪石間放了這塊銅牌，標示法國所有的距離都從此處，也就是首都巴黎的中心開始計算。

人們認為零點銅牌是許願的幸運之地。情侶在這裡接吻，滿月時有人在這裡跳舞，或是祝福所有以此處為起點的測量終點。也有人相信，如果觀光客站在這裡，代表他們將會重遊巴黎。但是，零點地標遠不只表面上這麼簡單。

這個地點一直到18世紀，都有一座神祕雕像佇立。沒人知道雕像最初是何時出現在廣場上的，但雕像的年代可以追溯到羅馬帝國之前。公元12、13世紀，正當大興土木建造聖母院之際，他們稱雕像為灰先生（Monsieur Legris）。Legris在法文中是「灰色」的意思，但是為什麼叫這個名字，卻無從知曉。多數學者認為，因為腐蝕和汙染讓石像表面灰撲撲的，所以才取了這個名字。

中古時期，大教堂周圍都是狹窄的庭院、木造房屋、山形屋頂的建築，點綴著煙囪和風向雞。中世紀雜亂的木架小屋和小店像一疊紙牌一樣，緊緊擠在一起。這些木架房屋有雕刻的樑柱，每個街角都有放置神像的神龕。

灰先生的雕像放在某商店街底的石柱上。雕像是一個手上拿書的人或神，身邊有一條蛇。歷經多年風吹雨打，石像的面貌幾乎已經難以辨識。遇到想在錯

綜街道中找路的朝聖者，當地人會指著面目模糊的雕像告訴他們說，灰先生會指明方向。

歷史學家和學者對雕像的身分，提出各種解釋。有人說雕像是赫丘利，或希臘醫神阿伊斯古拉普斯；有人認為是耶穌基督、丹麥天主教聖人巴黎的吉雍（Guillaume de Paris）、巴黎的守護聖女日南斐法、羅馬界石與旅途終點之神特米納士。另有一說認為雕像是旅行與貿易之神墨丘利。

赫爾默斯派信徒認為，雕像是盡知宇宙奧祕的哲人赫爾默斯。他們創造了一套祕方，透過豐富的符號圖像和煉金術隱喻傳遞這些神聖知識。對煉金術士而言，灰色象徵五元素之中的火，也是煉金過程的一環，以獲得神聖知識。雕像的別名是「皮耶大師」（Maitre Pierre），在煉金術士口中，指的是賢者之石，天人合一的關鍵。

1625年，有人將雕像的一句羅馬刻文以拉丁文重刻在噴泉池中：「靠近吧，改頭換面的人。如果我的水不夠，到神廟去，你召喚的女神會準備永生之水。」17世紀時，灰先生也被稱為齋戒推銷員（Vendeur des Jeunes）。這句話可能只是基督教提醒信徒要齋戒、禱告，要上教堂獻身給聖母瑪利亞。

1649年，當時年輕的路易十四還在腐敗的樞機主教馬薩林羽翼之下。反皇派分子發放政治諷刺傳單，標題是「來自聖母院齋戒者的預言」，內容詳列「治療」法國因樞機主教和國王而一蹶不振的處方。也許這座雕像也曾是代傳神諭的先知？

1748年，當局決定擴大廣場、剷除許多房屋，雕像在這波工程中一併被毀。取而代之的是一塊三角形地標，中間有聖母院紋章。當時，奧地利王位繼承戰爭尚未結束，這塊地標成了「零點」：要測量從巴黎中心到沿著一排界碑（每塊約隔2公里）部署的軍事哨站和軍營網絡的距離，就從這裡出發。

人們認為灰先生是先知、使者、煉金術士、英雄赫丘利，或羅馬神祇特米納士。

天體等高儀
伊朗；公元1144年
占星家計算星座運勢的利器

公元1144年的天體儀據信出自伊朗的伊斯法罕，為全世界第三古老的天體儀。

中古時期，回教占星家也是天文學家，當時的平面星象圖成為計算星座運勢常見的工具，讓占星家不用花大把時間計算星辰的位置。

中東的占星熱潮源自美索不達米亞西北部的薩珊城市哈蘭。哈蘭是神祕主義、赫爾默斯哲學、占星學、魔法的重鎮，到文藝復興時期，都持續影響西方的魔法流派。哈蘭學者也是曼代教派最後的守護者。曼代教是中東在回教出現

前的信仰，與星辰崇拜有關；到了11世紀，終於不敵基督教和回教。曼代教徒視赫爾默斯為先知，認為他是可蘭經中的易德里斯。

回教篤信占星之學，主要原因是回教認主學的教義，認為上帝的獨一等同於智慧的完整。到了13世紀，回教學者將異教的占星學和哲學基礎融合，星象圖成為占星家或天文學家技巧顯見的象徵。星象圖大部分的資訊，都源自古代

希臘裔埃及數學家兼占星家托勒密；不過回教占星家建立了一套自己的技術和觀察。

中世紀回教占星家之間流傳著一則故事，說明托勒密如何意外發現星象圖。有一天托勒密外出騎馬時，帶著一個銅製的小星象儀。星象儀掉到地上，被托勒密的馬踩得扁扁的，成了第一個2D星象圖。將星象圖歸功給托勒密也許是對的，但細節可能不盡如傳說所言。雖然托勒密熟知將星辰球體投影到平面的技術，但沒有證據顯示，在希臘化時代的埃及，已經有這樣的工具問世。

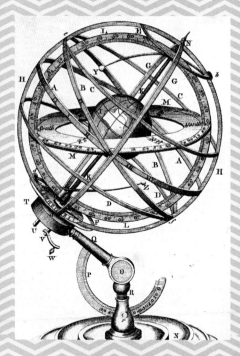

環形球體儀，地球外面圍繞環形骨架，代表天文現象，例如天體經度線。

早期等高儀

對頁圖中這個球形等高儀為銅雕嵌銀，是很少見的立體宇宙模型，讓占星家、航海家、天文學家用以觀察、測量。等高儀上標出公元1世紀亞歷山大時期，托勒密發現的48個星座；1,025顆星星用銀點表示位置，不同的大小代表觀測者看到的不同亮度。儀器上署名尤努斯・本・胡賽因・亞斯特拉比（Yunus b.al-Husayn al-Asturlabi），並說明尤努斯重新計算了星辰的座標，納入自托勒密到尤努斯這段時間內發生的變化。以天文數學為科學基礎、金屬工藝為表現手法，這座球形等高儀是上乘的天界模型，不僅呈現人類對宇宙已知的知識，也代表回教學者發展古典科學和占星學、最後傳入西方世界的過程。

回教哲學家肯迪融合了希臘觀念與伊斯蘭思想。他的著作《論射線》（On Rays）支持魔法原則，認為宇宙能量的射線會影響其他東西，例如行星的占星力量。他相信如果人能獲得天體和諧的知識，就能盡知過去、現在與未來。所以回教占星家熱衷於學習關於天界的一切知識，也就不足為奇了；而等高儀則是替天空畫出地圖的方法。

很快地，占星家開始被軍事領袖收入麾下，因為在戰事中，用老舊星圖和文件來預測戰爭結果太費時，這些東西又脆弱。因此等高儀大行其道，占星家可以帶著它帶上戰場、在馬背上觀測，決定戰爭的結果。

公元11世紀，西方的等高儀知識從西班牙傳入歐洲。15世紀，法國的儀器製造商讓・夫索利（Jean Fusoris），開始在他巴黎的店裡賣等高儀，還有可攜式日晷，以及其他當時的科學儀器。事實上，等高儀可能是天文鐘的前身。捷克共和國的布拉格舊城廣場上，就有一個著名的天文鐘。

星座圖，或稱平面等高儀。因為攜帶方便，後來取代了球形天體儀。

黃道圈

義大利佛羅倫斯；公元1207年

大理石地板上的黃道，象徵新時代的來臨

聖米尼亞托地板上的黃道，不只是以與月分相關的活動和星座圖案作為裝飾，還有更深層的祕密隱藏其中。

金牛座的符號直接校準日出，代表新時代的開始。

佛羅倫斯聖米尼亞托大教堂地板上的黃道、大理石地磚與講壇，還有裝飾性雕刻，全是由一群神祕石匠完成的，其中一位還留下「約瑟夫」的刻字。大教堂的石製門廊、正面外牆和牆上，裝飾著異教和基督教的符號。然而，這些雜亂又不尋常的圖案主題，都以大理石黃道以及一旁的文字為中心；文字註明時間、日期和與星群相關的行星。但是其中也包含有多重隱藏意義的加密訊息，例如，有人解釋，大教堂本身的象徵意義，就是連接仙界和紅塵的門戶。

多數中世紀教堂都是東西向，遵循基督的腳步：太陽般的基督取代了異教的日神，以及每日由東向西穿過天庭的軌跡。聖米尼亞托大教堂與其他中世紀教堂的方位不同，呈西北到東南走向，十分古怪。雖然教堂方向沒有對齊日出方位，但地板上的黃道圈，尤其是金牛座的符號，完全對準了太陽。甚至，加密文字中暗示的，就是金牛座象徵的堅持與忍耐。

長3公尺的刻文是一組複雜的中世紀密碼。根據中世紀天文學家記載，1207年5月28日，一群行星匯集在名為金牛的星座中，在清晨的天空升起。天文學家預測，這個金牛座星群在數千年內都不會再出現。事實上，石匠的刻文中不僅記載他大作完成的日期，也記錄了這個罕見天文現象的日期。更重要的是，刻文透露了金牛座校準了那個特定日期，標示出新時代的開始，而大理石黃道圈則是新循環的象徵。

公元13世紀初期，義大利神學家弗洛爾的約雅欣（Joachim de Fiore）預言：反基督將降臨、世界將終結。這種說法大為流行，弄得人心惶惶。金牛座校準天體的象徵，代表的不是世界的終結，而是持久、永恆之世的開始。此外，新循環的世界，將會對皈依高深難解世界的信徒，揭示神祕的真相，開始敬拜太陽的治癒力量。這個神祕真相，就是隱藏在聖米尼亞托大教堂大理石鑲嵌與牆

壁上的未解之謎。

有人認為，約瑟夫與其他石匠是某個神祕團體的成員，熟知基督教卡巴拉與古埃及智慧的奧祕。有一則故事是這麼說的：1207年，反基督與世界末日預言正傳得沸沸揚揚。某個早晨，當太陽在佛羅倫斯升起時，約瑟夫正在大教堂中，用手擦去大理石地板上拉丁文字的石屑。他站起來，對於工作完成感到高興時，太陽正好從東邊的窗戶斜照進教堂中殿，明亮的光線直接照在精細的大理石黃道圈中心，他花了好幾個月才完成的作品。新降臨的黎明帶來的不是世界的終結，而是新開始。

佛羅倫斯聖米尼亞托大教堂的講壇，與地板上黃道圈，都是由同一批石匠完成。

其他黃道作品

歐洲各地許多基督教教堂和主座教堂，都可以看到奇特的黃道符號，包括牆面浮雕、馬賽克、地板紋章，甚至彩繪玻璃窗戶。在教會視占星學為異端、加以禁絕之前，占星學是日常生活的一部分。12星座或星群代表的不是與星辰魔法相關的高深神祕特性，而只是一年中的月分，以及每個黃道月分的例行活動。

法國的沙特主座教堂有很好的例子。教堂中有一扇公元1217年的壯麗黃道窗戶，西翼和北翼也有與黃道相關的雕像。同樣地，巴黎聖母院的西玫瑰窗和西側牆面的拱門上，也有完整的黃道符號，旁邊還有每個月分的活動與相關罪衍。另外幾座法國教堂，也可以找到一些保存至今的黃道符號與相關活動；勃根地的阿瓦隆擁有最好的作品。義大利奧特朗托的教堂，以教堂中殿東側的黃道馬賽克聞名。英格蘭坎特伯里大教堂中，兩側原有湯瑪斯・貝克特神龕的地方，地板上鑲嵌了一組讓人屏息的銅製黃道符號紋章，描繪月分、活動、罪行、美德。

希臘羅馬的星辰文化沒有被正統猶太宗教接受，轉而向非拉比神祕猶太教派尋求支持。例如，以色列基利波山腳下、靠近貝特謝安的伯艾法聚會所，就是猶太教吸收希臘羅馬黃道的絕佳例子。12個黃道符號在外圈，太陽神赫利俄斯在內圈盡顯光華。外圈有12塊鑲板，每塊對應到一個月分，還有配合該月黃道星座的象徵符號。緊鄰黃道圈外的四個角落，有四尊男性形體，象徵四季。似乎不論有組織的宗教怎樣用盡方法想驅逐異教信仰，黃道仍然會滲透宗教藝術與建築，如同在天上般完美呈現。

1573年的壁畫，位於義大利聖塞韋里納教堂，描繪13世紀的義大利先知弗洛爾的約雅欣。

天使拉傑爾之書

西奈半島；公元13世紀

中世紀卡巴拉魔法的執行手冊

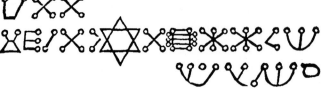

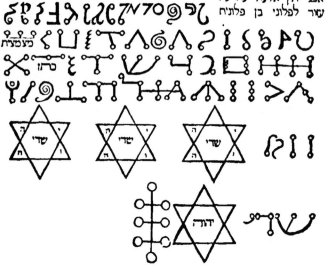

天使拉傑爾之書囊括完整的魔法護身符與印記，用來施行保護咒語、製作治療平安符。

與《天使拉傑爾之書》有關的傳說，說明它本是包括世間所有知識奧祕的著作，由天使拉傑爾傳授給亞當；大天使拉傑爾站得離上帝的寶座很近，因此寫下了所有上帝說的話語。亞當和夏娃吃了禁果後，拉傑爾特意把書給了亞當，讓亞當能更了解上帝。其他大天使很生氣拉傑爾把知識給了人類，就把書從亞當那裡偷來，扔進海裡。上帝決定不處罰拉傑爾，而是派了另一個天使去海裡把書撈出來，還給亞當和夏娃。

根據某些說法，這本書最後傳到以諾手裡，後來以諾成為大天使梅塔特隆，擔任天界寶藏的守護者，可能把自己的著作也融合到拉傑爾之書中。以諾之後，大天使拉斐爾把書給了諾亞，諾亞運用書中的智慧建造了方舟。據說，拉傑爾之書後來落入所羅門王手裡；最近也出現一些所羅門章節的文字。

多數歷史學家認為，《天使拉傑爾之書》出現於公元13世紀，但是取材自更古老的文獻。這本中世紀著作的編纂者，可能是猶太神祕主義者沃木思的以利亞撒（Eleazer of Worms），融合數本卡巴拉的神祕著作而成。這部大典後來分成五冊，有的形式是神祕的創世故事，不過大體而言是詳盡的天使學，列出黃道、數字解經、上帝之名、護身咒的魔法用途，以及寫魔法治療平安符的方法。根據沃木思的以利亞撒所寫，

拉傑爾教導亞當語言和靈魂的力量，解除肉體與有形世界的禁錮。拉傑爾教亞當，人只要使用「魔法」，不論是數字解經，或透過護身符召喚行星的力量，就可以主宰自己的生命，而不是坐等命運的擺佈。數字解經是一套亞述－巴比倫的數字命理系統，為猶太神祕主義者採用，賦予數值給字或句子，讓字或數字具有魔法性質。希伯來文每個字母，包括字音和字母的位置，都有深奧的象徵意義。

卡巴拉

　　拉傑爾的書在日耳曼文藝復興魔法中盛名遠播。它和另外一本護身符魔法手冊《智慧追求》（*Picatrix*），都被教會視為異端。文藝復興時期，許多祕教信徒在進行神祕探索時，都會結合異端思想、基督教信仰、神祕卡巴拉。卡巴拉是古老的猶太智慧，反映宇宙和人生的運作。「卡巴拉」（Kabbalah）字面上的意義是「領受」，教導人們如何領受人生的圓滿。

　　中世紀的卡巴拉信徒認為，萬物都透過質點與上帝相連，質點就是上帝的十種延伸。這些延伸，使所有層級的創造，自上而下，都是源自同一美好的生命之鏈。根據魯利安卡巴拉的宇宙觀，質點對應到四界中每一界不同層級的創造，四界又包含在更大的四界中，每一界包含十個質點，每個質點又包含十個質點，以此類推，無窮無盡。這些都是創世時從造物主延伸而來的。今天，卡巴拉是一種普及的神祕主義形式，是蓬勃發展的猶太自由思想新流派、非猶太的西方神祕精神學。

卡巴拉象徵符號

無限世界
代表創世前就存在的上帝之光，與上帝無限的本質。人們透過質點，敬拜無盡世界不可知的虛無，呈現在外的樣貌就是創世之神。

質點
卡巴拉生命之樹常是上下顛倒的，根扎於天堂。十個階段的每一階段，或稱質點，象徵個人在與上帝加深關係時的不同面向。質點透過通道和不同群組的延伸互相連結。

上帝的72個名字
這72個名字用在卡巴拉冥想中，據說讓先知得以行使奇蹟。這些名字出自《出埃及記》的三段經文，每段各有72個希伯來字母。第一段經文由左自右，從每個字中取一個字母；第二段經文由右自左，從每個字中取一個字母。這樣一直下去，就會形成上帝的72個名字。

四元體
宇宙的象徵符號，奠基於畢達戈拉斯的原始創造金字塔符號。構成四元體的，是希伯來字母Y. H. W. H.，也是上帝的名字。

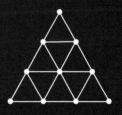

希伯來三位一體
希伯來三位一體是用圖畫或符號的方式，表現最初的三個質點，象徵父在左，母在右，皇冠為中。

上帝之印
英國倫敦；公元14世紀
占星家約翰·迪伊創造的魔法印記

上帝之印最初出現在14世紀的魔法書中，後來為16世紀的占星家約翰·迪伊所用。

上帝之印是英國伊莉莎白時期的數學家、占星家、魔法師約翰·迪伊，在與天使交流時所用的器具。迪伊從14世紀的魔法圖形發展出上帝之印，由兩個圓形、一個五芒星、三個七邊形構成，形狀上標明上帝及天使的名字。迪伊創造這個多面向的象徵性地圖，據信可以召喚天使的力量。

根據古代文獻，印記是護身符，讓施法的魔法師，擁有大天使之下、萬物之上的能力。印記（sigil）一字來自表示「印鑑」的拉丁文。另一個也許跟拉丁字segulah有關的希伯來字，很清楚說明印記是什麼，segulah意指類似護身符的「字、動作或有性靈感應的物品」。印記通常是一個畫在紙上的符號，但也可以做成立體圖樣。不論複雜或簡單，印記的設計和創造，都會有精細、神祕的意義附著其上。印記通常由許多不同元素組成，天文符號與相應的行星都有自己的印記。

迪伊是名副其實的文藝復興人，代表關於文藝復興的一切，包括神祕學與文學的復興、藝術、對真理和神聖知識的追求，還有科學革命——似乎與文藝復興精神、黃金時期的再現，完全背道而馳。對迪伊而言，科學的發展就是發現宇宙大能儲藏、只待人類發掘的東西，而人們正用多種不同的方式，探索宇宙的奧祕。許多被尊為現代科學開山鼻祖的大師，例如哥白尼、第谷·布拉赫、克卜勒、牛頓，都對神祕世界很感興趣。

迪伊和同時代的科學家和哲學家一樣，對魔法略有涉獵；他最有興趣的書是僧侶特里特米烏斯的《隱寫術》，說明天使魔法。迪伊曾經透過靈視者（靈媒或通靈者）接觸神靈。到了1582年，愛德華·凱利（Edward Kelly）進入他的私生活，讓天使變得更容易召喚。凱利似乎對迪伊有很大的影響力。1587年兩人分開時，凱利不僅已成為著名的煉金術士、自成一家，還說服迪伊換妻。

迪伊蒐集具反射能力的物品，作為神祕研究的工具，他的蒐藏品中有一面黑曜石鏡子。阿茲特克的祭司會在占卜、穿梭地底世界、與死者靈體溝通等不同儀式中，使用精雕細琢的鏡子。這些鏡子與特斯卡特利波卡有關——特斯卡特利波卡是阿茲特克的統治者、戰士與巫師之神，名字可以翻譯為「煙霧鏡」。迪伊的黑曜石鏡子是用火山玻璃精雕細琢而成，是埃爾南·科爾特斯在1527年~1530年間征服墨西哥後，帶回歐洲的諸多珍寶之一。

中世紀魔法師使用印記召喚天使、惡魔和其他神靈。每個對象都有自己的印記，代表祂的本性，類似精神標記或藍圖。印記不論在好人或歹人手裡，都是強大的魔法工具。中世紀魔法書（咒語書）和魔法文件中，充斥著一頁接一頁的印記，最著名的是名為《所羅門的小鑰匙》（*Lesser Key of Solomon*）一書。這本作者不詳的17世紀著作中完整收錄

地獄中72妖魔個人的印記。

此書分為5冊，其中一冊指導魔法師如何製作專為以靈視接觸天使而設計的蠟板，或是用水晶球或其他反射性物質「看」性靈世界。另外一冊則是成篇的禱文，讓魔法師可以瞬間增長學識。

一旦箇中好手學會如何運用印記，也適當注意儀式和結果，很快就有能力凌駕他所操控的東西。晚近自詡為專家的人，像是祕教信徒阿萊斯特·克勞利，會在他們的神祕魔法探索中運用印記。威卡巫術仍然在用印記魔法施咒，吸引個人想要的東西，是以正面思考、心想事成之外的另一選擇。

約翰·迪伊肖像畫，作者不詳。圖中將迪伊描繪為伊莉莎白一世寶貴的諮議大臣，女王會向他請教占星預測，了解王國的氣數。

這副面具是阿茲特克巫師神特斯卡特利波卡，意思是「煙霧鏡」。迪伊的黑曜石鏡子與這位神祇有關。

由太陽、月亮、星辰的象徵符號構成的象形文字，用來代表迪伊。

沙畫

北美；約公元1400年

施行治癒、儀式性魔法時畫在地上的魔法圖案

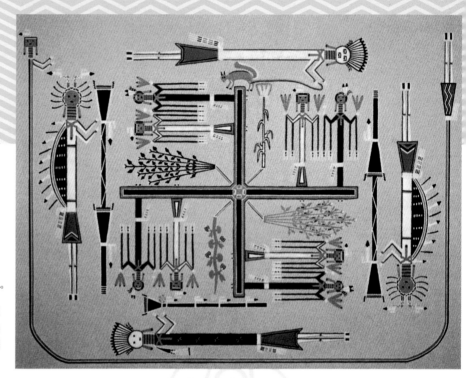

納瓦霍沙畫描繪「旋轉圓木」的故事，常被認為是名為夜路之歌的治療儀式。

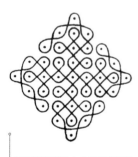

不管從哪個方向看西庫柯蘭圖樣（sikku kolam），通常都是對稱的。Sikku的意思是「結」。

美國西南部的納瓦霍人，以沙畫及其在治療與儀式魔法中的功能而馳名。沙畫藝術是把彩色的沙或礦物、水晶做成的粉狀顏料倒在平面上，構成固定或不固定的圖畫。不固定的沙畫，在全球許多社會族群中，已有悠久穩固的文化歷史，常是為了宗教或治療儀式而準備的暫時性、儀式性畫作。例如，西藏的喇嘛、佛教的和尚、澳洲的原住民，還有中美洲人民在某些基督教的聖日時，都會使用沙畫。

納瓦霍沙畫是由行醫者在納瓦霍傳統木屋的地板上，或是儀式舉行的地方作畫。行醫者以高超的控制和技巧，讓彩色細沙從指間疏鬆地落下，製作出沙畫，底下是鹿皮或油布也沒有問題。據專家研究，沙畫有600~1000個傳統圖案。納瓦霍人不把畫作視為靜止的物品，而認為它是具有精神的活物，應該尊敬以待。一個儀式可能有超過30種不同的相關沙畫。

沙畫的顏色通常來自沙子原本的顏色：白色是壓碎的石膏，黃色是黃土，紅色是砂岩、木炭，還可以混和木炭和石膏做出藍色。其他上色成分包括玉米澱粉、花粉、磨成粉的樹根和樹皮。

沙畫通常是為了治療或其他儀式性目的而作。多數沙畫都有耶必柴（yeibichai）的圖案——耶必柴是創造納瓦霍人的超自然生物，教導他們如何與宇宙和諧共存。作畫時，行醫者會吟誦請求耶必柴進入畫作中，幫忙治療病患。

同樣地，在15世紀的日本，佛教藝術家會製作盆石：在純黑漆器托盤上，撒上乾的彩色細沙和鵝卵石，然後以鳥羽為刷，移動托盤上的沙子，形成海景或地景。這種日本佛教托盤繪畫，可能演化自藏傳佛教喇嘛製作的複雜、顏色艷麗的沙壇城，或是印度的地畫。

地畫圖形取自古代魔法圖案和抽象設計，融合後代的哲學和宗教主題。畫中符號可能包括魚、鳥、其他動物形象，代表人獸合一。其他使用的圖案包括日、月、其他黃道符號，代表宇宙和植物的力量。為了特殊場合製作的儀式性地畫圖案，例如婚禮地畫，常會一直延伸到街上。這些巧思創造出來的圖案，許多都是由母傳女、代代相傳。

波浪圖案驚人的沙畫，出自澳洲尤埃杜木原住民之手。全世界許多文化中都有沙畫。

地畫

地畫是一種神聖的畫作，印度許多地方，還有印尼、馬來西亞、泰國都看得到。米、粉筆、石屑，還有天然的顏料細粉，都可以用來製作地畫。地畫通常是幾何線條，包含打圈的圓弧，圍繞呈格子狀的點點。在印度南部，家裡的女性成員會在自家門口畫地畫。節日或特殊場合的地畫通常會比較複雜，顏色比較多。傳統上，地畫是邀請或歡迎吉祥天女拉克什米進入屋內的象徵；拉克什米是繁榮與富貴的女神。圖案包括呈矩陣狀的點點，外有數學線條，以及自由發揮的圖案、封閉的形狀。這些線一定要畫完，在象徵意義上代表防止惡靈進入圖形當中，也就是家裡。

仕女與獨角獸掛毯
法蘭德斯；公元15世紀
呈現神祕第六感的一系列掛毯

神祕的第六張掛毯被認為代表第六感，或是靈魂如何連接星辰的神祕象徵。現藏巴黎中世紀國家公園博物館。

這一系列美麗的15世紀掛毯出自法蘭德斯地區，在今天的荷蘭和比利時境內。作家兼考古學家普羅斯佩・梅里美（Prosper Merimée）在法國利穆贊地區的布薩克城堡，發現了這批掛毯，被當成中世紀重要的藝術作品，並因此聞名。最後在1882年，巴黎中世紀國家公園博物館收購為館藏。

掛毯共有六幅，五幅代表普遍的五感：味覺、聽覺、視覺、嗅覺、觸覺。

這五幅掛毯都描繪了感官世界的誘惑；圖中有一位不知名的女士，身邊有獅子和獨角獸，和兔子、狗、猴子、鳥等其他常見的動物。但是，第六幅掛毯的意義引發諸多爭論，因為它描繪的是神祕的第六感。

有些說法認為，第六幅掛毯掛在另外五幅的對面，代表某種不明的神祕精華，可能是靈魂，或是只有掛毯主人才能理解的深奧謎語或祕密。掛毯中，騎

馬比武大會的帳篷上，寫著A mon seul desir，通常譯為「我唯一的慾望」或「我心所欲」；但這句話也有可能是拿「seul」玩文字遊戲。法文中的seul意思是「唯一」；但早期撒克遜、日耳曼、佛蘭芒語中，soul（靈魂）可能會拼成seola或seula。掛毯上織的文字，可能指靈魂，而不是自我的慾望。

desir一字在公元14世紀的法國意為「色慾」；不過desire（慾望）一字源自早期拉丁文，意思是「星辰的」。換句話說，這句話可能是某個祕密或神祕的誘惑，或是透露靈魂與星辰的連結。

圖中的仕女究竟是正把項鍊從匣中拿出或放回，也是學者熱烈爭辯的主題。某些歷史學者認為，她不想被自己的感官或慾望引上歧途，決心保持純潔美善，因此收起了誘人的珠寶。其他人則認為，她願意接受誘惑、走上歧途。

許多歷史學者相信，這一系列的掛毯影射的是宮廷之愛。中古時期，宮廷中的仕女會被英勇的騎士當成偶像一樣崇拜，樂手、詩人和吟遊詩人徘徊在歐洲的宮廷中，歌詠、訴說愛情故事。騎士贈送信物、密函，花大把時間幻想心中渴慕的美人；這些美人通常都已經嫁給貴族，可望不可及。當時單相思風氣盛行，仕女的性誘惑力雖然被天主教教會斥為邪惡，但騎士或富騎士精神的戀人往往把這種力量理想化。對美人的渴望愈強，她就愈遙不可及，整段單戀也就更加富有情慾。

獨角獸有豐富的魔法象徵意義。在古希臘早期的神話中，獨角獸擁有超自然的力量。到了中古時期的基督教神話，獨角獸成了神祕的野獸，只能由處女馴服；牠也成為神祕象徵，代表「仕女」跟聖母瑪利亞一樣純潔，而牠自己則

代表復活後的耶穌。然而，在大眾的想像和歐洲的宮廷中，這些古老的神話故事隨著宮廷之愛的象徵意義延續。掛毯中，獨角獸代表戀人，或是身著閃亮盔甲的騎士，把頭放在仕女的大腿上，象徵臣服於她的力量。在一張掛毯中，獨角獸把腳掌放在仕女的大腿上，看向鏡子中反射出來的慾望。

這些掛毯顯然是為讓・拉維斯特（Jean Le Viste）製作的。拉維斯特是一個富有的貴族，1489年蒙寵入宮；到處都看得到他的家族紋章。拉維斯特家族用財富買到貴族頭銜，據信掛毯就是用來炫耀拉維斯特腰纏萬貫，或是隱諱地表達他對妻子以外某位女性的愛慕。不管原因為何，這組掛毯顯示浪漫情懷和愛情的象徵符號，可以和基督教神祕主義結合，多種不同的比喻也可以互相呼應。

描繪吟遊詩人的15世紀泥金手稿。出自阿方索十世的《聖瑪利亞歌行集》。

獨角獸擁有超自然力量，基督教用來當成復活的象徵。

塔羅

義大利；公元15世紀
普世通用的象徵符號原型語言

《玩塔羅的男女》是早期的文藝復興畫作，出自義大利倫巴底派畫家之手。畫中人物可能正在用塔羅牌算命。

塔羅源自公元前數千年的古埃及，當時吉薩和阿拜多斯還是神祕法術和神明崇拜盛行的中心。不過，最早的塔羅牌出現在15世紀的義大利。文藝復興讓人們重燃對古代高深奧祕的興趣；在義大利，人們製作出各種塔羅牌，包括精美的維斯康提－索佛薩塔羅牌，這是為了15世紀米蘭公爵而製作的牌。

塔羅牌通常一副有78張，充滿象徵意義和圖案。早期的塔羅牌張數與現在不同。每張牌有名字、數字、特定圖案，合起來創造出每張牌的意義。塔羅牌其實就是利用象徵符號原型構成的一種普世通用語言。

塔羅牌的組成是22張主牌，又稱大阿爾克那，加上四組花色、每組各14張牌的小阿爾克那。22張大阿爾克那代表普世原型，而小阿爾克那代表原型表現在日常生活中的型態。阿爾克那（arcana）是拉丁字arcanum的複數型，意思是「祕密」，所以大小阿爾克那指的就是大或小祕密。

原型是本質、基礎、藍圖，或行為、人格、感受、經驗、想法的原始模式。古往今來，已經有某些字、象徵、密碼被用來描述這些原型。根據心理分析學家榮格所言，人們會對這些原型產生共鳴，是因為這些原型存在於個人和群體的無意識中。

18世紀的法國語言學家與共濟會員安東·古德傑伯林（Antoine Court de Gébelin）相信，「塔羅」（tarot）一字源自埃及智慧之神托特（Thoth）的名字。他進一步指出，22張主牌的基礎是一組寫有神祕智慧的古老陶板；這些陶板是從慘遭火噬的神廟遺址中找到的。這些《托特之書》列出某種神祕語言，利用象形文字和數字，可以接觸所有神明。

古德傑伯林還發現，象形文字tar，意思是「路」、「道路」，ro意思是「君王」，因此合在一起的意思是「生命的君王之路」。從石雕中也發現證據，證明法老王會用托特陶板探究自己的未來。許多學者同意，自從希臘人征服亞歷山大城後，埃及的神祕主義者和占卜者可能就把這些象形文字，翻譯成歐洲人可以理解的圖案。有些19世紀的學者傾向認為，tarot一字有一部分是重組拉丁字rota的字母後形成的，rota意為「輪子」，在神祕主義圈中，意思是解讀塔羅牌後，就會看到變異循環永無止盡的結束與開始。

大阿爾克那牌的象徵意義

愚者
占星之鑰：天王星
關鍵字：冒險

魔法師
占星之鑰：水星
關鍵字：呈現

女祭司長
占星之鑰：月亮
關鍵字：祕密

女皇
占星之鑰：金星
關鍵字：豐饒

皇帝
占星之鑰：白羊宮
關鍵字：權威

教皇
占星之鑰：金牛宮
關鍵字：知識

戀人
占星之鑰：雙子宮
關鍵字：愛情

戰車
占星之鑰：巨蟹宮
關鍵字：意志力

力量
占星之鑰：獅子宮
關鍵字：勇氣

隱士
占星之鑰：處女宮
關鍵字：探索靈魂

命運之輪
占星之鑰：木星
關鍵字：開始

正義
占星之鑰：天秤宮
關鍵字：平衡

吊人
占星之鑰：海王星
關鍵字：犧牲

死神
占星之鑰：天蠍宮
關鍵字：改變

節制
占星之鑰：射手宮
關鍵字：妥協

惡魔
占星之鑰：摩羯宮
關鍵字：幻覺

塔
占星之鑰：火星
關鍵字：中斷

星辰
占星之鑰：水瓶宮
關鍵字：理解

月亮
占星之鑰：雙魚宮
關鍵字：困惑

太陽
占星之鑰：太陽
關鍵字：歡愉

審判
占星之鑰：冥王星
關鍵字：自由

世界
占星之鑰：土星
關鍵字：圓滿

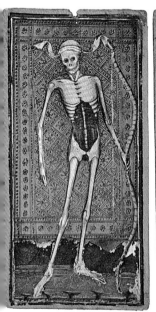

塔羅牌組中的大阿爾克那牌描繪許多簡單的形象，例如死神、魔法師、吊人，塔羅牌老手可以輕鬆做出解釋。

塔羅牌

愚者

和天王星、數字0有關，暗示問卜者已經有冒險的打算。愚者永遠樂觀，代表新開始、非傳統的生命追尋，以及不顧一切、勇往直前的衝動。愚者提醒人們，抗拒有時比冒險更愚蠢。

魔法師

魔法師站在桌前，一手拿著魔杖指天，一手指地。此牌與水星和數字1有關，象徵實踐想法、讓夢想成真。這張牌暗示時機已成熟，應該多加思慮、適應變化的環境，準備以計畫說服他人。

女祭司長

女祭司長牌與月亮、數字2、隱藏的事物、祕密相關，通常暗示祕密即將被揭發，可能是問卜者的祕密，或是問卜者親朋好友的祕密。或者，這張牌也意味著聰慧的女性或治療者，對未來將有良善的影響。

吊人

這張奇特的牌，意思是從另一個角度看待真相，代表進行意料之外、但可以帶來益處的事情。事實上，就像頭下腳上的吊人一樣，從迥異的角度看待事情，就是成功的關鍵。吊人牌表示我們可能必須放棄陳舊的信仰、想法或感受，才能快樂。

死神

雖然死神牌常被當成末日的預兆，但其實只是關起一扇門、打開一扇窗。這張牌代表分岔的路、關上的門、丟掉情緒的包袱。不可避免的改變代表將會開啟其他機會，而新的情緒、際遇將帶來幸福。

塔

塔本身代表我們個人的世界。但牌上的閃電象徵意料之外或外部發生的事件，改變我們的生活，或迫使我們重新思考人生。這張牌暗示時機已成熟，應該快點適應改變，接受身邊的挑戰和混亂，我們才能進步。

教皇

教皇牌代表受宗教人物或傳統權威人士影響。問卜者如果抽到這張牌，必須遵從或信任其他人所說的話，或聽從大師、摯友的建議。它也代表按照期望行事，將是正確的道路。

戀人

天使守護著一對赤裸的戀人。有些塔羅牌組中，戀人牌中還有第三個人，好像非做出選擇不可。戀人牌與雙子座、情侶有關，暗示戀情影響極大，未來將必須做出重大抉擇或承諾。

命運之輪

這張牌代表轉捩點，生命中改變的循環，以及我們同時被命運和自己的自由意志影響。我們必須做出選擇、開啟新的旅程，並把握機會加入潮流。命運之輪也代表我們迎來的是好運或厄運，取決於看待運氣的觀點。

星辰

古人利用星辰辨明方位。如果問卜者抽到星辰牌，表示可以信賴宇宙以完成目標。星辰牌與水瓶座有關，暗示進步、重振自信，迎來靈感與「看見光明」的時刻。

審判

審判牌意指時機已到，應該清醒過來、不受過去束縛，重新審視自己擁有及沒有的，並接受事實。它通常表示我們可以丟掉舊價值，接受新價值。很快地，我們將會卸下罪惡感、自我破壞、

世界

世界牌代表完成夢想。抽到世界牌的話，表示世界盡其在我，應該要完成計畫、獲得獎賞。現在該做的，就是對自己的計畫充滿信心，並與宇宙合而為一。

占卜曆

墨西哥；約公元1520年

描繪神聖占卜曆法的阿茲特克抄本

波旁尼克手抄本的第13頁，從底行的1地震、2燧石/刀、3雨開始，揭示13日的週期。

阿茲特克文化中，女神特拉佐蒂奧托是「食汙穢者」，吸收罪衍、赦免罪人。

公元1520年，西班牙當局下令製作波旁尼克手抄本，寫在一張14公尺長的單頁樹皮紙上。紙的材料是被認為具有魔力的榕樹。手抄本可以分為三部分，第一部分是現存最精美的神聖占卜曆書之一。紙張大部分的頁面都畫著主神或神明群，其他地方則有13日週期循環的記號，和13個其他的圖形化文字與神明。祭司可以利用這26個象徵符號，創造星座運勢，預測未來。

波旁尼克手抄本原本是40頁的風琴摺文本，但是最開頭兩頁和最後兩頁已經遺失。它和所有前哥倫布時期的文本一樣，基本上都只有圖畫，後來才加上西班牙文。文本的前18頁（如果沒有缺失，應該是20頁），明顯破損得比後面的頁面嚴重，很可能表示這些頁面較常被翻閱。以260日為週期的阿茲特克曆法，分成20個13日週期；波旁尼克手抄本原本的第13頁，畫的是第13個13日週

期，受到女神特拉佐蒂奧托的庇佑。頁面左上角的女神穿著剝下的人皮，生下包穀之神聖特奧托。

手抄本的第二部分，記載中美洲52年的循環，按順序標明52個太陽年元旦的日期。這些日期與9個夜神有關。第三部分著重儀節和儀式，尤其是在52年循環要結束時，會以新火儀式做結，表示一個循環的結束，另一個循環的開始。

首的鳥身上，獲得血液。13隻日鳥圍繞在四周，每隻鳥代表13日週期其中的一天。

這些前哥倫布文本是記錄早期阿茲特克文化的上乘之作。多數文本都包括占卜曆，以及必須舉行儀式的特定日期和循環。後來的文本，例如波杜里尼手抄本，描繪傳奇性的阿茲特克旅程，是記載阿茲特克統治者與歷史的珍貴社會記錄。

博爾吉亞手抄本

中美洲的博爾吉亞手抄本，被認為是現已發現保存最好的阿茲特克儀式、占卜手稿。一般相信，博爾吉亞手抄本是在西班牙人征服墨西哥之前完成的。首位已知的擁有者是18世紀晚期的樞機主教史蒂芬諾·博爾吉亞（Stefano Borgia），手抄本也以他為名。博爾吉亞手抄本以獸皮製成，折成39張，總長度達11公尺。除了最後一張，每張都是雙面繪製，共有76頁，從右讀到左。

前八頁列出260個日期計算（稱為托納波華利tonalpohualli）的符號，每個13日週期的13個符號排成一列，橫跨兩頁。某些日期上有腳印符號，占卜符號則在日期符號的上或下方。第9頁到第13頁分成四區，每區包含20個日期符號之一、該日期的主神和相關符號。

第14頁分成九部分，每一部分有一位夜神，旁邊有日期符號，以及相應的正面或負面符號。

第29頁到46頁顯然是一場旅程，不過因為圖案複雜，又缺乏參照文件，因此產生各種解釋，包括真實發生的天文和歷史事件、羽蛇神變成金星的過程、地底世界之旅、創世故事等說法。

第71頁描繪日神托納蒂烏從一隻被斬

博爾吉亞手抄本中，日神托納蒂烏被13日的日鳥圍繞。阿茲特克祭司會用這些鳥占卜未來。

煉金術之門
義大利羅馬；公元1678~1680年
現存唯一帶有煉金術刻文的門，通往古老的莊園

古城羅馬東邊的埃斯奎利諾山有一扇奇特、封起來的門，通往以前曾在此矗立的帕隆貝拉莊園（Palombara Villa）。這扇門名叫「煉金術之門」（Porta Alchemica），是莊園五道門中唯一倖存至今的。

在17世紀中期，莊園為佩查堡（Peitraforte）侯爵馬西米蘭諾·帕隆貝拉（Massimiliano Palombara）所有。帕隆貝拉是玫瑰十字會成員，又是羅馬菁英圈的一份子，擁有充分的財富和社會地位資助煉金術士。他常在莊園中舉辦聚會，邀請志同道合的重要人物為座上賓，包括古怪的瑞典女王克里斯蒂娜（Christina Queen of Sweden），她在退位後長住羅馬；還有傑出的占星家喬凡尼·多美尼科·卡西尼，著名學者阿塔納斯·珂雪，以及來自米蘭的年輕醫師兼煉金術士朱塞佩·波利（Giuseppe Borri）。波利在耶穌會學院習醫，結果因為研究煉金術而被退學。

有幾則傳說，說明波利和煉金術之門的關係。某則傳說提到，波利在侯爵的資助下進行一系列實驗，要找出神祕的賢者之石和煉鉛成金之法。然而，在他知道宗教裁判所已經盯上他之後，某天晚上他突然消失了，留下許多寫了神祕

煉金術之門四周環繞著符號、印記、拉丁刻文，據說根據這些線索，可以找到製作金子的祕方。

符號的紙張，無人能解讀。侯爵叫人把這些神祕符號刻在波利的實驗室門口，然後再移到外門去。

根據另外一個出自1802年歷史記載的故事，波利在莊園的庭院裡待了一晚，尋找能夠製作金子的神祕藥草。隔天早上他穿過門廊倉皇離去，留下幾塊金箔，是他成功施行煉金術轉化出金子的成果。他還留下了一份文件，裡面滿是謎語和魔法符號，據信祕方就在其中。侯爵對這些符號和謎語十分惱怒，就叫人把它們刻在莊園的五道門上和牆上，希望某天有人可以破解這些符號和謎語。

用計謀殺

另一個毒辣的故事說，神祕的克里斯蒂娜女王在她羅馬的居所瑞利歐宮（Riario Palace）中，自建了一座祕密煉金實驗室。據說因為波利的幫助，克里斯蒂娜找到了製造金子的祕方。為了慶祝這項發現，1678年至1680年間，波利和珂雪合建了煉金術之門。門是由珂雪的建築師好友，也就是大名鼎鼎的巴洛克畫家兼雕刻家濟安·貝尼尼設計的。貝尼尼把煉金實驗的祕密刻在門上。據說，波利因為怕貝尼尼、侯爵和珂雪從符號中參悟煉金祕方，因此在1680年11月28日用計毒殺了三人。波利似乎不願分享祕方，帶著煉金知識逃走，確保無人能破解祕密。

門上環繞的六個印記旁都有奇異的文字。例如，土星／鉛的印記旁寫著：「若汝屋中烏鴉誕白鴿，汝可謂智者。」火星／鐵的印記旁寫著：「可用水灼燒、用火淘洗者，將成就地上天堂，及

珍貴的天堂樂土。」金星／銅印記的旁邊寫著：「若汝得令土地翻覆而飛，則借其翼，汝將令滂沱大水成石。」底部的硫酸旁邊寫著：「打開土地為真實智慧的神祕之舉，得賜救贖予世人。」

門階上有一句回文SI SEDES NON IS，由左讀到右，意思是「如果坐，就不會繼續」；但是如果由右讀到左就是SI NON SEDES IS，意思是「如果不坐，就會繼續」。不管從左到右或右到左，這句話都暗示，如果堅持不懈，就可能會找到賢者之石。這段刻文也顯示，這道門可能代表玫瑰十字會的門檻。為了獲得最純淨的靈魂，成員跨過門象徵跨過門檻。根據玫瑰十字會的原則，要理解煉金術的祕密，跨過門檻是不可或缺的要求。

門兩邊的人像本來不是莊園的，而是在奎利那山附近找到的。奎利那山上原本有祀奉埃及神祇伊西斯和塞拉比斯的大型神廟，1888年為建造維托利奧廣場，這些神像被移走，搬到煉金術之門旁。也許對尚存未解之謎的煉金術之門而言，祂們確實是相襯的守護神。

（左圖）這幅1675年的肖像畫的是前耶穌會醫生朱塞佩·波利。他鑽研煉金術，在宗教裁判所開始追殺他之後逃走。

（右圖）安索姆·凡·胡爾（Anselm van Hulle）繪製的瑞典女王克里斯蒂娜肖像。她退位後搬到羅馬，建造了自己的祕密實驗室，在實驗室中施行魔法和煉金術。

放在煉金術之門頂端顯眼位置的符號。

共濟會軌跡板

英國；約公元1700年

描繪共濟會的象徵紋章

公元1800年的軌跡板飾布，上有無數象徵符號，教導入會者共濟會的祕密。

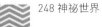

三角板和圓規有多重意義，其中之一是指上帝替宇宙繪製計畫。

公元18世紀早期，執業的共濟會成員帶著工具，包括梯子、甚至是蜂箱等物品，來到共濟會會所，分配工作、利用工具描繪共濟會的祕密。因為會所（通常是酒館裡的付費房間）中不容易放工具，所以較有藝術天分的共濟會成員開始把物品變成符號畫在軌跡板上。起初是用粉筆或炭筆畫在地板上，後來畫在小塊大理石或更大的畫布上。畫好的布，有時長度超過1.8公尺，可能會掛在牆上或放在地上，如此就能在入會儀式中發揮功能。

證據顯示，會員最先畫的是簡單的正方形、矩形（或雙矩形）或十字形邊

界，然後再畫上其他共濟會符號。有時候畫物品的符號，有時候用實際的物品，輪流替換。作品完成後，新會員常被要求用抹布擦掉畫跡，表現保守祕密的義務。

每次聚會重畫符號的冗長工作，逐漸被可拆卸的「地布」取代。地布上面附有符號，可以展露不同的部分。到了19世紀中葉，軌跡板已變得相當普及，現存至今有許多不同的樣式和設計，有些放在地面展示，有些要垂直展示；如果畫在帆布上，可以用畫架展示。入會者儀式上，高階共濟會成員會發表例行演說；必要時，可以邊說邊指向畫好的符號。

一組三塊的板子，對應到共濟會的三個階級。雖然它們沒有被正式承認，但已獲接受為工藝共濟會的一部分。有時其他階級也有軌跡板。不同的共濟會流派已經發展出標準的階級儀式，共濟會不再創造新的軌跡板，而是傾向採用標準設計。然而，軌跡板仍然會出現在三級工藝共濟會階級中；一些所謂更高階的階級中，也會看到軌跡板。

共濟會從不教導砌石技術或是其他石匠工藝，而是把作品當成道德發展的象徵或比喻。這些象徵包括三角板，可以讓入會者和成員走在服從職責與道德的道路上。圓規是一個重要的共濟會標誌，象徵上帝為世界繪製計畫。圓規和

三角板合在一起時，也就是有兩個三角形象徵符號，這種能量的結合代表日、月或其他相反物體的能量合而為一，就像道教的陰陽符號。同樣地，水平儀象徵平等正義，常在儀式中與鉛錘規合用；鉛錘規也是會所中資淺看守者的紋章。

握手與祕密抓握方式都是具象徵意義的手勢。據信真正的共濟會會員在握手時，會用大拇指按壓對方的第一個指節頂端；中指和無名指分開，手像獅爪一樣呈V形抓住對方的手，是高階會員的象徵手勢。

披著神祕外衣的共濟會常被認為是故意掩蓋真實意圖的菁英主義社團，其由來有二：第一是中世紀時，全歐洲有許多石匠受雇於皇室或教會，建造教堂、主座教堂、城堡。石匠有兩種：處理原石的「粗」石匠，還有處理軟質石材的「毛石」石匠，切割、形塑、製作建築設計需要的石製成品。最後，毛石石匠組織行會，創造關於酬勞、執業標準、道德等相關規定，再由行會逐漸發展出會所。

相對地，另一個共濟會入會者聽到的故事，說明共濟會起源於聖經時代，與公元前967年在耶路撒冷建造的所羅門王神廟有關。所羅門王神廟成為共濟會最有力的象徵之一，某些共濟會學者認為，這是因為這座神廟是最完美、雄偉的建築。根據傳說，建造神廟的人就是今日共濟會的先人。所羅門王聘請了一位偉大的石匠海勒姆監工。海勒姆宣稱他發現了神廟所有的祕密，但拒絕透露，因此被三位「粗」石匠謀殺。所羅門王發現，建築師一死，祕密就永遠無

人知曉了。故事還說，所羅門王自己多加了一個祕密，就是mahabone這個字，意思是「偉大的會所之門敞開」。現在一般相信，這句話是晉身共濟會第三級的通關密語。

這幅1805年的版畫是根據1745年共濟會成員葛巴農（Gabanon）的版畫作品而成，描繪入會儀式。

豬圈密碼

共濟會成員間常會利用豬圈密碼，透過方格中字母不同的組合構成特定符號，記錄祕密、交換信件。

X MARKS THE SPOT

羅亞

海地；公元18世紀
代表自然界不同面向的巫毒神靈

《圍繞聖樹的巫毒儀式》由傑拉德・沃辛（Gerard Valcin）繪製。人們在儀式中召喚、敬拜自然界中萬物的元靈。

巫毒文化中的神靈，或稱羅亞，會以多種不同的方式呈現。至高上神格蘭美特（或稱大師）之下有許多羅亞。這些祖靈代表自然界的不同面向。不論是河流、海洋、愛、誕生、樹木、飢餓、抽象概念，這些神靈都有力量影響祂們所代表的東西，變得更好或更壞。多數巫毒教的信徒，會在儀式開始時，在地上畫出特定羅亞的符號（稱為「維維」，veve），召喚羅亞。人們會在地上撒粉構成符號圖案，像是玉米澱粉、小麥麵粉、樹皮，或其他粉狀物，構成一條連續線，或是好幾條線。海地巫毒通常拿玉米澱粉和木屑混合使用。

羅亞有兩種，一種是好心的神靈拉達（rada），據信來自非洲；另一種是壞心的神靈佩特羅（petro），愛記仇，據說源自加勒比海。施行拉達的人，據說會帶來具有益處的白魔法，也會製作名為旺加（wanga）的符咒或護身符保平安，以及愛情靈藥和具療效的香膏。巫毒的黑暗面，是透過巫術和黑魔法，召喚佩特羅神靈，也導致人們把巫毒和所有邪惡的東西聯想在一起。

每個羅亞有不同的符號，各由獨特的圖案構成，象徵祂們不同面向的能力。信徒通常會以食物敬拜羅亞，例如麵包、糖果、象徵性的動物祭品，而羅亞

則以好運、抵禦惡靈為回報。

　維維符號據信源自加勒比海土著信仰，或是西非剛果人的信仰。其他理論認為，這些符號可能源自恩西比底書寫系統；原本流傳於奈及利亞南部，後來隨大西洋奴隸貿易傳到海地，演化成符號。每個羅亞都有自己獨特的符號，不過，地區的差異也使同一個羅亞的符號有所不同。符號也可以用網版印刷、畫作、縫紉、掛飾、藝術品和旗幟的形式呈現。

海地巫毒

　巫毒一詞源自西非的vodun，意思是「神靈」。巫毒基本上是一種海地的宗教，始自18世紀奴隸時代，結合了許多不同非洲信仰的元素。這些元素因為奴隸的保存和與基督教儀式結合，而生氣

蓬勃。巫毒信徒替神靈取了基督教名字，但保留原始的象徵記號。巫毒與黑魔法、邪靈有關，至今外界仍以懷疑的眼光看待巫毒。

　海地巫毒中的神靈雷格巴老爹，是所有神靈和人類之間的中間人。祂站在性靈的十字路口，允許（或拒絕）人們與羅亞對話。祂的符號是其他神靈的引路明燈，在施行儀式或治療時，也象徵雷格巴老爹在場。雷格巴老爹一定是儀式開始或結束時召喚的神靈，因為要有祂的准許，凡人才能和羅亞對話。祂就像是性靈的守門人，開啟、關閉俗世與性靈世界之間的門。

　海地人認為雷格巴老爹是溝通之神，召喚祂也有助於講話或思考過程的治療。西非、古巴、巴西的約魯巴傳統中，有個叫艾樂瓜（Elegua）的神靈與雷格巴老爹有關，因為兩者都扮演同樣的角色，都是十字路口之神。但艾樂瓜與雷格巴老爹不同的地方是，艾樂瓜是個騙子神靈。雷格巴老爹常與歐朗米拉（Orunmila）連在一起。歐朗米拉是預言之神，教導人類如何使用伊法預言，這是約魯巴人實行的一種占卜系統。在貝南和奈及利亞，雷格巴老爹的形象年輕、陽剛，帶角和陽具。祂的神龕通常位於鄉下村莊的門口。

　另一個重要的海地巫毒羅亞薩美迪男爵，是性與死之神。信徒如果被薩美迪男爵附身，會大跳如陷入恍惚狀態的舞步，跟在扮演男爵的資深信徒後面。這個原本是陽具崇拜的儀式，後來發展成死亡之舞，因為男爵的狂歡到了冥界就結束了。男爵傳統的形象是身穿黑衣、頭戴禮帽，不過較近代的作品，則讓男爵戴著太陽眼鏡，指間把玩著煙嘴。

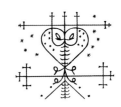

巫毒羅亞的維維象徵符號。由上到下是戰鬥神靈歐果昂、墓地守護神靈布里吉特、靈界守門人雷格巴。

某些非洲人民會把雷格巴描繪成年輕、帶角的男性，陽具勃起，如同圖中雕像。現藏阿姆斯特丹熱帶博物館。

索引

索引

編註

引言
樓陀羅是吠陀時代諸神之一，主司風暴、狩獵、死亡，其後演變為濕婆，是毀滅與創造之神，極受印度民眾敬畏。

P62
-食雙星指的是兩顆恆星彼此掩食，造成有規律的亮度變化。
-儀式魔法意指在特定時節、利用特定素材，並遵循特定儀式所舉行的魔法或巫術。

P116
儒略曆是公元前46年羅馬共和國獨裁官凱撒倡用的曆法，取代羅馬曆。

圖片來源